山岡政紀・伊藤貴雄・蝶名林亮［編著］

ヒューマニティーズの復興をめざして
人間学への招待

勁草書房

まえがき

　今、「文系」は面白い。
　「面白い」というのは、必ずしも皆が楽しく文系の学問を大学で学んでいるとか、入学志願者の数が著しく増えているということではない。良くも悪くも、文系が社会の注目を集めている、という意味である。
　それでは、文系は社会においてどのような注目を集めているのか。一つは、「文系学問を大学という公共の施設で研究したり学んだりする必要が本当にあるのか」という（基本的には疑いの）目が向けられているということである。2015年に文科省が国立大学に向けて発表した提言（国立大学法人等の組織及び業務全般の見直しについて）は、「あまり役に立たない文系の学問に取り組むよりはもっと『社会的要請の高い分野』の研究・教育にシフトするべきだ」、というメッセージとして受け取られた。実際に、海外でも「日本の多くの国立大学の文系学部は政府の介入によって閉鎖されることになる」と報じられた。文科省の通達は必ずしも文系学部を閉鎖することを目的としたものではなかったと言われているが、少なくとも文系の学問があまり社会の役に立っていないという理由で、政府関係者に良い印象を持たれていないことが浮き彫りになった。
　一方で、このような「負の注目」に対して、文系の学問に携わっている人々は単に黙っているわけではない。文系に対する不安・不満に対して、「文系は実は大事な学問なのだ」という声もちらほら聞かれるようになってきた。たとえば、齋藤孝の『「文系力」こそ武器である』（詩想

社新書、2017年）は文系学問を学ぶ意義を改めて見直す内容になっているし、文系の研究者を集めてそれぞれの学問の魅力を語らせている『行動する文学部』（慶應大学出版会、2016年）という出版物もある。

　本書もこれら近年の文系擁護の出版物と同様に文系学問の魅力や価値を伝えようとしているが、「文系は社会の役に立つのか」という問いに正面から答えることはしない。むしろ、文系学問とされる文学や哲学、歴史学、心理学、言語学、社会学、人類学など多様な分野で研究に従事する執筆者たちが、それぞれの専門領域の知見や研究成果を活かして、文系学問を探究することの価値や意義を多角的に見ていく。簡単に言えば、文系の「代表格」とも言える「文学部」に所属している研究者たちはどのようなことに興味を持ち、どのような研究に従事しているのか、その内実を見てもらう、というものである。「文系は社会の役に立つのか」という問いに正面から答えることはしないが、「文系はこのようなことをやっていますよ」と示すことで、読者に判断材料を提供しようとするのが本書の目的である。

　「文系の学問にどのような価値があるのか」。――編者自身はこの問いに対して一つの答えを心に抱いている。それは、文系学問は人間としてのわれわれの本性を映し出す「鏡」を提供するものだ、ということである。その意味で、自己探究のための「人間学」と呼ぶこともできよう。比喩的な説明になるが、人間は五感を通してわれわれを取り巻く外部世界を見つめることができる。しかし、われわれ自身の顔は、鏡や写真、記録映像を通してしか見ることはできない。つまり、われわれは生涯にわたって自分の顔を直には見ることはできない。われわれ自身の顔を見るには何らかの「鏡」が必要になる。編者は本書が紹介する文系の諸学問はわれわれの本性を様々な角度から映し出す良き鏡となると考えている。本書の制作動機から言い換えるならば、文系の学問によって特徴的に把握される人間の特性がある、ということである。

ここで、簡単に本書の概要を説明する。

　冒頭の「イントロダクション」では、「人間」という言葉・概念について、編者によるディスカッションを行い、人間を探究することへの導入とする。

　第Ⅰ部は言語学、日本史、社会学、福祉学の専門家が担当している。このパートでは、諸分野からの「人間」に対するアプローチの多様さを読者に堪能してもらいたいと考えている。

　第Ⅱ部は「国際性」がテーマになっており、哲学、日本史、言語学、社会学の専門家が「それぞれの学問分野を探究することで見えてくる国際性とは何か」をテーマに各章を執筆している。

　第Ⅲ部においては、哲学、文学、文化人類学、福祉学の専門家が、それぞれの学問分野の知見を活かして、文系の学問と「社会」との関係について論じている。

　第Ⅳ部では Special Lectures（特別講演集）と題して、作家や文学者として高名な論者たちが各々の視点から自由に語った講演が収められている。

　文系学問にしか発せない問い。文系学問しか持ち得ない価値。「人間学」と呼びうるような、文系学問でしか照らし出すことができない人間本性の探究。本書がそれらの可能性について考える手がかりになれば幸いである。

【目　次】

まえがき　i

イントロダクション──人間とは何か？
　　　………………………………………山岡政紀・伊藤貴雄・蝶名林亮　1

第Ⅰ部　Explore Humanity
学問によって、どこまで人間らしさを追究できるのか？

第1章　生命への配慮とはどういうことか
　　　──脳死臓器移植問題を通して　………………………山岡政紀　21

第2章　伝統芸能が教える人間の真実とは
　　　──中世日本における「悲しみ」と「笑い」のかたち…坂井孝一　37

第3章　人間とメディアとのかかわりを考えよう！
　　　──ゲームの社会心理的研究を中心に　………………渋谷明子　51

第4章　これからの社会福祉に必要な理念とは　………西川ハンナ　60

第Ⅱ部　Think Globally
外国語ができれば、グローバル時代に対応できるのか？

第5章　コスモポリタニズムとは何か　…………………伊藤貴雄　75

第6章　いま、歴史を学ぶこと、日本史を学ぶことを考える
　　　………………………………………………………季武嘉也　93

- 第7章 いま世界の言語は
   ——消滅危機言語・ベルベル語の復権……………石原忠佳　109
- 第8章 "グローバルな視点"から考えるとはどういう意味か
   ——社会理論・日本研究からの考察
   　……………………………アネメッテ・フィスカーネルセン　126

第Ⅲ部　Act Locally
文系の理論は、実践に役立たないのか？

- 第9章 哲学は社会に何を提供できるのか ………………蝶名林亮　143
- 第10章 文学作品を愉しむための２つの視点
   ——異化、他者化………………………………寒河江光徳　158
- 第11章 文化人類学と社会貢献
   ——フィールド調査の経験を通じて……………井上大介　174
- 第12章 これからの社会に必要な支え合いとは
   ——開かれた関係構築への試み…………………岩川幸治　189

第Ⅳ部　Special Lectures
新たな人間復興へ向けて

- 第13章 文学を生む力………………………………………宮本　輝　205
- 第14章 ゲーテと現代………………………………………森　淑仁　217
- 第15章 時代の先駆者たれ——広岡浅子の生涯を通して…古川智映子　232
- 第16章 地球時代の人間学
   ——宗教的人間主義をめぐって…………………佐藤　優　250

あとがき　265

執筆者略歴

イントロダクション
── 人間とは何か？

山岡政紀・伊藤貴雄・蝶名林亮

はじめに ── 人間の探究と人間の定義

蝶名林：創価大学では文学部の1年生を対象に「人間学」という科目を実施していますが、「『人間学』ってどんな学問ですか？」という質問をいただきました。「物理学」や「経済学」などの他の学問に比べると、「人間学」とはどのような学問なのか、漠然としているようです。

山岡：日本の国公私立大学にも「人間学部」、「人間科学部」、「人間学科」が次々と誕生しています。早稲田大学、大阪大学の人間科学部では環境、福祉、防災、認知といった人間に関わりのある諸分野を統合した学際科学となっています。創価大学では2007年に文学部人間学科が発足し、2018年からは通信教育部でも人間学科が開設します。こちらは人文科学全般を幅広く扱っています。

伊藤：人間学科と言っても、学生の専攻自体は哲学、歴史学、表現文化、社会学、日本語学などの各分野に分かれているわけですが、哲学を通じて人間を学ぶ、文学を通じて人間を学ぶ、…という風にどの学問も深いところでは人間に関する探究に行き着くと考えられます。

山岡：あらゆる学問が人間に行き着き、人類の平和と繁栄に貢献することを最終目的として、まずは「人間とは何か」を探究するところから始

めてみませんか。「人間とは何か」という問いは「人間の定義」として従来から議論されてきたとても興味深いテーマです。

蝶名林：「人間とは何か」と問うことは、「人間」という言葉の意味や定義に関する探究から始まるのでしょうか？

伊藤：人間は学術用語のように定義次第で全く別物になってしまうものではないので、そもそも定義する必要があるのかと疑問を持つ人もいるかもしれません。

蝶名林：例えば、笑ったり泣いたりするとか、メロディをつけて歌うとか、「人間の特徴」と言えるものはいくつか挙げられそうですね。

山岡：人間が他の動物と隔絶した非常に特異な生き物であることを私たちは直観的に知っているわけです。ただ、それが何なのかがよくわからない。つまり、人間を人間たらしめる最も本質的で決定的な要因は何であるのか、という問題です。その意味では「人間の定義」というより「人間の本質規定」と言った方が適切かもしれません。いろいろな「人間の特徴」はそこから派生するものだと考えればいいですね。

伊藤：ここで気をつけたいのは、人間中心主義（anthropocentrism）との区別かもしれません。人間は様々な豊かな能力を持っているわけですが、その特異性ゆえに特権意識や優越感をもって自然に対する略奪や破壊が意のままに行われてきたと主張する人もいます。そのために人間の定義が利用されないように注意する必要もあるでしょう。

山岡：人間と他の生物とは互いに一つの生命系を成す連続体ですから多くの生物的特徴を、他の動物との間で共有しています。摂食、排泄、睡眠、生殖などの生態は他の哺乳動物と同質のものです。だから、あくまでも人間は地球上の生物の一員であるという前提を常に念頭に置き、「人間の定義」を議論することが生命系全体に貢献するような方向を目指したいものです。

人間の知恵と人工知能

蝶名林：まずは生物学上の人間の学名であるホモ・サピエンス（Homo sapiens）から始めてみましょう。

伊藤：ホモ（Homo）の部分がラテン語で「ヒト」を表します。サピエンス（sapiens, 知恵ある）は後ろからホモを修飾する形容詞です。自然人類学（形質人類学）において、現代の人間と同系統に属する過去の人類の学名には、すべてこのホモが使われています。ホモ・ハビリス（Homo habilis, 器用人）は230万年〜160万年前、ホモ・エレクトゥス（Homo erectus, 直立人）は190万年〜2万年前の人類です。彼らは体の大きさや骨格も現代の人間とは違っていました。ホモ・サピエンスは20万年前頃からホモ・エレクトゥスと分岐したと言われています。

蝶名林：なるほど。過去の人類と区別して現代の人類を定義する際に「知恵ある」という形容詞を使ったわけですね。

伊藤：そうですね。その後、いろいろな学者がホモ・サピエンスに変更を加える形で、ホモ・ファーベル、ホモ・ルーデンス、ホモ・ロクエンスといったように、それぞれの人間観を反映した形容詞を用いて、人類を定義していったのです。

山岡：ホモ・サピエンスに戻りましょう。これは18世紀の生物学者リンネ（Carl von Linné, 1707-78）が著書『自然の体系』[*1]のなかで人間を生物の一種として他の生物から区別するために与えた学名ですね。人間は、他の動物と同じ身体的特徴を多く持っていますが、理性によって動物的衝動を自律的に制御できるという特徴は人間だけのものです。この特徴をもって人間は他の動物と一線を画す、神に似たる存在であるとされたわけです。このことが、人間がその文明史の中で暗黙の了解として継承してきた「人間の尊厳」の根拠の一つともなりました。

蝶名林：形容詞 sapiens の「知恵ある」とはどういうことでしょうか。

山岡：一つには、言語的知識や数学的計算を含む科学という営みの主体となり得ること。これは近代科学の時代に生きる我々の感覚から言えば、当然のごとく人間の独占的能力であるからわかりやすいですね。

伊藤：チンパンジーなどの類人猿もかなりの思考力や判断力を有すると言われていますが、人間の知能は複雑な言語を操り、その限りでは情報記憶能力も他の動物の追随を許さないように思われます。しかし、人間が開発した人工知能（Artificial Intelligence, 以下、AI）と比較した場合にはどうでしょうか。近い将来、AIが完全に人間を超えてしまうシンギュラリティ（singularity）の時代が来ると言われています。AIに仕事を取られて失業者が急増するのではないかとも言われていますね。

蝶名林：2017年5月、囲碁ロボットAlphaGoは世界最強の囲碁棋士に3連勝しました。ちょうど同じ頃、日本でも将棋ロボットponanzaが現役名人棋士に2連勝しました。どちらも囲碁将棋の関係者にとっては衝撃をもって受け止められています。

山岡：これは脅威ですね。自動車は既に自動運転の技術が開発されていますし、スーパーマーケットのレジ打ちも要らなくなってきています。アメリカの研究では、ビルの管理人、社長秘書、会計士の仕事なども、人間ではなくAIでやれるようになるそうです。

伊藤：大学教員はどうでしょうか。心配になってきました（笑）。

蝶名林：データを集めて分析する研究者の仕事はAIに奪われるかもしれません。そういう時代が遠からず訪れる可能性もあります。

山岡：私がまだ子どもだった1960年代は、駅の改札口では駅員さんが鋏で切符を切っていたのですが、あるとき阪急電車の京都・河原町駅で初めて自動改札を経験しました。切符を恐る恐る投入口に入れてみるとすごい勢いで吸い込まれてびっくりしたことを覚えています。ところが今ではどこも自動改札で逆に切符切りの駅員さんを見なくなりました。かつては出札口も駅員さんがやっていましたが、今では全部自動販売機になって「出札（しゅっさつ）」という言葉すらなくなってしまいました。そんなふう

に人間の仕事は減っていくのですね。

伊藤：「教師」も知的な職業ですが、単に知識を教えるだけなら既にある「勉強アプリ」のようなもので十分かもしれません。ここで考えていたのは、学生や生徒の状況を適切に判断し、意欲を喚起しながら必要なサポートを与えていく作業がAIにできるのか、それとも人間にしかできないのかということです。

蝶名林：今は大学でもアクティブ・ラーニングが盛んになっています。一人ひとりの学生の能動性を引き出し、共に学んでいくということは、いわゆる「人間味」あふれる教師でしかできないような気もしますが、そのような、「人間味」すら持てるようなAIが登場するかもしれません。

伊藤：たとえば「ドラえもん」は厳密にはロボット・AIであるわけですが、のび太にとってはまさにここで問題になっている「人間味」あふれる教師であり、友人と言えるでしょう。もちろん、22世紀からやってきたロボットという設定ですが（笑）。

山岡：教師の優しさ、慈愛、熱意などの人間的要素は、やはり当面は生身の人間でなければ伝わらないのではないでしょうか。医師や看護師などもそうではないでしょうか。同じ人間同士だから相手の気持ちも理解できるし、生徒や患者は自分の気持ちを理解してもらっているという安心感が得られるように思います。

自己を知る知恵

山岡：ところで、形容詞 sapiens の「知恵ある」にはもう一つの意味があります。それは、自分を知り得ること。自分の顔や姿、名前、さまざまな身体的・人格的属性を自覚的に知り、しかも、自分の名前は某であるとか、自分の身長は何 cm だとか、自身に関する知識を記述的に述べることもできます。これも人間の独占的能力と言うべきなんでしょう。

伊藤：ここで注目したいのは、リンネの著書『自然の体系』初版本にお

いて、他の生物に対しては詳細な記述が行われているのに対し、Homo sapiensの記述には"Nosce te ipsum"(ラテン語で「自分自身を知れ」の意)としか書かれていないことです[*2]。

蝶名林：たしかに、植物学、動物学、昆虫学といった学問は、人間が自分とは異なる生き物の形質や生態を研究するものですが、人間学は人間が人間を探究する「自己探究の学問」という側面もあるのでしょうか。

山岡：まさに人間のみが、「科学の主体であり対象でもある唯一の生物」なのです。ということは、「知恵ある人」というのは「自らを知る人」と言い換えることもできるでしょう。「美しいは形容詞である」のように、言語が言語を記述する自己言及的な機能を捉えて、言語学ではメタ言語（meta-language）と言います。同じように人間学は人間が人間を記述するメタ科学と言えます。

蝶名林：そうなると、哲学、とくに認識論・自我論を扱う分野との関係はどうなるのでしょうか。自己を知るという人間の知恵には知識や計算の能力とは別に自我意識を持つという側面がありますが、ここで言われている自我意識こそ、哲学で古くから主要なテーマとなってきたものです。

伊藤：「自我とは何か」「意識とは何か」という問題は哲学の認識論という分野でこれまでも盛んに議論されてきました。ここで、フッサールやハイデッガーやメルロ＝ポンティの主張を並べて吟味しますか？

山岡：いや、重たい議論になるからやめましょう（笑）。そういう議論は哲学の入門書を開けばたいてい書いてありますから。そういう角度ではなく、まずはAIが技術的に精度を高めることで自我意識を持てるかどうか、という問いを考えてはどうでしょう。そのような角度からここで議論している人間的な自我意識の内実を明らかにできるような気がします。

　人間の自我意識の本質は、理性、感情、意志の3要素と言われています。AIには理性は認められますが、感情と意志はどうでしょうか。

少なくとも今のAIは人間が自分たちの目的に沿ってプログラミングし、操作して活用するわけですから、人間の意志で動いていますね。AIが自ら自由意志を持つことは、少なくとも現状はありません。感情はどうでしょうか。人間なら喜怒哀楽といった感情を、笑顔や涙などの徴候として示しますが、今のAIがそうした徴候を示すことはありません。ある刺激を与えたら笑い声を出すようにプログラミングしておくことは可能ですが。

蝶名林：2015年に公開された「デッド・シティ2055」というアメリカ映画をご存知でしょうか。人間が作ったアンドロイドがいつしか自我に目覚めて自分の意志で行動し始め、人間に反乱を起こすというSF作品です。AIに依存する現代社会への風刺や警鐘の意味もあったのかもしれません。

伊藤：もし、アンドロイドが自我を持ったら、なぜ自分が人間ではなく、アンドロイドなのかと、自己という存在について探究を始めるかもしれませんね。

蝶名林：そこまではっきりした自我意識を持てれば本物ですね（笑）。

山岡：人間にとって自己を知るということは他者を知るということでもあります。人間は一生涯、自分自身の心の中しか見られなくて他者の心は経験できないわけですが、相手も自分と同じ心を持っているという前提で相手と接します。自分の心を相手に写像しているわけです。

人間には他者と対等にコミュニケーションを取る能力がありますが、共通の言語を用いて対等に対話するためには、他者に共感できる能力が不可欠です。それは、他者の喜怒哀楽の感情に共感するという能力にもつながります。人間が社会の中で生きていく以上、不可欠な能力と言えます。まず自己を知り、そして相手を思いやることが人間らしい生き方ではないかと思います。

創造の能力

蝶名林：人間は物質を組み合わせて人間の生活に有益な機械を作ることができます。また、絵を描いたり、音楽を作るなど、人の心を動かす作品を創作することができます。こうした創作活動は人間が持つ能力の中でもかなり特殊なものと考えることができるでしょうか。

伊藤：アメリカの哲学者フランクリン（Benjamin Franklin, 1706-1790）は「人間は"道具を作る動物（a tool-making animal）"である」と述べました。これも一つの人間の定義となっています。しかし、「道具を作る」というだけでは、ある程度は他の動物もできるのではないでしょうか。例えば、鳥が材料を集めて巣を作るのも、生活するために便利なものを作っているという点では、道具と似ていますね。

山岡：そこで、フランクリンの考えを一歩進めたのが、フランスの哲学者ベルクソン（Henri Bergson, 1859-1941）です。彼は著書『創造的進化』のなかで、人間の知性の本質は創造性にあるとして、人間をホモ・ファーベル（Homo faber, 工作人）と呼びました。人間は目的に従って道具を作ります。寒さを凌ぐために衣服を創ったり、雨露を凌いで生活を営むために住居を創ったり、食材を焼くことや暖を採るために火を創ったりします。ベルクソンはこれらの創造活動に見られる人間に固有の特徴として、①自己形成の創造活動、②自己の創造活動の反省、③創造活動における他者との協調、などを挙げています。

　①自己形成は、自身のセルフ・イメージを明確に持つところから始まります。人間が衣服を創造したとき、単に寒さを凌ぐためだけでなく、自身が他者からどう見られるかを常に意識します。それは自身の身体を隠し、それぞれの民族の文化に随って自らを理想の姿にして他者に見せようとする行為でもあります。そのイメージに近づくように衣服の素材や模様や色彩なども選択します。

②自己反省も常に行っています。鳥のように常に同じ方法で巣を作り続けるのではなく、創造方法をモニタリングして、よりよい創造を目指してどんどん改良を重ねていきます。人間の効率性や利便性を追求する特徴がそこで発揮されます。また、創造方法を言葉や図面にして記録したり、他者や子孫に伝承したりします。

　③他者との協調も不可欠です。人間は個人のレベルでは創造し得ないものを集団で創造しようとします。一つの建物を建てるのもそうです。建設者集団というコミュニティの中で役割分担をします。それはある種の社会であります。そこには判断の責任を担い、仲間に指示を出すリーダーが必要になります。これも創造活動のモニタリングの結果、より高度な創造のためには他者と協調するほうが効率性を高めるということを経験的に覚えたのでしょう。そしてそこから社会も生まれていきました。

蝶名林：先ほど、人間は創造活動のモニタリングを行うとのお話がありましたが、作ってから振り返るというだけでなく、物を作る前に頭の中にイメージを作るという場合もありますね。

山岡：「創造」する前に「想像」するわけですね。

伊藤：例えば、カタロニアの建築家・ガウディが手がけた「サグラダ・ファミリア」は1882年に着工が始まり、まだ完成していません。現在、ガウディ没後100周年の2026年が完成予定のようです。かつては完成に300年かかると言われていたほどの建造物です。こんな風に作ろうという計画を立てて、実際その通りに見事に作り上げるのは、人間の極めて優れた能力の一つと言えるでしょう。

蝶名林：たしかに、人間には何かを計画して、そしてその計画に基づいて行為するという、「理由に基づいて行為する」という能力が備わっているように思えます。哲学においてもアリストテレス以来このような能力はしばしば人間に特有な能力ではないかとされることがあります。

山岡：どのような建物を建てたいかという理想を想起することが創造行為に先行しているわけです。これは先ほどの自己形成とも関わりますね。

自分をどう見せたいかをまずイメージしてから衣服を作るわけですから。人間は常に価値あるもの、言い換えれば、美しいもの、利あるもの、善なるものを理想として思い描き、それを創造しようとする。つまり、価値を創造する志向性を持っていると言えます。

　建物のような具象物だけに限りません。若い学生さんなら自らの人生のイメージを描き、その実現のために学び、力をつけていくわけです。まさに人生の価値創造です。そして、地球上の戦乱と紛争に終止符を打って平和を創造する可能性も人間にはあります。人間が創造した核兵器を人間の手で廃絶して平和を創造するところに人間の真の知恵が問われているのではないでしょうか。決して簡単なことではないかもしれないけれども、試行錯誤のモニタリングを繰り返しながら、また世代を超えて継承しながら、一人ひとりが平和を創造する主体者であることを忘れないようにしたいものです。

遊びと文化

伊藤：「遊び」という要素をもって人間を規定した人もいました。オランダの歴史家・ホイジンガ（Johan Huizinga, 1872-1945）です。彼は、人間はホモ・ルーデンス（Homo ludens, 遊戯人）であるとして、それを書名にした著書『ホモ・ルーデンス』を著しました。

山岡：ホイジンガはインド古代史や中世史研究で知られる大家です。特にヨーロッパ中世における文芸復興と、その精神的基盤であるキリスト教文化について論じた著書『中世の秋』は、彼の博識と論述の重厚さを証明する研究書として広く知られています。いっぽう、この書の重厚さ、堅実さとは趣を異にする文化論の大著が、同じホイジンガが後年著した『ホモ・ルーデンス』でした。

蝶名林：真面目な歴史家が不真面目な文化論を発表したという逆説めいた話題性が、当時、賛否両論を巻き起こしました。なにしろ「遊び」が

テーマでしたから。しかし、今では『ホモ・ルーデンス』こそ、ホイジンガの主著であり、ライフワークだったと誰もが認めています。

山岡：ホモ・ルーデンスは、人類のあらゆる文化に遍在する「遊び」をもって人間の本質を規定した言葉です。「遊び」とは文字どおりの理解より広義な用語で、我々人間の文化に満ちあふれるところの余剰、すなわち、生命維持のための生理学的な動機づけをもたずに自己目的化した行為の総称です。

　仕事は生活維持のために必要なことですが、人々は仕事のない休日に、単なる休息を超えた趣味の時間を持ち、魚釣り、競馬観戦、切手収集といった、ほとんど無価値と思える「遊び」に、異常な情熱を燃やすものです。私はクラシック音楽の鑑賞が趣味ですが、休日は何もしないでゆっくりと音楽鑑賞するのが無上の喜びです。

伊藤：そうですか。私もクラシック音楽が大好きです。これは奇遇ですね。生活維持に必要のないことだと言われても、私にとって音楽鑑賞は必要な時間です。

蝶名林：ホイジンガが言う「遊び」が「生命維持に必要のない余剰」だとすれば、それは私たちが「遊び」という言葉で想起するよりももっと広い意味で使われています。

山岡：ホイジンガは同書において、法律、ある種の戦争、学問、詩、哲学考察、音楽、舞踊、スポーツなどのそれぞれから、「遊び」の要素を抽出してみせるという、徹底した分析を行っています。

伊藤：私たちが日常的に言う狭義の「遊び」と、彼が文化論として述べる広義の「遊び」とを区別しなければいけませんね。例えばスポーツでは、時に強い情熱を傾けて練習が行われ、高い緊張感の中、試合が展開され、その結果、勝者は栄誉を勝ち誇り、敗者は敗北を嘆き悲しみます。選手が手を抜いたプレーをすると、監督から「遊びでやっているんじゃないんだぞ！」と叱られます。しかし、これもホイジンガに言わせれば広義の「遊び」ですね（笑）。

蝶名林：スポーツを通して人間の可能性の追求があったり、ある種の人間の美に対する追求があったり、名誉の追求があったりする。それも「遊び」とも考えられるということでしょうか。

山岡：同書の第1章は「遊びは文化より古い」との書き出しから始まります。人類が類人猿の一種から進化するはるか以前から「遊び」を行っており、進化の過程で「遊び」に理性や創造性などの人間的要素が累加され、結果として人間独自の「文化」を形成するに至ったと彼は述べています。その意味では、彼が論じる「遊び」は人間を含む生命系全体が持っているある種の余剰が、人間独自の「文化」という形を取って象徴的に現れた、との主張となりますから、それは人間の特異性というより、むしろ人間と他の動物との連続性を証明するものにもなりそうです。同書では「子犬がじゃれ合う姿にも遊びの要素がある」と述べていますね。人間の遊びほど複雑ではないし、徹底したものでもないけれども、それは程度の違いでしかないということです。人間中心主義（anthropocentrism）よりもむしろ生命中心主義（biocentrism）に立脚した主張ではないかと思います。

伊藤：これを突き詰めていくと、人間の文化はすべて「遊び」になるのではないでしょうか。例えば、食事のマナーもそうです。和食ならお箸の使い方、洋食ならナイフとフォークの使い方は、栄養摂取とは無関係の余剰です。結婚の儀式や儀礼も、生殖行為とは無関係の余剰です。これらの場合、一種の美的感覚がその動機づけになっています。ホイジンガは、これらも広義の「遊び」と捉えていますね。

山岡：人間は文化を有する生き物であることは既に共通理解としてありますね。ただ、文化という概念が広すぎるので、これを定義に使うと、今度は文化を定義しなければいけなくなります。だから、文化という言葉を用いることなく、人間を文化によって定義しようとした最初の提案がホモ・ルーデンスだと言えます。ただしホイジンガ本人の認識としては「遊びは文化より古い」と言うのですから、文化を成立させるより根

源的なルーツとして「遊び」を挙げたのでしょう。

伊藤：その後、ドイツの哲学者・シェーラー（Max Scheler, 1874-1928）が提唱したホモ・レリギオスス（Homo religiosus, 宗教人）とか、フランスの文化記号学者・バルト（Roland Barthes, 1915-1980）が提唱したホモ・シグニフィカンス（Homo significans, 記号人）、フランスの文化人類学者・レヴィ-ストロース（Claude Lévi-Strauss, 1908-2009）らが好んで用いたホモ・ロクエンス（Homo loquens, 発話人）などの概念も、ホイジンガの系譜に連なるものと言えるでしょう。元々ホイジンガも、広義の「遊び」が「ものを表現するという理想、共同生活をするという理想を満足させるもの」であり、祝祭・祭祀といったある種の「聖なる領域」に属するものであるとも述べていますから。

山岡：文化は人間の行動をどのように規制するかというと、その文化に従った振る舞いに「快」や「美」を感じ、そうではない振る舞いに「不快」や「醜」を感じ、その直感的な感覚に従って行動規制がなされるという特徴があります。動物の本能はある意味で機械論的に行動規制されていますから余剰に乏しいですが、文化による意識的な行動規制は、このように主観的な感情によって規制されているため、個人差も偶発性も多い。この不規則さこそがまさに余剰、即ち「遊び」の本質だと言えるでしょう。

　言語記号と意味との関係は恣意的ですから、「犬」という語とある動物種の概念とを結びつける因果関係は何もありません。たまたま日本語文化において「犬」と言う。中国語なら「狗」、欧州の諸言語では"dog"、"Hund"、"pero"と、全く別の語で表現します。つまり、言語記号の使用という主観的操作には社会的コード（約束事）が介在していて、そこに余剰があります。動物の概念には文化差だけでなく個人差もあるでしょう。ですから、言語記号を使用するということ自体もホイジンガに言わせれば「遊び」なのです。

人間の苦悩と幸福

蝶名林：もう一つ忘れてはならない、インパクトの強い人間の定義があります。ホモ・パティエンス（Homo patiens, 苦悩人）です。

山岡：オーストリアの精神科医であるフランクル（Viktor Emil Frankl, 1905-1997）が著書『苦悩する人間』において述べたのがホモ・パティエンスです。彼は、ナチスによって家族や多くの同胞と共に強制収容所に送られ、大量殺戮される光景を目の当たりにした人です。彼の体験は人間として最も苛酷な苦悩だったのではないかと思います。

伊藤：強制収容所での体験を記した彼の著書『夜と霧』は有名ですね。これを読んだときの衝撃は今でも忘れられません。彼自身はたまたま医者だったために途中からその技能をかわれて殺されずに済んだのですが、同書に描かれているのは地獄としか言いようのない世界でした。衣服も持ち物も身ぐるみ剥がされ、名前の代わりに番号の焼き印を押される。そして、馬小屋のようなバラックにすき間なく押し込まれ、糞尿は垂れ流しさせられる。食事は一日にひとかけらのパンと水のようなスープだけ。氷点下20度の冬の日も、吹雪の中で棍棒と鞭に打たれて重い材木を運ばされ、疲労や怪我で働けなくなった者から順にガス室に送られて行く。感情を喪失してしまって、表情も言葉も出なくなっていく。

山岡：彼は臨床的精神科医であったと同時に、精神分析学に関連する著書を多く著した研究者でもありました。彼は生理学、心理学、社会学などについて、リアルな人間の心を見ないで、定量化されたデータを分析するそうした科学群は、人間存在の意味を無視するニヒリズムであると批判しました。人間に刺激を与えて反応をデータとして採取し、刺激と反応の相関関係を統計処理するという行動主義心理学の手法にもかなり批判的でした。

　彼自身は、人々の主観的世界にリアルに存在する精神的苦悩の克服の

ために、実践的な治療法としてロゴセラピー*3 という手法を開発していきました。彼は、優れた研究能力を有していましたが、敢えて人間の苦悩と真摯に立ち向かう臨床医として力を発揮しました。

　フランクルの関心は究極的には、「苦悩」の意味に向けられました。人間は何のために苦悩するのか、言い換えれば、人生にはなぜ苦悩というものが存在するのか、を問うていたのです。このフランクルの問いかけが、深刻な苦悩をリアルなものとして体験する「人間」という生き物の特異性を浮き彫りにしました。その意味で、彼にとって人間はホモ・パティエンスだったのです。

蝶名林：人間が苦悩を体験することは、人間が自分のことを知りたいと欲することと関係があるかもしれません。他の動物も病気や怪我は経験しますが、人間と同じように痛み・苦しみを自分のものとして感じているのか、微妙なところかもしれません。もちろん、動物も身体的な痛みは感じると思います。しかし、たとえば、「あ〜、なんで自分の人生はこんなにうまくいかないんだろう…」というような、自己実現に関係するような苦悩を持っているかどうか、なんともいえませんね。

伊藤：動物がそうした苦悩を感じるのか疑問を呈することができますが、AIも——少なくとも現時点では——そのような人間特有の苦悩を経験しないでしょう。名棋士で知られる羽生善治さんはAIの将棋ロボットが人間より強い理由の一つとして、人間には恐怖心があるから自分の王将に相手の大駒が迫ってくると反射的に守りの意識が高まるのに対し、AIには恐怖心がないから冷徹に形勢判断ができると述べていました。

山岡：フランクルが経験した苦悩はあまりにも過酷なものでしたが、そこまでいかなくても人間は大なり小なり本質的に苦悩を経験する生き物だと彼は考えていました。仏教の釈尊も幼少期には王子の身分でありながら、城の外にいる人たちを見て、そこに満ちあふれる生老病死の四苦という人生の根本問題を解決するために出家したと言われています。人間にとって苦悩とは、常に宗教的な探求の原点となるものではないでし

ょうか。

伊藤：フランクル自身も敬虔なユダヤ教徒でした。『夜と霧』の中でとくに胸に残っている一節があります。「わたしたちは、おそらくこれまでどの時代の人間も知らなかった『人間』を知った。では、この人間とはなにものか。人間とは、人間とはなにかをつねに決定する存在だ。人間とは、ガス室を発明した存在だ。しかし同時に、ガス室に入っても毅然として祈りのことばを口にする存在でもあるのだ[*4]」。ここでフランクルが発している「人間とはなにものか」という問いかけは、私たちがここまで論じてきた人間の定義をふたたび揺さぶるものと言えます。

山岡：フランクルは自身の信仰に基づいて苦悩を超克する生き方というものを求めていました。彼は、人間が経験する苦悩というものは、価値あるものの価値をより高めるために自らを犠牲にすることであり、それが社会や他者への貢献となると信じるとき、その苦悩の意味が明確になり、それを正面から受け止める人間の生き方が生まれると考えたのです。彼の著書『苦悩する人間』の中で「存在するものの価値は、より高次のもの、最高のもののために犠牲にされうること、滅亡する危険を冒して最高のもののために犠牲にされることに存する[*5]」と述べています。

蝶名林：彼自身の生き方を見ているとわかる気がします。強制収容所で彼は地獄の日々を経験しながらも精神科医らしく自らを客観視して、今自分に起きている出来事を冷静に分析して記憶に留めます。『夜と霧』のような体験記をしっかりと書けたのも、そのような冷徹な目を持っていたからです。そしてその体験を書き残すことは、歴史にナチスドイツの蛮行を残す点でも意味があったし、苦悩に喘ぐ人を治療するセラピーの開発のためにも有益な資料となりました。まさに苦悩に意味を与えて生きぬいたわけですね。

山岡：一つ興味深いのは、この著書全般を見ても、彼は決して苦悩の超越とユダヤ教の信仰を直接結びつけてはいないことです。彼が開発したロゴセラピーでは宗派性を限定する文言を一切用いないようにしていま

す。患者の信仰する宗派に関わりなく普遍的な実存の追求に至ることを目指したからです。彼の信仰は他者への貢献の原動力として生きてはいるけれども、貢献する対象となる人々の思想信条や宗派を限定するものではなかったのです。ですから、その意味では彼の信仰は、仏教やキリスト教などの高等宗教が共通して持っている人間主義の思想にパラフレーズできるのではないかと思います。

　苦悩を経験しないことが幸福なのではなく、苦悩を超越して他者に貢献していくこと、自分を超えたもっと大きいもの——地球、人類、社会、等——のために生きることにこそ、幸福があるということをフランクルは示唆しているようです。

伊藤：ここまで、人間の定義をめぐる歴史のごく一部をたどってみましたが、「人間とは何か」という問いに対する答えは、まことに多種多様と言わざるを得ませんね。私たち三人は言語学や哲学・倫理学といった主に人文科学に属する分野に携わっていますが、社会科学・自然科学を専門とする方々にもお話を伺いたいですね。私個人は文学が好きですから、作家や文学研究者の方々がどう考えるかにも関心があります。思えば、かのゲーテも色彩論を研究するなど自然科学者としての側面を持っていました。

蝶名林：「人間とは何か」という問いには、「遊びとは何か」、「苦しみとは何か」といった様々な分野からの問いが含まれているわけですね。これはちょっと宣伝になってしまいますが、幸い、これらの問いに答えてくれそうな同僚の先生方がたくさんいらっしゃいますので（笑）、ちょっと伊藤さんと私で諸先生方にお話を伺ってきます！

注

＊1　リンネの主著 *Systema naturae* は1735年に14頁で初版発刊後、たびたび新たな生物分類を追加して増補改訂を繰り返し、最終版となる第12版が1768年に発刊された際には2374頁にまで増えていた。日本でも『自然の体系』として生物学分野で知られ、内容も広く紹介されているが、直接の現代日本語訳は

現存しない。
*2 京都大学附属図書館に Linné（1735）初版本の復刻版が所蔵されており、その写真画像がウェブサイトに公開されていて確認することができる。
*3 神経症と総称される心の病は、人が自分の「生の意味」を見出せないことによって引き起こされると考え、患者が自身の「生の意味」を見出せるように援助することによって症状を緩和しようとする心理療法。実存分析とも呼ばれる。
*4 池田訳（2002）p. 145
*5 山田・松田訳（2004）pp. 177-178

参考文献

Bergson, Henri（1907）*L'évolution créatrice*, Paris: Les Presses universitaires de France.（邦訳：ベルクソン著、松浪信三郎・高橋允昭訳（1966）『創造的進化』白水社）

Frankl, Viktor E.（1950）*Homo Patiens: Versuch einer Pathodizee*, Wien: Franz Deuticke.（邦訳：フランクル著、山田邦男・松田美佳訳（2004）『苦悩する人間』春秋社）

Frankl, Viktor E.（1977）*Ein Psychologe Erlebt Das Konzentrationslager*, München: Kösel-Verlag.（邦訳：フランクル著、池田香代子訳（2002）『夜と霧』みすず書房）

Huizinga, Johan（1919）*Herbst des Mittelalters*, Stuttgart: Alfred Kroener Verlag.（邦訳：ホイジンガ著、堀越孝一訳（1971）『中世の秋』中央公論社）

Huizinga, Johan（1938）*Homo Ludens, a study of the play element in culture*, Boston: Beacon Press.（邦訳：ホイジンガ著、高橋英夫訳（1963）『ホモ・ルーデンス―人類文化と遊戯』中央公論社）

Linné, Carl von（1735）*Systema naturae, sive regna tria naturae systematice proposita per classes, ordines, genera et species*.

Explore Humanity

学問によって、どこまで人間らしさを追究できるのか?

第1章
生命への配慮とはどういうことか
―― 脳死臓器移植問題を通して

山岡政紀

1 ● はじめに

――脳死は人の死か？

　長らく議論されてきたこの問い、非常に難問です。そもそも、この問いは誰に対してなされているのでしょうか。言い換えれば、この問いに答えるべきは誰なのか。臨床医、医学研究者？　あるいは法律家、はたまた哲学者、宗教家？　この問いは答える人の立場によって、答えが違ってきます。それは立場によって目的が異なり、それが生命観に差異をもたらすからです。

　本章では、人間にとって重大事である「死」の問題についてさまざまな立場があることを俯瞰できるように、なるべくこの問題をめぐる議論全体を踏まえるような形で論点整理をしてみました。このことを、私たち人間が生きるうえで必要な、公平で本質的な人間理解を目指す人間学の取り組みの一環として読者の皆様と共有し、そして共に思索する契機としたいと思います。

2 ●「脳死」の定義と生物学・生理学における「死」

「脳死」とは、「脳幹を含む全脳の不可逆的機能停止」と定義されます[*1]。要するに、蘇ることのない全脳の機能停止です。すべての人は誰もが最期はこの脳死に至るのですが、かつては脳死と心臓死（＝心臓の停止）がほぼ同時であったために、人の最期には一つの死だけがあって、敢えて「脳死」や「心臓死」という言葉で「死の区別」をする必要がありませんでした。やがてそれが医療技術の進歩により、脳死となった人の呼吸を人工的に維持し、あたかも眠っているような状態のまま存続させることができるようになりました。つまり、「脳死」と「心臓死」の間にタイムラグを作り出すことに成功したのです。

医学的な意味での「脳死」は、心臓の生死とは無関係に脳の状態だけで定義されていますが、社会問題としての「脳死」は、いわゆる「脳死状態」、つまり「既に脳死となったが心臓はまだ生きている」という、死のタイムラグ状態が議論の対象となります。社会や報道で用いられる「脳死」は「脳死状態」を指し、「脳死患者」は「脳死状態の患者」を指して用いられることが一般的です。本章でもこれ以降、その慣例に倣うことにします。

「死」の定義の難しさは、どの時点が「死」の瞬間であるのかを特定することの難しさでもあります。生物学・生理学においては、完全なる「生の状態」と完全なる「死の状態」は確かに存在するのですが、その境界線、即ち生の状態から死の状態への移行の瞬間としての「死」がどの時点なのかを決めるのはとても難しいことなのです。

多田富雄・河合隼雄編『生と死の様式　脳死時代を迎える日本人の死生観』をもとに生物学者・生理学者たちの見解を見てみましょう。分子遺伝学者の本庶佑氏は、「『死』とは連続的なプロセスであって、そこにはファジィな境界線しかない。果たして定義できるのか」と記していま

第1章　生命への配慮とはどういうことか　　23

す。解剖学者の養老孟司氏は、「『死』とは社会的規定に過ぎない」と断定しています。生物化学者の中村桂子氏もまた、「『死』はプロセスであって、誕生の瞬間がどこかわからないのと同じである」と述べています。

　人間の肉体において生と死は常に繰り返されています。肉体を構成する個々の細胞が生と死を繰り返していることは、今日の医学において常識とされています。人間は一年も経てば、物質的には90％は入れ替わりほぼ別人となっています。

　免疫学者の多田富雄氏も「生命科学では人間の生死に言及することはかえって難しい」とし、さらに多田氏は一歩踏み込んで脳死について発言しています。生物学的には「個体の生命」というものを定義することは可能で、その成立要件を「自己同一性」や「自己組織の維持」としています。したがって、自己同一性が破壊される過程を個体の死と呼ぶことはできるが、その観点から言えば人の脳死状態はまだ自己組織の維持機能が保持されており、個体の死とは言えない、というのです。

　このように、生命は「生の状態」から「死の状態」へ緩やかに移行するのであって、瞬間的事象としての「死」というものは客観世界には存在しないというのが、生物学・生理学における一般的理解です。

3 ● 医学における「死」と脳死臓器移植

　生物学・生理学は基礎科学であり、医学は応用科学です。ちょうどそれは物理学という基礎科学をもとに、機械工学、建築工学、情報工学といった工学系の応用科学が成立するのと同じです。実際の研究現場においては基礎科学と応用科学は連続し、深く関連し合っていますから、両者を立て分けること自体にはさほど重要な意味はありません。ただ、学問の目的の異なりという観点から見ることで、科学を成立させるパラダイムの異なりを理解するのには役立ちそうです。つまり、基礎科学は世界の有り様を記述することが目的であり、応用科学はそれを人間の生活

や社会や文化に役立てていくことが目的なのです。

　医学は、人々の病気や怪我を治癒したり、少しでも寿命を長く生かそうとしたりする、人間の生活に密着した目的を持っていますので、そこから「死」を定義する必然性が生じます。

　まず、患者の死を判定して遺族に「ご臨終です」と告げるのも医師の仕事です。医師は遺族に肉親の死を受け入れさせ、医療行為の終了を告げなければなりません。通常の死の判定は、心臓停止、呼吸停止、瞳孔拡散の3徴候をもって行われています。しかし、そうやって死を宣告したあとも多くの細胞はまだ生き続けており、緩やかに生の状態から死の状態への移行が進んでいることを医師は知っています。医師にとって、死を判定する3徴候は一つの社会的な取り決めとして決めた約束事なのであって、客観的な自然現象として「死の瞬間」があるとは思っていません。この3徴候、「脈がない」、「息をしていない」、「瞳が開いている」は一般の人々でも外部からの観察が可能です。つまり、一般的に死の徴候として受け入れられてきたものを医学においても死の判定基準として採用してきたわけです。医学における死の判定にはこの時点で既に社会科学的な要素が介入していることになります。

　脳死判定に大きな影響を及ぼしたのが移植技術の発達でした。最初に確立したのは腎臓と角膜の移植ですが、これは臓器提供者（以下、ドナー）の生存に影響しないため、頻繁に行われるようになりました。また、腎臓や角膜は心臓死に到った患者の遺体からでも移植が可能で、1979年12月の「角膜及び腎臓の移植に関する法律」の成立によって法的にも整備されました。しかし、生体のドナーからの移植を前提とし、しかも臓器摘出後は確実にドナーを死に至らしめる心臓、肝臓などの臓器[*2]の移植については、技術的には可能であっても、ドナーの犠牲が前提となるため倫理的に許されませんでした。

　そこで生体と同じく「生きた臓器」を持ちながら、既に全脳の不可逆的な機能停止に陥って蘇生限界点を越えてしまっている「脳死患者」に

ドナーとしての白羽の矢を立てたのです。もしも「脳死患者」を「臓器は生きているが人間としては死んでいる」と見なしてよいのであれば、それは死者からの臓器移植であって、人道にもとることもなく、そして、重い心臓病や肝臓病に苦しみ、臓器移植を必要とする患者（以下、レシピエント）を救うことができます。既に脳死状態であるドナーも遅かれ早かれ心臓停止に至るわけですから、その前に臓器提供をして他の患者を救うことができるなら、それは二人の「死」から一人の「生」をもたらすことです。ドナーの臓器がレシピエントの体の中で生き続けるのです。これは患者の治療、延命を目指す医学の目的に適った、優れた救命医療ということになります。しかし、そのためには脳死患者を「死者」と認めることの法整備が必要でした。

1968年8月、国内初の心臓移植手術を敢行した和田寿郎札幌医科大学教授によるいわゆる和田移植事件が大きな社会問題となりました。溺水事故で脳死と判定された21歳の男子大学生の心臓を、重い心臓病に苦しむ18歳の男子高校生に移植したのですが、手術後83日間延命したものの結局亡くなります。その後、和田教授はドナーの大学生に対する殺人等の罪で告発されたのです。このことが世論を動かす契機となり、脳死患者から心臓、肝臓を摘出したとしてもそれが殺人とならないための法整備が進められていきます。

医師たちは、死の判定がもともと社会的に決められたものであることを知っていますから、救命医療のために死の判定基準を変更し、心臓の停止ではなく全脳の機能停止をもって死を判定できる方向への法整備を国会に求めるようになります。しかし、国民の中には脳死を人の死とすることへの根強い抵抗感がまだありましたので、本人と家族が臓器提供の意思表示をしている場合に限り、その脳死患者を死者と認め、臓器移植を可能にする法律が成立しました。それが1997年の「臓器の移植に関する法律」（以下、臓器移植法。章末資料1を参照）でした。結局、同じ脳死状態でも臓器提供の意思表示の有無によって生死が分かれること

になりました。

　臓器移植法の成立後も、臓器提供意思表示カード（以下、ドナーカード）の普及が進まず、需給の不均衡が続きます。そこで、2005年には党派を超えた国会議員から複数の改正臓器移植法が提案され、最終的に2009年に可決、成立しました（章末資料2を参照）。ここでは、患者本人が積極的な臓器提供の意思表示をしていなくても、生前に書面で臓器提供拒否の意思表示を行っていない限り、家族の同意だけで臓器提供できるようになりました。そして、この改正法の条文においては、脳死患者の身体は臓器提供意思表示の有無に関わりなく無条件に「死体」に含まれることとなりました。

　このように医学における「死」の定義は、脳死状態を哲学的観点や心情的観点といった観念レベルで議論することを避け、臓器移植という実利的な目的から積極的に脳死を人の死と認める方向へと推進してきました。そして、国会はその医師たちの目線に立脚し、また、臓器移植を待つレシピエントを支援する人々の声に応えて、その環境づくりに協力してきたのです。

4 ● 人間文化における生命の尊厳観

　人間は誰しも生命に対して尊厳観を持っています。「尊厳」という言葉を国語辞典で引いてみると、「とうとくおごそかなこと。威厳があって侵しがたいこと。」（『明鏡国語辞典』大修館書店）、「侵すべからざる権威と、他の何者をもっても代えることの出来ない存在理由。」（『新明解国語辞典』三省堂）などの記述があります。辞書の編纂者も恐らく「生命の尊厳」を念頭に置いて、私たちの誰もが生命に対して抱いている気持ちを自覚的に記述してみたのでしょう。改めて「生命の尊厳」をもとに「尊厳」の意味を内省してみると、①「全力で守るべき大切なもの」という面と、②「軽々しく手をつけてはいけない神聖なもの」という面

と、二つの側面があることに気付かされます。

　アメリカの社会学者ゴッフマンは、人は誰しも守るべきある種の聖性を有していると考え、それをフェイス（face）と呼びました。そして、他者のフェイスへの配慮行動が慣習化して、①提示儀礼（presentational ritual）と②回避儀礼（avoidance ritual）の２種の儀礼を成立させたとしています。提示儀礼は積極的に近づいて行って親愛の情を示すこと。回避儀礼は敢えて近づかないよう、触れないようにすること、です。これは前述の「尊厳観」の二側面に対応しています。

　人が有する聖性には、人格やアイデンティティの聖性よりもっと奥深い根源的なところに生命の聖性があります。生命の聖性に対する尊厳観にも、それを大切に守ろうとする①提示儀礼の側面と、その領域を侵してはならないと考える②回避儀礼の側面と、二つの側面があります。前者の提示儀礼は子供を守り育てようとする態度や病の人を癒し救おうとする態度に端的に表れています。いっぽう後者の回避儀礼は死者に対しても生前同様の敬意を払い、その遺体を丁重に扱い葬る儀礼として顕在化してきました。つまり、私たち人間は「生」にだけ尊厳観を抱いているのではなく、生死を超えた生命の連続性の中にも聖性を見出し、尊厳観を抱くのです。自身と世界に対する生命の尊厳観が凝縮したものが宗教であり、それが人間文化の根源的なところを支えています。

　医学における脳死臓器移植はレシピエントに対する提示儀礼に偏しがちで、ドナーに対する回避儀礼がややもすると欠落します。そうなると、レシピエントを救済することだけが目的となり、ドナーはそのための手段となり、ドナーへの配慮に欠けた報道や医療行為として顕在化します。

　1999年2月25日、臓器移植法に基づく最初の脳死臓器移植の可能性が高まったと一報が入りました。高知赤十字病院で臓器提供の意思表示をしていた入院患者が脳死状態の症状となり、あとは脳死判定さえ行われれば臓器摘出が行われることが確実であると、テレビは一斉に報じました。その後、報道陣は秘匿されているはずの脳死患者の年齢、性別、

病名などの個人情報を得ようとして病院、東京の移植ネット、高知市内の警察や消防に取材攻勢をかけ、徐々にその輪郭が報じられていきます。そして、病院では臨床的脳死判定が何度もやり直されるのをメディアはまだか、まだかと報じ続けました。患者の家族にとっては、患者の生存に一縷の望みを託し、脳死判定がされないことを祈り続けたはずですが、社会は患者の脳死判定を期待し、待ち続けます。そして家族は、患者のプライバシーが暴かれていくことに苦痛を感じ、刻一刻と容体が報道されることは耐え難いと厚生省に強く訴え出たのです。そのとき、レシピエントの生命を救うためにドナーの生命が手段化され、そのさまを社会全体が容認してしまっていたのです。

　また、近藤誠慶応大学医学部講師（当時）は著書の中で、ドナーカードを所持している患者が事故に遭うと、早く脳死と認められるよう、救命救急措置の手を抜かれるという衝撃的な事実を報告しています。ドナー不足のために臓器提供を受けられずに亡くなっていくレシピエント待機者が大勢いましたので、その方々を救いたい一心だったのだとしても、そのためにドナーの生命を軽視してよいはずがありません。このような事例が示す脳死臓器移植の課題への警鐘に私たちは真剣に耳を傾けなければなりません。

5 ● 東西文化差と脳死の受容度の差異

　大ざっぱな立て分けですが、西洋と東洋とでは生命観が異なっていることが経験的によく知られています。脳死という状態が出現したときに西洋ではそれを人の死として受け入れやすい土壌があったのに対し、東洋では人の死として受け入れにくい土壌がありました。

　脳死臓器移植を認める法律は欧米諸国から制定されていきました。1990年時点で既にギリシャ、フランス、イタリア、スペイン、オランダ、オーストリア、チェコスロバキア、フィンランド、ノルウェーといった

欧州諸国や、北米のカナダ、米国、メキシコなどで成立していました。

一方、日本では長年、臓器移植法への慎重論が根強く、なかなか成立しませんでした。このため、心臓、肝臓の移植を求める日本の患者は諸外国に渡航して移植手術を受けざるを得ず、莫大な資金が必要となり、家族の苦闘や援助募金運動の模様がマスコミでしばしば報道されました。

先ほどの聖性の二項対立にも東西差があり、一般論的に西洋文化は①提示儀礼が主で、東洋文化は②回避儀礼が主だとされます。例えば、非言語コミュニケーションにおける挨拶習慣では、西洋では握手やハグが好まれます。これは積極的に接触することで相手への親愛の情を示す①提示儀礼です。一方、東洋、特に日本ではお辞儀が好まれます。これは相手と距離を保ちながら敬意を示す②回避儀礼です。

こうした東西の文化差、そして東西の生命の尊厳観の差異をもたらすのは、東西の宗教精神の異なりが根っこにあるのではないかと指摘されています。

日本の哲学者・梅原猛氏は1990年に厚生省の「臨時脳死及び臓器移植調査会」の委員でしたが、臓器移植慎重派の代表格として積極的に発言しました。それによると、典型的な西洋的思考はデカルトの物心二元論的な生命観であり、〈自我〉の喪失を「死」と捉える傾向がある。つまり、「"私"の死は私の死である」ということである。一方、日本の価値観には山川草木への自然崇拝を説いた神道や、平等の精神を説いた仏教の思想が底流にあり、その価値観から見れば何十万年もの間、自然に受け入れられてきた「死」の概念を、現代において不自然な形で変更することは容認できない、と。

西洋のデカルト的物心二元論の生命観の背景には西洋の一神教の文化があります。そこでは〈神〉を基準とした人格への尊厳観を重視します。人間の身体が物質的にはそっくり入れ替わったとしても、〈私〉が〈私〉でありつづける〈自我〉の同一性（identity）こそ、人間の人格を同一視（identify）する基準となったわけです。もっとも、人間は〈自我〉の非

存在は自ら経験することはできませんが、自分と同じ〈自我〉の表象を見せなくなった人の姿をもって〈自我〉の非存在、即ち「死」と捉えることになります。したがって西洋では、脳死によって完全に〈自我〉を喪失した人を、死者として比較的受け入れやすい精神的土壌があったのです。

　一方、東洋の宗教の多くは多神教であり、山川草木にも魂が宿るという考え方においては、生物と非生物とが緩やかに連続していると捉えます。仏教においても主体と客体とを不可分のもと捉える依正不二思想や、人間の個体においても身体と精神とを不可分と捉える色心不二（心身一如）思想があります。そのため、〈自我〉を喪失したとしても「呼吸」を続け、「体温」を有する人は、その「脈を打ち、血が流れ、熱を持った身体そのものが魂の働きである」と自然に捉えるのです。

　医学において脳死が出現する以前の死の３徴候説は、人々が直観的に捉えていた「死」の捉え方を根拠としていたので、人々にとって違和感がありませんでした。しかし、脳死判定を人の死と認める場合、それは人々の実感を伴わないものとなりました。

　梅原猛氏はこうも指摘しています。人類が何十万年と受け入れてきた「心臓死」には「公開性」があって、そのことが遺された家族における「死の受容」に重要な役割を果たしてきた。これに対し、「脳死」には「公開性」がなく、その人が脳死となったことは医師にしかわからない。家族は医師の言葉に従うしかない。もし、脳死を人の死とするならば、死が秘儀の世界に閉じ込められることになる、と。

　これに関連して、ジャーナリスト中島みちさんは脳死患者とその家族を数多く取材したなかで、家族の脳死判定を医師から聞いても、誰も涙を流さないことを不思議に感じたそうです。しかし、脳死者の心臓が停止して呼吸器を外した瞬間、決まって家族はワッと泣き出したり、涙をぬぐったりするというのです。

　肉親の死を受け入れるには、心臓停止や体温の低下といった生命徴候

の喪失が不可欠なのです。眠ったままのようにしか見えない肉親を、医師の脳死判定だけを頼りに「死」として受け入れることは容易ではありません。特に東洋人である日本人にこの傾向は顕著でした。

　脳死患者の身体は心臓拍動や体温以外にも生命徴候を示すことがあります。例えば、脳死患者の体に内臓摘出のためにメスを入れると血圧が急変動し、それを安定させるために麻酔を使うことがあります。家族にはそのことが「痛がっている」のではないかと見えるのです。また、脳死患者が手足の筋肉の自動的な動きにより、胸の前で両手を合わせて祈っているようなしぐさを見せることがあり、新約聖書の人物名をとってラザロ徴候と呼ばれています。

　脳死患者の家族がこうした生命徴候を示す脳死患者を死者として受け入れられなかったとしても、そして、そのために臓器提供を拒否したとしても、それを非科学的な態度であるとか、レシピエントに対して無慈悲な態度であるなどと言って責めることはできません。また、そういう無言の空気を作ってしまうことも罪でしょう。それだけ、文化的背景というのは決して軽視することのできない重いものだということを弁えておく必要があります。

6 ● 利他の行為としての主体的な臓器提供

　日本には宗教的・文化的背景のもとで脳死を人の死と認めにくい精神風土があったことは排除できない事実であることを第5節で述べました。これに対して、現代の宗教者や宗教教団には、現代の医学の発達とも矛盾しない合理性の中で生命の尊厳を守り抜くための倫理的基盤をより積極的に社会に提供していこうという姿勢が見られます。

　カトリックの法王ヨハネ・パウロ二世は1995年の回勅の中で「特別に賞賛に値する事例は、時に何の希望もない病人に健康を取り戻し、場合によってはいのちを永らえる機会を与えようとして、倫理的に認めら

れる方法で実施される臓器の提供です」と述べています。

　日本印度学仏教学会は「臓器移植のために自らの臓器を無償で提供することは、崇高な精神である」としたうえで、その精神の尊さを生かすためにレシピエント側の感謝の念、医師の謙虚な姿勢を求め、さらに臓器売買の禁止などを謳っています。

　創価学会インタナショナルの池田大作会長はモスクワ大学のログノフ総長（当時）との対談で次のように述べています*3。（下線は本章の筆者）

　　人びとの生命を救い、幸福に寄与していくという意味で、「臓器移植」は仏法の"慈悲の精神"にもかなったものであり、原理的には容認できる医療行為だと思います。（中略）日本人の場合、遺体を特別視する伝統的な感情もあって、「臓器移植」に対する抵抗感が大きいことも事実です。そうした文化的伝統を踏まえたうえで、臓器を提供する側の主体的な意思を尊重していくことが大切だと思います。それは他者の生命を救うという、尊い慈悲の実践であるからです。

　これらに共通しているのは臓器摘出・移植の医療行為の前提となるドナーの提供意思に尊厳観を見出していることです。臓器提供を意思表示することに自身の限りある身体に崇高な価値を与えることを積極的に認めているのです。

　もちろん、いくら臓器提供が尊い利他の行為であると言っても、自己犠牲を伴う臓器提供まで認めるわけにはいきません。例えば、愛する我が子が重い心臓病であって、心臓移植によって助かるとわかれば、健康な父母が自分の心臓を提供してでも我が子を救いたいと思うこともあるでしょう。その心は美しいですが、親自身の生命にも我が子と同じ重さがありますからそれは許されません。

　これに対して、自分自身が将来、何らかの事情で脳死状態となり、自らの力でもはや生き続けられなくなった時には、全身の臓器が死滅して

しまう前に臓器を必要とする方に差し上げたい、その方の生命を救いたいと願う心は、自分の臓器と共に他者の生命を生かそうとする尊い心であると言えます。残された家族には重い決断を強いることになるかもしれませんが、ドナー自身の主体的で積極的な臓器提供の意思を家族がよく理解していれば、そのことが家族の勇気ある決断を後押しすることにもなるでしょう。

　そのためには単にドナーカードに署名するだけでなく、そのことについて家族で話し合い、提供意思を家族が共有しておくこと、それも事故や病気と無関係な、健康な日常のなかで語り合っておくことが求められます。

　第4節では脳死臓器移植においてレシピエント側を救うことのみを目的としてドナー側を手段化することの問題点を指摘しました。このような問題は、ドナーでもレシピエントでもなく、両者を仲介する第三者から惹起します。臓器を機械の部品のように扱ったり、まして商品のように売買したり、等々、臓器移植に不純で不誠実な要素を介入させるとすれば、それは常に第三者です。

　ドナーとレシピエントの尊厳を守りながら臓器移植を遂行するためには、宗教者が指摘するようにドナーとレシピエント双方の意思が尊重されていることが不可欠です＊4。第三者である医師が一方的に臓器移植の価値を述べ立てるだけでは、それも心理的圧力の一環となりかねません。ドナー自身が臓器提供という行為に価値を見出し、主体的に提供の意思を持つ。レシピエントは感謝の心で臓器を受容し、ドナーの臓器と共に生き続ける意思を持つ。そして、医師はドナーの尊い意思に畏敬の念に祈りを捧げるような思いで臓器を摘出し、その意思に代わってレシピエントへの生存に願いを込めて謙虚に移植を遂行する。そうすれば両者の尊厳が傷つくことなく、ドナーの臓器がレシピエントと共に生き続けるという新たな価値がそこに生まれるのではないでしょうか。その際、ドナーにとってもレシピエントにとっても医師への信頼が不可欠である

ことは言うまでもありません。

このように、ドナーとレシピエントの主体的な意思、特にドナーの意思への配慮が十分になされていれば、第5節までに指摘した脳死臓器移植の諸問題は克服できるのではないかと思います。

脳死臓器移植を推進する人々がこの問題意識に立つならば、既に脳死患者となった人の家族を説得することに執心するのではなく、広く社会全体に対してドナーカードの普及や意識啓発活動を推進していく努力をすべきでしょう。そして、それでも敢えて意思表示をしないという人に対しても、その文化的背景の重みを理解し、配慮すべきであることを、繰り返しになりますが付け加えておきたいと思います。

〔資料1〕（臓器移植法より抜粋、下線は本章の筆者による）
臓器の移植に関する法律（平成九年七月十六日法律第百四号）
（臓器の摘出）
第六条　医師は、死亡した者が生存中に臓器を移植術に使用されるために提供する意思を書面により表示している場合であって、その旨の告知を受けた遺族が当該臓器の摘出を拒まないとき又は遺族がないときは、この法律に基づき、移植術に使用されるための臓器を、死体（脳死した者の身体を含む。以下同じ。）から摘出することができる。

2　前項に規定する「脳死した者の身体」とは、その身体から移植術に使用されるための臓器が摘出されることとなる者であって脳幹を含む全脳の機能が不可逆的に停止するに至ったと判定されたものの身体をいう。

〔資料2〕（改正臓器移植法より抜粋、下線は本章の筆者による）
臓器の移植に関する法律　最終改正：平成二一年七月一七日法律第八三号
（臓器の摘出）
第六条　医師は、次の各号のいずれかに該当する場合には、移植術に使

用されるための臓器を、死体（脳死した者の身体を含む。以下同じ。）から摘出することができる。
　一　死亡した者が生存中に当該臓器を移植術に使用されるために提供する意思を書面により表示している場合であって、その旨の告知を受けた遺族が当該臓器の摘出を拒まないとき又は遺族がないとき。
　二　死亡した者が生存中に当該臓器を移植術に使用されるために提供する意思を書面により表示している場合及び当該意思がないことを表示している場合以外の場合であって、遺族が当該臓器の摘出について書面により承諾しているとき。
2　前項に規定する<u>「脳死した者の身体」とは、脳幹を含む全脳の機能が不可逆的に停止するに至ったと判定された者の身体</u>をいう。

注

* ＊1　大脳・小脳が機能停止となって重度の昏睡となっても、脳幹の機能が維持されていれば自発呼吸が行われる。この状態は植物状態・植物人間と呼ばれ、脳死とは区別される。
* ＊2　但し、肝臓においては生体部分肝移植の技術は既に確立しており、肝臓の一部を摘出しても生存し続けることは可能である。
* ＊3　ログノフ／池田（1994）p. 149 より
* ＊4　2009年の改正臓器移植法ではドナーの提供意思が不明であっても臓器提供が可能となっている。資料2を参照のこと。ただし、これは形式上の意思表示への制約を緩くしたものであって、実際の運用においては家族の理解においてドナーの意思が尊重されていることを法律の運用とは別次元で求めたいところである。

参考文献

梅原猛（2000）『脳死は本当に人の死か』PHP研究所
近藤誠・中野翠他（2000）『私は臓器を提供しない』洋泉社
多田富雄・河合隼雄編（1991）『生と死の様式──脳死時代を迎える日本人の死生観』誠信書房
中島みち（1990）『見えない死──脳死と臓器移植』文藝春秋
前田惠学（1990）「臓器移植問題検討委員会の歩み」『印度學佛教學研究』39、日本印度学仏教学会

ヨハネ・パウロ二世（1996）『回勅　いのちの福音』カトリック中央協議会
アナトーリ・A・ログノフ／池田大作（1994）『科学と宗教（下）』潮出版社
Goffman, Erving（1967）*Intention Ritual: Essays on Face-to-Face Behavior.* London: Aldine Publishing Company.（邦訳：ゴッフマン著、浅野敏夫訳（2002）『儀礼としての相互行為──対面行動の社会学』、法政大学出版局）

第2章
伝統芸能が教える人間の真実とは
―― 中世日本における「悲しみ」と「笑い」のかたち

坂井孝一

1 ● 伝統芸能とは何か

　「伝統芸能」とは何かと言いますと、日本の場合、古代には雅楽、中世には能・狂言があります。近世つまり江戸時代になりますと、歌舞伎、文楽があります。文楽は、当時、人形浄瑠璃と呼ばれていました。こういったものが古代、中世、近世において生まれた日本の「伝統芸能」で、すべて現代でも上演されています。そういう意味で「伝統」を担った「芸能」であると言うことができます。

　ではまず、「芸能」という要素からお話しましょう。「芸能」というのは、現代風にひと言で言えば「舞台芸術」のことです。「舞台芸術」には、まず作品の作者がいます。能の場合ですと、世阿弥が一番有名ですが、世阿弥以外にもたくさんの能作者がいました。ただし、あまりにも世阿弥が有名でしたので、作者がわからないものは、きっと世阿弥が作ったのだろうという風に、これを世阿弥に仮託するというのですが、仮に世阿弥が作ったとみなして、その作品を大事にするということがありました。また、一度作られたものが、別の人によって作り変えられる、

改作されるということもありました。このように、「伝統芸能」では誰が作者であったかわからないことが多いのですが、とにかく、作者がいるということが第一です。

　もちろん、文学や彫刻のような芸術にも作者がいます。文学ですと、小説を書く小説家がいて、それを読者が読むことで芸術の享受が完了します。ところが、「舞台芸術」では、例えば、音楽を考えていただくとわかりやすいと思いますが、楽譜が作られても、楽譜を見ただけですぐに頭の中にメロディーや音色を思い浮かべることのできる人は少ないでしょう。そうなると、楽譜を再現する演奏者が必要になってきます。演劇の場合もそうです。脚本がまず作られます。脚本を読んだだけでもそれなりに楽しむことはできますが、実際には演者がいて、舞台で演じられてはじめて観客はその作品を享受することができるのです。ですから、作者と演者がいることが重要であり、次いで観客が作品を享受するという形になります。

　しかも、「舞台芸術」は舞台で演じますから、一回きりです。同じ演技は二度とできないわけです。観客とのコミュニケーションの具合によっては、アドリブが入るといった即興性が加わることもあります。演劇の分野の芸術としては、他に映画のような「映像芸術」がありますが、この一回性・即興性という点に、「舞台芸術」と「映像芸術」との違いを指摘することができます。「映像芸術」の場合、カメラに収める時、何回も撮り直す、演者が演じ直すことはあるでしょう。カメラに収録されたそうしたいくつかの演技の中に同じものは二つとありません。しかし、出来上がった作品は、もう変わらないのです。それを上映して観客が観ることで享受が完了します。映像そのものが変わっていく、日を追えば、あるいは年が立てば変わっていくということはありません。ところが、「舞台芸術」には、二度と同じ舞台がありません。ということから、一回性、即興性が「舞台芸術」である「芸能」の命ということになります。

第2章 伝統芸能が教える人間の真実とは

　さらに、「伝統芸能」の場合、そこに「伝統」というものが付け加わってきます。これは、世代を超えて人から人へ伝えられていくということを意味します。この世代を超えて、というところが極めて重要です。先ほど、雅楽にしろ、能・狂言にしろ、歌舞伎にしろ、古代、中世、近世の時代に作られた作品が現在でも演じられているということを述べました。その何世代、何百年という時間を越えて同じ作品が上演されていく。これが世代を超えて、人から人へという意味になります。まさに、「歴史」です。

　しかし、先ほど述べましたように、演じる側は、一人の演者であっても二度と同じ演技はできません。これが、個性の違う、能力の違う別の人に同じ作品を演じてもらうということになるわけですから、いっそう大変なことになってきます。そこで、同じ作品を別の人が再現するという、その再現性を追及することになります。

　そのためには何が必要か。端的に言いますと、「型」を作り、伝授することです。「型」の伝授が最も有効な方法になるのです。「型」とは、別の言い方をしますと、「様式美」です。「型にはまった」という言葉が日常の会話で出てくることがありますが、悪い意味で使われる例が多いようです。しかし、「伝統芸能」で言うところの「型」とは、伝統の本質をついた、伝統の命と言ってもいい大切なものです。どのような形、どのような体の動きをすれば、最も美しく見えるか。悲しい場面であれば、どういう動きをすれば悲しんでいることを観客に伝えることができるのか。セリフの話し方、あるいは笑わせ方にしてもそうです。狂言では人を笑わせなければいけません。現在のお笑い芸人とは違い、狂言では、修練を積んで身につけた「型」によって何回でも同じところで笑わせることができる。誰が演じても同じところで笑わせることができる。いわば、笑いの再現が可能になるのです。そのために必要なのが、「型」言い換えるならば「様式美」です。

　具体例を挙げましょう。中世の「芸能」である能では、演者が檜の舞

台の上を足袋で歩きます。そのとき、普通に歩いたら美しくありませんし、人それぞれの個性が前面に出てしまいます。そこで、すり足という「型」を用います。磨き上げられた檜の舞台の上を、腰の上下動を最小限に抑えたスムーズな体重移動で、つま先や踵をあまり上げずに、足をすべらすように進んでいく動き、これがすり足で、能の「型」の基本中の基本です。また、演者は立ったままでも色々な演技をします。その時にも、まず構えという「型」から入ります。普通に立っていたら逆に不自然なので、腰を入れるのです。若干ひざを曲げ、へその下あたり、丹田と言いますが、そういうところに力をこめて重心を下げて背筋を反らせる恰好です。構えは立ち方の美しさを追求した「型」といえます。

　さらに、能の場合には、能面を顔にかけます。専門用語で言いますと、「面を掛ける」と言います。「面を掛ける」ことで、演者は別の人格と言いますか、劇中の登場人物に変身することができます。変身しているわけですから、日常的な動作をすると、観客は逆に違和感を覚えてしまいます。ちょっと下を向いただけ、上を向いただけ、ちょっと右や左を向いただけで、能面は表情ががらりと変わったように見えるので、「型」が必要になってくるのです。悲しい場面では、10度か15度くらい面を掛けた顔を下に向けます。ほんの10度か15度くらいですが、この動きによって悲しみを感じていることが観客に伝わってきます。これを専門用語では「面をくもらす」と言います。一方、嬉しさ、晴れやかな気持ちを表す場面では、その逆、10度か15度くらい上を向きます。ほんのわずかな動きですが、明るい気持ちになったことが観客に伝わります。これは「面をてらす」と言います。ほんのわずかな動きですから、きっちりとした「型」が必要になります。それを演者たちは修練によって身につけるのです。

　「伝統芸能」では、こうして身につけた「型」すなわち「様式美」を、人から人に伝授していきます。作品そのものもそうですが、人から人へ何世代にも渡って「型」、「様式美」をつないでいくことになる。そうす

ることによって普遍性が生まれてくる。現代の芸術も素晴らしいものがたくさんありますが、「伝統芸能」の場合は、成立の当初から、世代を超えて人から人へとつないできたところに特徴がみられます。それが再現性であったり、様式美であったり、普遍性であったりするわけです。舞台で上演されているのを観るだけではあまり気が付かない要素です。

　このような芸術ですから、追求すればするほど、さらに先があるという風に演者たちは感じます。作者はすでに死んでしまっているが、演じる自分は生きている。何百年も前に作られたもの、たくさんの演者が世代を超えて演じ続けてきたものを、自分もまた演じなくてはならない。演じることに果てはないのです。世阿弥は能作者として有名ですが、自分も舞台に立ち、演じることがありました。その世阿弥が自分の芸術論・演劇論をまとめた伝書の中に、「命には限りがあり、能には果てあるべからず」という言葉がみえます。人間の命には限りがあるけれども、能という「伝統芸能」、そのころはまだ「伝統」という意識はありませんが、能という「舞台芸術」には果てはない、どこまでも追求していかなければならない、という演者の心構えを説いた言葉です。

　「伝統芸能」、能・狂言、歌舞伎、文楽などと言うと、現代の若い方々は敬遠しがちです。しかしながら、それは食わず嫌いと言いますか、よく知らないから興味をもたない、ということかもしれません。もしかしたら、人生の経験がまだ浅いので、その価値がわかりづらいということもあるかもしれません。そうであるならば、私が申し上げたような「伝統芸能」の本質、美しさやすばらしさを、まず言葉で理解し、感じとってみる、そういう経験を積み重ねてみることが扉を開くきっかけになるかもしれません。そうすれば、「伝統芸能」の面白さ・すばらしさに気が付くことができるのではないでしょうか。

2 ● 能が伝える人間の真実とは

　では次に、個々の作品が伝える人間の真実についてお話を進めていきましょう。私は実際に能を演じた経験がありますので、また日本中世史の研究者でもありますので、能・狂言の作品を例にお話ししたいと思います。

　まず、能と狂言の違いについて説明します。能は音楽劇です。笛（能管）・小鼓・大鼓（大皮）・太鼓という囃子、いわば能のオーケストラが入ります。囃子の音楽に合わせて演者が歌い舞う歌舞劇・音楽劇が能なのです。また、先ほど能面のお話をしましたが、能は仮面劇でもあります。そして、内容的にはほぼすべての作品が悲劇です。これに対して、狂言はセリフ劇であり、喜劇です。狂言に囃子が入ることはほとんどありません。仮面も基本的にはつけません。『釣狐』のように、ごくごくたまに仮面をつける狂言もありますが、仮面をつけない狂言の方がはるかに多く、通常は三人くらいの少人数で喜劇を演じます。これらが能と狂言の違いです。

　次に、能の作品を取り上げたいと思います。最も有名な作品のひとつに『道成寺』があります。これは「能楽師の卒業論文」と言われる作品で、能の技術、精神力といったものが求められる、能の粋を集めたような作品です。ただし、非常に体力が求められる作品ですので、多くの場合、若い頃に演じます。そうして、とりあえずは能のほとんどすべての要素・技術を知り、修行段階を卒業するのです。その後、精神的に成熟していくに従い、さらに深い精神性をもった作品に取り組んでいくわけです。社会人になる前に、大学生が「卒業論文」を書くというのと同じ意味合いです。しかし、とにかく演者は高度な技術、体力を駆使しなければ演じることができない大曲・難曲です。

　『道成寺』の素材は、和歌山県の道成寺に伝わる「安珍・清姫伝説」

です。これは、熊野詣の山伏である安珍さんに、自分の恋心を受け入れてもらえなかった清姫さんが、怒り・悲しみ・恥ずかしさといった様々な感情の入り混じった怨念によって大蛇に変身し、道成寺に逃げ込んだ安珍さんを釣鐘とともに焼き殺してしまった、という衝撃的な内容の伝説です。詳しいお話は長くなるので割愛しますが、能『道成寺』では、数百年後、清姫さんの怨霊が、「白拍子(しらびょうし)」という当時の若く美しい芸能者に姿を変えて道成寺に現れ、鋳造し直された釣鐘の中に飛び込んで大蛇の本性を現す、というお話です。しかし、最後は道成寺の僧侶たちの読経・調伏によって去っていきます。

　中世は戦乱の世でしたから、誰にとっても死は身近なものでした。怨念をもったまま死んでしまうことも多々みられたわけです。突然の不慮の出来事によって、無理やりに生を中断され、死ななくてはならなかった人たちの気持ちがこの作品の根底にあります。現代でも交通事故・犯罪・災害などに巻き込まれ、思いもかけず命を落としてしまう人たちがいると思います。その人たちがどんな気持ちであったかを考えれば、ある程度は理解できるのではないでしょうか。怨念あるいは妄執という言い方もできますが、そうした思いを持って亡くなった人たちは成仏できず、霊となって再び現世に戻ってくる。戦乱の中で生きていた中世の人たちはそう考えたのです。能には亡霊が現世に姿を現す「夢幻能(むげんのう)」というジャンルがありますが、『道成寺』はその代表的作品といえます。

　同じく「夢幻能」の作品に『井筒(いづつ)』があります。ただし、これは怨念ではなく、かつての恋人に対する愛を忘れることのできない、そうした妄執によって現世に姿を現した霊の話で、『伊勢物語』を素材にした優美な作品です。幼い頃に二人が遊んだという井筒（井戸）の大道具が舞台上に出され、最後の場面では、恋人を想って出てきた女性の亡霊が恋人の衣装を身にまとって井筒に近づきます。ここが非常に面白いところで、自分は女性だけれども男性の衣装を着て、水を張った井筒を覗き込む、つまり、井筒の水面に映る男装した自分の姿を通じて恋人を偲ぶの

です。一番のクライマックスなのですが、これは、ある意味、現代における男女の性の問題にも通じているように思います。昨今は「LGBT」といった多様な性の問題が注目されていますけれども、そういうものにも通じる問いかけが、この『井筒』という作品の中に感じられるのではないでしょうか。あるいは、そこまでいかなくても、愛は永遠である、その愛の美しさ・永遠性をはかない亡霊の演技によって優美に表現しようとした、ということは間違いありません。

　いずれにせよ、能には亡霊が主人公の「夢幻能」の作品が多いです。怨念であったり愛であったりと言いましたが、生と死の問題もあります。能には、戦争の虚しさを題材とした「修羅能」と呼ばれるジャンルがあります。代表的な作品は『平家物語』から材を得た『敦盛』です。笛の名手であった平家の公達、平 敦盛が、16歳という若さで源氏方の武将熊谷直実に討ち取られた、という源平の合戦で現実に起きた話、それを『平家物語』がまず文学作品にし、その文学を能という芸能の作品にしたものが『敦盛』です。クライマックスは最後に来ます。亡霊となった敦盛は自分が討たれた様子を再現し、死んでもなお修羅道に落ちて苦しんでいることを訴え、出家した熊谷直実は読経を繰り返し、敦盛の霊が成仏するように祈る、そういう場面です。戦争の虚しさや、戦死者を弔う人々の気持ち、生と死の問題を真正面から捉えた作品であると言えます。

　現在の日本は、幸いにして平和ですが、世界を見渡してみるとテロ事件もありますし、貧困もあります。地域的な紛争は絶えることがありません。ですから、人間にとって戦争や生と死は常に普遍的なテーマなのです。これを源平の合戦という歴史上の出来事に材を取って現代の我々に伝えてくれる作品が、この『敦盛』であると思います。以上で、有名な三つの作品をもとに、能が現代の我々に何を語ってくれるかというお話をしました。次にセリフ劇・喜劇である狂言について見てみましょう。

3 ● 狂言のおかしさ・面白さとは

　狂言といいますと、代表的なものは「太郎冠者物」というジャンルです。これは、太郎冠者・次郎冠者と呼ばれる従者と、その主人が出てくる作品群です。「太郎冠者」、「次郎冠者」という呼び名は、当時、一般的などこにでもあるもので、したがって、どこにでもいる庶民が主人公になった作品です。また、登場人物が「このあたりの者でござる」と言って始まる作品もあります。当時の劇団である「座」は色々な地方に行って公演をしたのですが、公演を観にきた人たちの前で「このあたりの者でござる」と言うと、観にきた人たちの住んでいる場所が舞台となり、観ている人たちにとっての身近な話、ということになります。そういう意味で、ここにも普遍性を見てとることができます。

　では、「太郎冠者」や「このあたりの者」が何をするかというと、人間の欲望みたいなものをうっかり出してしまい、失敗して怒られる。例えば、『栗焼』という作品では、お客さんに出すために栗を焼いてこいと主人に言われ、太郎冠者は一生懸命に焼きます。ところが、それを宴席に出すために運んでいく途中、あまりにいい香りなので一つくらいいいだろうとつまみ食いをしてしまう。これはおいしいということで、もう一つくらいいいだろうと食べてみる。ところが、今度は虫に食われた栗で、吐き出すくらいまずい。腹が立ったから、もう一つ食べてやる。一つ食べて怒られるのも、二つ食べて怒られるのも同じだということで、どんどん食べてしまい、気がついたら全部なくなっていた、というような失敗をするのです。

　「太郎冠者物」ではないのですが、『二人袴』という傑作もあります。お婿さんが結婚相手の親御さんに婿入りの挨拶に行くのですが、そこで恥ずかしい失敗をしてしまいます。この若いお婿さん、引っ込み思案の上に甘やかされて育ったらしく、まだ一人前になっていない。心配でし

ょうがないお父さんがわざわざ付いて行くという始末。今で言ったら過保護な親と情けない子供です。もちろん当時でも、お婿さん一人で挨拶にも行けないというのはみっともないことですから、お父さんは無事に送り届けたら帰るつもりで、自分は正装の袴をはいてきていません。ところが、門口で見つかってしまい、せっかくだからお父さんも家の中にどうぞということになる。そうは言われても、正装の袴はお婿さんの分しかない。仕方がないので、一つの袴を親子が交互にはき直しては家の中に入ります。お婿さんが入ってきたら、親父さんいない。親父殿が入ってくると婿殿がいない。ついに、二人ご一緒にと言われる羽目に。どうするのか。親子は自分がはく、いや自分がはくといって一つの袴を引っ張り合います。すると、袴はびりびりと真ん中で破れて半分、つまり二つになります。喜んだ親子。半分になった袴をそれぞれ自分の体の前に当てて家の中に入ります。もちろん後ろは丸見えの恥かしさ。カニのように横歩きをしながら動き、舞を所望されても後ろ側を見せまいと懸命に振る舞うおかしさ。これは現代のコントでも演じられそうな、いわばコントのルーツのような作品です。

　そのほか、よくあるのがお酒を飲みすぎて失敗をする、怒られるといった作品です。ただし、こうした失敗は誰でもやりそうな、いつの時代のどこの庶民でも、現代の人間でも思わずやってしまいそうな類のものです。人をだます詐欺のような凶悪なものではありません。ほのぼのとした笑いを誘う、いわば「ヒューマニズム」に溢れた笑いなのです。こうした笑い・おかしさを伝えてくれるのが狂言という「伝統芸能」です。

4 ● 世界が認める日本の伝統芸能

　最後に、このような能や狂言、さらに雅楽・歌舞伎・文楽といった日本の「伝統芸能」が世界からどのように見られているか、ということをお話ししたいと思います。まず、知っていただきたいのは、これらの芸

能が世界の無形文化遺産に指定されているということです。日本人は西洋の芸術を美しい、珍しいと感じて称賛することが多いと思いますが、ちょうどその逆で、世界の人たちは、こんなすばらしい芸術が日本で何百年にも渡って伝承されてきたのか、現在も演じ続けられているのか、と驚きや感動を覚えるようです。日本の文物だからと言って敬遠したり毛嫌いしたりする日本人よりも、ずっと高く評価しているのです。

　確かに、能・狂言、歌舞伎などのセリフは中世・近世の言葉「古語」ですから、現代人にはわからない部分があります。しかし、それは外国の方々も同じです。近年は、歌舞伎座や能楽堂でも、現代語の字幕が表示されることもありますが、言葉の部分はその程度で十分なのです。要は音楽であり演技です。言葉なしに伝わってくる美しさや気魄です。「舞台芸術」は文学とは違い、言葉だけではなく、演者が体全体で示す動き、演奏される音などによって表現する、観客の感性に訴えるというものです。その点で、日本の「伝統芸能」は世界から高く評価されていると言えます。

　現代の若い人たちは、何となくとっつきにくい、年寄りが見るものだと先入観で決めつけて敬遠する、そうして能楽堂や歌舞伎座に足を運ぼうともしない、ということが少なくないのではありませんか。しかしながら、世界でこんなに高く評価されている「舞台芸術」を、日本にいながら触れようとしないというのは、大変に残念なことであると私は考えています。ですから、いろいろな形で目を開かせてくれる、感性を豊かにしてくれる「伝統芸能」の作品を、ぜひとも現場で、舞台で鑑賞していただきたい。人間の本質、世の中の本質、伝統の重みといったものに触れていただきたい。ぜひ能楽堂・歌舞伎座などに足を運んでいただきたいとお勧めする次第です。そうした期待を込めて、私の話を締めくくらせていただきたいと思います。

（以下、伊藤による坂井へのインタビュー記録）

伊藤：能と狂言は、純粋に日本がルーツと考えてよろしいのでしょうか。それとも、中国もしくはアジアの他地域にあった何らかの文化が日本に伝わってきて開花したものなのでしょうか。

坂井：能のルーツということで言いますと、猿楽になります。猿楽のもとになったものは、古代に中国から伝来した散楽です。しかし、散楽・猿楽と、室町時代に世阿弥が大成した能・狂言とは、内容も芸術的なレベルもまったく違います。ですから、能・狂言と言ったときには、基本的には日本産であると言えます。それに対して雅楽は、舞楽が一番中心になるのですが、これは基本的に中国の芸能です。中国から伝来したものを日本風にアレンジし、平安時代に確立しました。ですから、楽器や旋律は中国的色彩が非常に強い。それから、歌舞伎、文楽は日本社会が中世から近世に移り変わっていく過程で生まれてきたものですから、日本産の、日本独自の芸能であるといって構いません。

伊藤：「笑い」は狂言で、「悲しみ」は能で表現する、という住み分けはいつごろから始まったのですか？

坂井：南北朝くらいからです。能・狂言のもととなった猿楽は笑いの芸能でした。猿楽とは「猿真似」「物真似」の芸で、狂言に近いと言えます。おかしさを追求する表現が多かったのです。ところが、鎌倉時代になりますと、猿楽の芸能者が「物真似」という特殊な技能によって、「神を真似る」芸をするようになりました。神社などで神様に扮し、五穀豊穣・国土安泰を告げるといった芸能を披露するのです。神様に変身するわけですから、当然、荘厳でなくてはならない。ストーリー性も必要ではありません。現代人が見ると面白くも何ともないのですが、鎌倉期以降、この神の芸は猿楽者たちから神聖視され、『翁』という「能にして能にあらざる」作品として成立します。といった歴史的経緯があって、物を真似る猿楽者の芸におかしさだけではなく、荘厳でまじめな雰囲気が付け加わるようになったわけです。さらに、南北朝期に入りますと、猿楽者の劇団である「座」同士の競争が生まれます。競争を繰り広

げる中で、人々を感動させるストーリー、人々の心をつかむ演劇性が猿楽に加わります。芸の切磋琢磨・洗練も進み、観阿弥・世阿弥親子が登場することで、悲しみで人を感動させる作品や優美な作品が作られるようになりました。一方、同じ「座」のメンバーの中には、猿楽本来の笑い・おかしさの芸を担当する狂言方も引き続き所属していました。音楽を担当する囃子方もいました。このような役割分担はありましたが、元が同じですから、能の役者も狂言の役者も囃子方も全部同じ「座」に所属して、互いに協力し合っていました。

伊藤：坂井先生は文学や芸術を歴史研究の対象として扱ってこられましたが、芸能に対する関心と歴史学に対する関心とはほぼ同時にあったのでしょうか？　それとも、どちらかが先だったのですか？

坂井：歴史学の方が先です。ですが、たまたま東京大学の学部・大学院時代、能を演じる「観世会」というサークルに入ったことで、7・8年ほど自分自身で能を演じる、大鼓を演奏するという経験を積みました。大鼓は人間国宝の方に習いました。それに、能は中世に誕生した芸能ですから、いつかは歴史学として能の作品を分析してみたい、というようなことも考えるようになりました。最初は全然やっていませんでしたけれども、そのうちに芸能や文学の作品に歴史学の視点を持ち込んで分析したらどんな発見があるのかという仕事、そこに自分の研究の個性を見出すようになり、あまりそういうことをやっている人は多くないので、これは面白い、学問の進歩に少しは貢献できるのではないかと思って続けているということです。

伊藤：若い人たちにもっと日本の伝統芸能に触れる機会を持って欲しいというお話がありました。もちろん、まずは若い人たちに伝統芸能への興味を持って欲しいわけですが、伝統芸能の側からのアプローチについても、坂井先生から何かご助言はありますか。

坂井：そうですね。例えば、能の話で言いますと、芸の洗練さを推し進めていくにつれ、テンポがゆっくりになっているという事実があります。

戦前の能の上演映像を見ますと、現代よりもはるかに早いテンポで演じているのです。現代は物事がどんどん早くなっているにかかわらず、能は遅くなっている。その辺のところは、能楽師ではない私がどうこう言う問題ではないかもしれませんが、時代に逆行しているのではないかと危惧しています。ただ、それを私が変えることはできません。そこで、その代りと言ってはなんですが、授業で能の作品の解説をしたり、演じる方の努力をドキュメンタリーにした映像を見せたりして、若い学生の皆さんの理解の一助となるよう努力しています。それから、演者たち、とくに狂言の方たちは現代劇に出ます。歌舞伎の方たちは以前からよく出ていました、映画やドラマとかに。狂言師でいえば、代表的なのが野村萬斎さんですね。テレビドラマや話題の映画に出演しています。そうすると、あっ、萬斎さんだと気づくようになり、本職の狂言も観に行ってみようかという風に、若い人たちの意識を変えるというか、きっかけを作ることになる、そういう可能性は十分にあると思います。「伝統芸能」を担っている方たちには、殻に閉じこもらず、色々な場面・場所・メディアに登場して情報を発信していただきたい、それが効果的なのではないかと考えています。

伊藤：愛といい、怨念といい、または欲といい、失敗といい、こういう人間の時間・場所を越えて変わらないものが伝統芸能には描かれて蓄積されている。きっかけは何であれ、触れることで興味を持ちはじめる人は少なくないと思います。

坂井：昔の人もそうだった。今の人と同じだ、というところから救いを見出す、ということがあってもいいのではないかと思います。

伊藤：伝統芸能が引き起こす普遍的な共感は日本の大きな財産ですね。日本特有の文化として、世界中の人々の共感を呼んでいるわけですからね。

坂井：そうですね。その通りだと思います。

第3章
人間とメディアとのかかわりを考えよう！
―― ゲームの社会心理的研究を中心に

渋谷明子

1 ● はじめに

　テレビ、コンピュータ、スマートフォン、携帯ゲーム機、本、マンガ、雑誌、新聞など、私たちは日常生活で様々なメディアを利用しています。私はこのようなメディアについて研究しています。一言で、メディア研究といっても専門分野は広く、社会学、心理学、教育学、法学、政治学、経済学、工学、医学など、さまざまな分野の研究者がメディアについて研究しており、その研究方法、研究対象、研究テーマも実に多様です。

　たとえば、ある研究者は、テレビドラマやアニメで描かれた暴力シーンや登場人物の特長を分析しています（岩男 2000）。また、別の研究者らは、インターネットにアクセスしながら、テレビを見ている人たちの行動を観察したり、話を聞いたりして、その様子を伝えています（志岐・村山・藤田 2009）。さらに、質問紙をたくさんの人に配布し、質問に答えてもらうことで、ソーシャル・ネットワーキング・サイト（SNS）や動画共有サイトを利用する人たちが、どのような理由や動機で利用しているのかを理解しようとする研究も行われています（小寺 2009, 2012）。

2 ● メディアの利用と満足研究

　メディア研究のすべてについては触れることができませんが、このなかで、利用と満足（uses and gratifications）研究と呼ばれる研究を紹介します。この分野の研究は、メディアやメディア内容を利用者（受け手）がどのような動機で利用し、どのような心理的満足感を得ているかを調べる研究です。たとえば、1940年代のアメリカでは、読書、新聞をどのような理由で読んでいるか、また、なぜ、ラジオドラマを聴いているのかなどを、インタビュー調査をして、まとめています（田崎・児玉 2003）。

　たとえば、皆さんは、最近どのような本を読みましたか。本を読むなかで、面白いと感じた点はどのようなところですか。どのような本が好きですか。それはなぜですか。また、毎週必ず見ているテレビ番組はありますか。その番組をなぜ毎週見ているのですか。どのような点が面白いと思いますか。あるいは、その番組を見て、何か役に立つことがありますか。まず、皆さん自身が考えてみてください。

　1940年代に行われた研究でラジオドラマを聴く理由としてあげられた動機は、(1)情緒的解放感が得られる（登場人物と同じ悩みがあることを知り安心する）、(2)代理参加ができる（自分の夢が実現したような幻想を抱き、満足する）、(3)日常生活での教科書となる（知恵や解決策を引き出す）などの理由があげられています（Herzog 1944）。

　また、読書についての研究でも、(1)道具的な利用（健康情報を確認するなど）、(2)自尊心を高める（子どもに可能なこと、他の子どもも親子喧嘩をすることを知る）、(3)論争点の態度の再確認や転向（戦争による市場の変化をどう見るかなど）、(4)豊かな美的体験と息抜きなど、様々な心理的・社会的な利用動機があげられ、年齢、性別、その人の態度や傾向によっても異なることを示しています（Waples, Berelson, Bradshaw

1940)。

　これらの研究は、50年以上も前のもので、ラジオや読書など、メディアの種類は違っても、情緒的解放、代理参加、情報や態度の確認、自尊心を高める、息抜きなど、現代でも通じることが多いように思います。

　その後、マクウェールらが、テレビを見る理由について、「充足のタイポロジー（類型）」として、以下のような4点に整理しました（McQuail, Blumler & Brown 1972）。

　(1) 気晴らし（Diversion）：日常生活での任務、自分が抱えている問題の重荷から逃避すること、情緒的解放など。

　(2) 人間関係（Personal Relationship）：登場人物に親近感を覚えたり、家族などとテレビ番組を話題に話をしたりすること

　(3) 自己確認（Personal Identity）：自分の人生で起こったことや出会った人を思い出したり、比較したりすること。

　(4) 環境監視（Surveillance）：権威者のミスに目を向けたり、物価上昇に気づいたりするなど、社会で起こった出来事を知り、整理すること。

　たとえば、大学受験や期末テストに向けて勉強をしているときでも、好きなアニメや歌番組だけは見て、気分転換を図った人もいたでしょう。また、友達やアルバイト先の人間関係で悩んだとき、同じような悩みを抱いたドラマやアニメの主人公に共感し、その番組を毎週見ていた記憶はないでしょうか。また、環境監視という点では、何か大きな災害や事件が起こったときに、テレビをつけて情報を確認する人は多いでしょう。日常生活では、あまり意識しないことですが、それぞれ利用する動機が異なるように思います。

　これらの研究で、研究対象となったメディアは、ラジオ、本、テレビと、それぞれ異なりますし、利用動機となる内容も異なりますが、自己確認、気分転換、情報を役立てるなど、共通する項目もあります。その後、SNSや動画共有サイトについて行われた研究でも、気分転換、情報収集、人間関係などが利用動機にあげられており（小寺2009など）、

時代やメディアが大きく変わっても、人々がメディアをとおして達成したい理由の共通性を感じることができます。

3 ● テレビゲームの利用と満足研究

　さて、私たちの研究グループでは、ソーシャルゲームの利用動機について研究してきましたが、その前に、これまで行われてきたテレビゲームの利用と満足研究を紹介したいと思います（渋谷 2011, 2017）。

　たとえば、アメリカで行われた研究では、ゲームで遊ぶ動機として、(1)競争性（最も速くうまくゲームを進めることは自分にとって大事など）、(2)チャレンジ（次のレベルに進めることがうれしいなど）、(3)空想性（実際にはできないことがゲーム上でできるなど）、(4)興奮（アドレナリンレベルを上げるからなど）、(5)社会的交流（友達と一緒に遊ぶためなど）、(6)逃避（他にしなければならないことの代わりに遊ぶなど）などがあげられています（Lucas & Sherry 2004）。逃避、社会的交流、空想性などは、本やテレビでも共通する点ですが、競争性、チャレンジ、興奮などは、テレビゲームに特有な利用動機の一つだと言えるでしょう。

　また、年代や性別によっても、利用動機は異なっています。米国では、男子大学生がゲームで遊ぶ動機としては、「チャレンジ」、「社会的交流」、「興奮」などが上位にあがりました。しかし、女子大学生の間では、「チャレンジ」、「興奮度」は上位にあがりましたが、「社会的交流」の代わりに「空想性」などが上位にきています。たとえば、アメリカでは、男子大学生の間では、大学の寮などで、サッカーゲームやシューティングゲームをプレイすることが社会的交流の場となっています。同じような「社会的交流」の場は、ゲームをプレイする女子大学生にとって、あまり重要な利用動機になっていないことがうかがえます。

　さらに、グリーンバーグらは、テレビゲームで遊ぶ動機を年齢別に検討しており、小学校5年生、高校2年生を対象に調査を行なっています

(Greenberg et al. 2010)。そして、小学校5年生では、「空想性」、「現実性」（ゲーム上のキャラクターは本当の人間のようだからゲームで遊ぶなど）、「自己」（強くなれるからゲームで遊ぶなど）が最も高く、高校2年生では、「競争性」、「逃避」が最も高い傾向がみられます。子どものころは、ゲーム上のキャラクターをリアルな存在のように感じていたり、ゲームで遊びながら、自分自身が強くなったように感じたりする傾向があることが読み取れます。その一方で、高校2年生では、友達と競争したり、気分転換をしたりするなど、多感な青年期に強く感じる向上心、競争心、自尊心、葛藤、ストレスなどとテレビゲームが関連していることをうかがわせます。したがって、テレビゲームで遊ぶ動機や理由も発達段階によって異なっているようです。

　日本でもゲームで遊ぶ動機や、利用と満足に関する研究は行われてきました（井口 2013; 高山、2000）。たとえば、高山（2000）が小学校高学年を対象に行った分析では、(1)挑戦（難しい場面がうまく乗りこえられたらうれしいからなど）、(2)コントロール（自分で自由に動かすことができるからなど）、(3)空想（いろいろな敵にあうことができるから）、(4)暇つぶし（雨の日、外で遊べない時にできるからなど）、(5)逃避（さびしいときでも、ゲームをやると気がまぎれるからなど）、(6)好奇心（音や音楽がおもしろいからなど）という5つの因子がテレビゲームで遊ぶ動機として分類されていました。そのなかで、ゲームの利用頻度が多く、ゲームを重要だと位置づける態度と結びついていたのは、「空想」、「暇つぶし」、「好奇心」などでした。高山はさらに動機因子により子どもたちを分類しており、なかでも利用頻度が最も高かった「熱中タイプ」は、「挑戦」「空想」「好奇心」などの因子が高く、「逃避」が低い傾向がみられていました。したがって、小学生にとって、ゲームは、何かに挑戦したり、空想的な世界で遊び、好奇心を満たしたりする存在だと言えます。

　さらに、井口（2013）は、大学生を対象にした利用と満足研究を行っており、そこでは、(1)空想、(2)承認（巧く操作すると他の人から尊敬さ

れて嬉しいからなど)、(3)趣向（好きなイラストレーターが描いているからなど)、(4)達成、(5)友達（友達といっしょにゲームで遊ぶのが楽しいからなど)、(6)学習（ゲームを通じて難しいことでも理解できるようになるからなど）などの因子が高い場合、ゲームで遊ぶ利用時間や、ゲームに使う金額が高くなる傾向がみられました。選択肢の内容も研究によって異なるものの、グリーンバーグらの研究と同様に「承認」や「友達」という社会的交流に関連した因子、「達成」というチャレンジに関連した因子が高かった場合、利用時間が長いということは興味深い点です。また、米国での研究とは異なり、「空想」という要素が小学生と大学生で大きな要素であることも面白い点です。欧米では、より現実的な設定のゲームのほうが人気であり、日本では、ロールプレイングゲーム（RPG）をはじめとした空想性の高いゲームに人気があるなど、ゲーム趣向とも関連している可能性があります。

4 ● ソーシャルゲームの利用と満足研究

　最後に、私たちの研究グループで実施した研究を紹介します。近年、携帯電話やスマートフォン（以下、スマホ）で遊ぶゲームが人気になってきたため、携帯電話またはスマホで遊ぶソーシャルゲーム（協力したり競争したりして遊ぶゲーム）を対象にしました（寺本・渋谷・秋山 2014 & 未発表）。15歳から29歳の若い世代を対象にした2660人（10代950人、20代1710人）に2013年の11月にたずねました。その際、ゲームのアイテム課金の利用状況を知りたかったため、課金者の割合を増やしました。ただし、10代でゲームに課金している人はあまりいなかったので、実際には少なくなりました。そのなかで、1日何時間ゲームをするのか、1週間に何日ゲームをするのか、過去1か月にゲームに課金したことがあるか、ある場合はいくら課金したかなどをたずねました。そのほかにも、ゲームへの依存度、ゲームで遊ぶ理由（利用動機）もたずねました。

そこでは、これまで行われてきた研究を参考にしながら、ソーシャルゲームというメディアに則した利用動機を考えました。具体的には、(1)達成（キャラクターが強くなる、レアなアイテムを獲得するなど）、(2)内容的没入（新しい地域やステージを探検する、ストーリーのおもしろさ、空想的な世界に浸るなど）、(3)気分調整（リラックスする、気分を変える）、(4)協力（強い敵をみんなで倒す、プレイヤー同士で助け合うなど）、(5)交換（友達とプレゼントのやり取りをするなど）、(6)競争（ランキングが上がる、対戦など）、(7)話題共有（他のプレイヤーとのオンライン上でのコミュニケーション、家族や友達と話題にする）などです。

　ゲーム依存については、「1日中ソーシャルゲームで遊ぶことを考えていたことがある」、「遊ぶ時間または金額が増えてきた」「遊ぶ時間または金額をめぐって、家族や友人と、もめたことがある」「ソーシャルゲームで遊ぶために、ほかの重要な活動（勉強、仕事、スポーツなど）をやらなかったことがある」など、10問でたずねました。

　その結果、明らかになったことは、1週間のプレイ時間が長い人は、「協力」「達成」「内容的没入」を大事にしている人に多かったことです。たとえば、あるステージがクリアできるまで、何度も挑戦するなど、「達成」を重視している人はプレイ時間が長くなりがちです。また、「協力」については、アイテムやメッセージをもらったからあげよう、私の部屋に来てくれたから訪問しようなど、協力する仲間が2〜3人から10人くらいに増えると毎日プレイ時間が長くなってしまうように思います。また、課金をしている人のほうがプレイ時間も長いようです。ただしお金を払っているから長時間プレイするのか、長時間プレイしているから課金したいと思うのか、どちらが原因であるかはわかりません。課金額は20代の人が10代よりも高く、男性のほうが女性よりも高い傾向がみられました。また、利用動機では、「協力」「達成」「内容的没入」を大事にしている人が課金額が高い傾向がみられました。

　最後にゲーム依存についてですが、プレイ時間、課金額に比べて、意

外に関連性が高かったのが「話題共有」です（寺本ほか、未発表）。話題共有を大事にしている人が、予想した以上に、ゲーム依存になりやすい傾向があることがわかりました。依存的傾向になっているからゲームについての話題共有が大事なのか、それとも、話題共有を重視しているから依存的になってしまうのか、話題共有が原因なのか結果なのかは、この分析だけではわかりません。ただ、ガチャで当てた強いキャラクターの写真を撮ってSNSにアップロードしたり、ステージをクリアした華麗なプレイ動画を見たりするなど、比較的新しいオンラインでの交流が「ソーシャルゲーム」と呼ばれるゲームの面白さなのだと思われます。それゆえに、社会的にも好ましい「ソーシャル」な利用動機のなかに、ゲームに夢中になり、依存的になってしまう要因も含まれているということだと思います。

　ラジオ、読書、テレビドラマ、テレビゲーム、ソーシャルゲームまで、時代を超えて、人々を魅了してきたメディアです。様々な代理経験、空想的な世界での体験、チャレンジ、競争、社会的交流などを提供してきたメディアと人間のかかわりを、どう考えるか、どう工夫していったらよいのだろうかと、メディア研究、社会心理学などの研究では行っています。ぜひ、いっしょに考えていきましょう。

参考文献

Herzog, H. (1944). What do we really know about daytime serial listeners? In P. F. Lazarsfeld & F. N. Stanton (Eds.), *Radio research, 1942-1943*, New York: Duell, Sloan & Pearce, pp. 3-33.

Greenberg, B. S., Sherry, J., Lachlan, K., Lucas, K., & Holmstrom, A. (2010). Orientations to video games among gender and age groups. *Simulation & Gaming*, 41, 238-259.

井口貴紀（2013）現代日本の大学生におけるゲームの利用と満足—ゲームユーザー研究の構築に向けて—、情報通信学会誌、31(2), 67-76.

岩男壽美子（2000）テレビドラマのメッセージ、社会心理学的分析　勁草書房

Lucas, K., & Sherry, J. L. (2004). Sex differences in video game play. *Communica-*

tion Research, 31, 499-523.

McQuail, D., Blumler, J., & Brown, J.（1972）. The television audience: A revised perspective. In D. McQuail（Ed.）, *Sociology of mass communications*. Harmondsworth, UK: Penguin. pp. 135-165.

小寺敦之（2009）若者のコミュニケーション空間の展開―SNS「mixi」の利用と満足、および携帯メール利用との関連性、情報通信学会誌、27(2), 55-66.

小寺敦之（2012）動画共有サイトの「利用と満足」―「You Tube」がテレビ等の既存メディア利用に与える影響 社会情報学研究、16(4), 1-14.

志岐裕子・村山 陽・藤田結子（2009）若者のテレビ視聴とメディア並行利用行動―大学生のオーディエンス・エスノグラフィ調査から― メディア・コミュニケーション、59, 131-140.

渋谷明子（2011）テレビゲームとパーソナリティ 坂元章編著 メディアとパーソナリティ ナカニシヤ出版 pp. 37-68.

渋谷明子（2017）ゲーム 李光鎬・渋谷明子編著 メディア・オーディエンスの社会心理学 新曜社 pp. 98-116.

高山草二（2000）ビデオゲームにおける内発的動機づけとメディア嗜好性の分析 教育情報研究 15(4), 11-19.

田崎篤郎・児玉和人編著（2003）マス・コミュニケーション効果研究の展開（改訂新版）北樹出版

寺本水羽・渋谷明子・秋山久美子（2014）ソーシャルゲームの利用動機と利用状況―モバイル・インターネット調査の報告― 日本シミュレーション&ゲーミング学会全国大会論文報告集 2014 年春号、pp. 10-15.

寺本水羽・渋谷明子・秋山久美子（未発表）ソーシャルゲームの利用動機と利用状況―モバイル・インターネット調査の報告― （論文準備中）

Waples, D., Berelson, B., & Bradshaw, F. R.（1940）. *What reading does to people: A summary of evidence on the social effects of reading and a statement of problems for research*. Chicago: University of Chicago Press.

第4章
これからの社会福祉に必要な理念とは

西川ハンナ

1 ● 降りていく時代に

　2015年の国勢調査において我が国の人口は初めて減少に転じました。人口の地域的分布も都市部に過密し、地方の過疎化は既に地域社会を維持することも困難な「限界集落」化に陥っている地域もあります。近年、暮らしの中で今までに無い差が生まれ始めました。それは、「地域格差」「教育格差」「結婚格差」そして最終的には「希望格差」などと表現されます。これらは、日本社会がそれぞれ個人の努力では埋めがたい差を生じる「格差社会」へ向かっていることを表しているのではないでしょうか。貧困、不安定就労、孤立、介護、暴力などが身近に感じる問題となり、現在の生活を頂点として、労働力人口の減少問題や、競争社会の効率性、合理性に行き詰まりをみせはじめています。世の中はこれ以上良くならないのではないか、むしろ暮らしは苦しくなり、生きていくことは自己責任であり自分のことは自分で守らないといけない、生きていくには強くあらねばいけない。そのような雰囲気を社会がまといはじめた中で、弱いことは社会の落伍者であるような冷たい目に耐えかねて社会

との関係を断つ人も増えています。豊かさを所有物で感じるのではなく必要最低限の品だけを持って生きていく「ミニマリスト」の生き方が共感され、若者が無理をしてローンを組んで高級車を乗ることよりも、背伸びをせず身の丈の所得で軽自動車に乗り、万が一の事故や老後に備えて貯金をするといった、今後の生活の上昇よりも下降を意識することが多くなっています。これからの時代を「降りていく」と表現しましたが、我が国はグローバル化やIT化の中で、人類が未だ経験をした事の無い超高齢社会を迎え、今日より明日が良くなる、頑張れば成功するといった簡単な上向きの図式を描けない、今までの価値観やライフスタイルでは対応できない社会へと変化しています。

　本章では今、社会福祉の援助としてどのようなことが注目されているのか、そもそも、その援助活動・行動の根幹を成す社会福祉の理念に、改めてどのようなことが求められるのかについて、地域での暮らしの事例をもとに考察していきます。

2 幸せの条件としての居場所

　福祉という言葉は漢字「福」も「祉」も共に「しあわせ」「幸福」という意味があります。社会福祉とは「幸せな状況」であり、福祉の追及は幸福の追求と言い換えることができるでしょう。では、福祉に社会がつく、「社会福祉」とは、どのような意味でしょうか。「社会」とは、人々の集まりであることから「人々の幸せな状況」ということになります。この「社会」という言葉の反義語は複数ありますが、その一つに「孤独」という言葉があり、孤独とは「頼りになる人や心の通じあう人がなく、ひとりぼっちで、さびしい・こと（さま）。」（大辞林第3版、2006, 929）であり、孤独な人間は「人と人が関係しあって生きる社会の外に身を置いている」（泉 2006：53）状況にいます。それは、人間関係が希薄であり相談できる人もなく、心が満ち足りていない状況ともいえ

ます。つまり、反「社会福祉」的な状況とは、社会での役割や関係を奪われて、存在さえも認められない排除された状況といえるのではないでしょうか。そのような状況下に陥ると、人は更に人との関わりに背を向けて、いつしかその中で憎しみや暴力が生まれていきます。不平等な社会は信頼性を欠如し不安やストレスが高まり、不健康・反社会的な行為へと繋がりやすく暮らしの安心・安全が保たれなくなる（ウィルキンソン 2009）ことが指摘されています。

　2017 年 7 月に「相模原市津久井やまゆり園殺傷事件を振り返る」という公開講座（立教大学社会福祉研究所主催）がありました。この一年前に、障がい者施設でおこった事件を「ヘイトクライム」ということだけで片付けずに考えようというものでした。この公開講座で、脳性まひで電動車いすを使う小児科医の熊谷晋一郎氏は、暴力の背景にある要因について分析し、「暴力が排除を導くだけでなく排除が暴力を引き起こす。」という悪循環を指摘しました。事件後の報道で、犯人とされる人物が犯行前にこの事件の計画を友人知人に告げて賛同を得ようとしていたことが分かってきました。彼は介護を必要とする人間を社会から不要であるとしつつ、自分は社会と懸命に繋がろうとしています。彼の考え方を聞き、友人知人は彼の元を去っていき、彼はますます孤立していったのではないでしょうか。熊谷氏は、友人の言葉を引用します「危ない仲間ほど、一人ぼっちにさせない」と。この言葉の意図は社会的孤立から仲間をこちらの側に引き寄せることの大切さを伝えています。このような「一人ぼっちにさせない」ことは、何も特別な凶悪事件だけの対応ではありません。地域から孤立した住民が近隣住民に被害を与える事件も増えています。地域に居ながら地域を媒介にかかわりをもたない人は「非地域的な生活者」であり、地域からの孤立という抑圧からやがて被抑圧者の側へと転化していくことが想像できる（上平 2004）ともいわれています。

　近年、地域の中の「孤立」も顕在化してきました。2017 年 6 月に埼

玉県の自宅で60代から70代の三人兄妹の遺体が発見されました。検死の結果は、三人はいずれも病死だったと分かりました。長女が長男と次女の世話をしていた家族で、長女が先に亡くなり、残された要支援の高齢者が脱水状態等になってしまったようです。経済的に問題が無く、家族が介護をしている状況は、何も問題が無いように見受けられますが、この三人兄妹はまさに「非地域的な生活者」であり、社会とつながる機会が少なかったのでは無いでしょうか。仕事をしていない人、学校に通っていない子ども、外出が難しい人等は家庭の外に居場所を作りにくく、社会から排除されやすい条件下にいます。そもそも居場所とはどんなところを意味するのでしょう。居場所とは自分たちがその場所の中で生き、そこを媒介に社会とかかわろうとする場所のことではないでしょうか。今、全国で居場所作りが盛んになっています。介護予防を意識した「ふれあいサロン」、地域住民による飲食・展示・販売などのスペースもある「コミュニティ・カフェ」、地域住民が同地域の貧困状況下の子どもの食を案じて「地域の子どもは地域で育てる」ことを柱にすえる「子ども食堂」も増加しています。子どもから高齢者まで、歩いていけるような範囲の、近所の顔見知り程度の距離感をもった人々が、集まり話をするこの社会の中に居て良いんだと思える居場所の必要性が全国で共感されています。

3 ● 社会とのつながりを創る

　社会とつながるための場、かかわり方を創った地域の2つの事例を紹介します。

(1) 空き家をテコにしたコミュニティづくり
　～越谷市大里東地区「みんなの家」～

　全国で空き家問題は深刻な課題になっています。2013年総務省の調

図1 空き家の家の活用構造

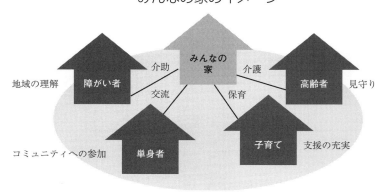

査では全国の空き家は約820万戸で全国の住宅の13.5%を占めています。この件数は年々増加しています。空き家は所有者だけの問題ではなく、地域の安全・安心な暮らしに直結する問題であり、地域の魅力を減少させ延いては空き家のある地域全体の価格に影響を与えます。そのような問題に対して、空き家をテコにしてコミュニティの再生に貢献する取り組みがあります。NPO越谷市住まい・まちづくり協議会（以下まちづくり協議会）は、空き家を地域住民のふれあいの場にして、自主運営する「みんなの家プロジェクト」を実施しました（図1）。越谷市は人口約34万人、空き家率は前述の総務省の調査によると16680戸（11.2%）と、全国平均は下回っています。経緯はまちづくり協議会が空き家相談会で祖母の自宅を地域の方に使ってもらえれば無償で提供したいという依頼人の相談を受けて、地元自治会である大里東地区に打診し自治会のふれあいサロンとして借り受けるということになり、依頼人と大里東地区が使用貸借契約を締結しました。地域内の会議などにより空き家が「みんなの家」になることは周知を図りましたが、実際設計案などチラシが周辺に配布されると「最初に建物ありき」といったイメージが先行して、

第4章 これからの社会福祉に必要な理念とは

写真1　学生の自治会館における報告会

写真2　オープニング企画案への投票

写真3　みんなの家でのイベント

写真4　イベント終了後の「みんなの家」

意見を十分聞いていないと近隣住民から反発がありました。そこで、社会福祉士を目指す学生が、授業の一環として空き家の四方の住民と地域の熱心なボランティア団体などに「みんなの家」ができたらしたいこと、不安なことなどをインタビューしました。そして、地域住民の希望や不安を聞いた上で、インタビュー結果とその結果を元にした「みんなの家」のオープニングイベント案を提示し自治会館で報告会を行いました（**写真1, 2**）。この報告会での住民の意向を参考に町内会議、改修作業、ペイント作業も住民参加を呼び掛けて「みんなの家」を本当の意味でのコモン・スペースにするための仕掛けを作っていきました。そして、改修工事を行い無事竣工しました。オープニングには、インタビュー報告

会の際のイベント案の投票結果から「みんなの図書館づくり」「みんなで手形アート」を実施し、イベントには多くの近隣住民が来館しました（写真3, 4）。「みんなの家」はその後も一人暮らし高齢者のたこ焼き会などに活用されています。

(2) 長野県諏訪市大和2区の「支えあいの地域づくり」事業

　少子高齢化社会の抱える課題を公的支援だけに任せず、自助活動をしている地域があります。諏訪市は人口約5万の、霧ヶ峰高原や諏訪湖、温泉などがある観光地でもあり、かつて明治期には製糸業、昭和では時計等精密工業で栄えた都市です。今では工場の移転、駅前地区の空洞化、高齢化など他の地方都市と同様の課題を抱えています。

　大和2区は、253世帯575名（2017年8月現在）高齢化率は約38％、年々高齢化は進んでいます。大和2区の「支えあいの地域づくり」事業は、①地域住民を孤立させない②地域住民を誰も排除しない③やさしい眼差し④子どもの参加の4つを理念にすえ、2007年に福祉推進委員並び推進委員会を設置して以来、毎月一回会議を欠かさず開催して、その回数は既に100回を超えています。活動は、地域住民の「困りごと」を抱えた世帯を訪問して、小さな「困りごと」を拾い上げ、「支える側」「支えていただく方」双方の日頃の関係を大切にしています。では、どうやって暮らしの小さな「困りごと」を掬うのでしょうか。その仕掛けは全くのローテクです。毎月配布している「ふれあい通信」（以下、通信）の手渡しです。通信の配布協力員は自宅の近隣約10世帯程度を担当しています。手渡しの理由は、その方法が一番の「健康状態」「生活の変化」を知る機会になるからです。「ポストに入れておいて」という住民がいないわけではありませんが、通信の開始時は、広報と一緒に配布していましたが、配布方法の改良を重ね、今の方法になりました。写真5は支援者が留守の高齢者宅で、2階の庭のトマトに水をやっている様子です。園芸が好きな方が、体が弱くなって草木の手入れが難しくな

写真5　留守宅の庭で水やりをする支援者　　写真6　学生による地域住民へのインタビュー

って悲しんでいたところ支援者が鉢にミニトマトを植えて、水やりもしています。信頼関係が無くては出来無いことです。日々のかかわりからその信頼関係は醸成され、更にそこから「支えていただく方」のしてほしいことや喜ぶことがわかってくるのでしょう。2017年度創価大学西川ゼミの学生による「支えていただく方」へのインタビューでは、「（通信の配布協力員者が）来てくれるのがうれしい」「今は大丈夫だけれど、いざという時に（家の中の手伝いを）お願いしたい」「心配してくれるのでありがたい」などの声がありました（写真6）。インタビューにより、「支えあい事業」は心身機能の低下した高齢者が、通信の配布協力員という近所の人を通して社会に繋がっていること、誰かが自分のことを気遣ってくれている等の「安心感」を与えていることが分かりました。

4 ● 地域の課題を自ら解決しようとした地区の共通項

　先にあげた大里東地区と大和二区の二つの事例から共通項をあげてみたいと思います。

(1) 互助意識の高い地域は問題発見・対応も迅速である。
　大里東地区は、もともと一年に一度自治会内の空き家や駐車場を確認

しデータ化して管理していました。どんどん増える空き家や駐車場に危機感を持っていたのでした。大里東地区は水害が多い土地で、2013年には竜巻被害にもあっています。このような災害は地域住民相互の助け合い無くしては乗り切れません。長年にわたり地域住民が助け合って暮らしてきた地域です。大和2区はこの地域で生まれ育った住民が多く血縁関係のある住民もいます。しかし、移り住んだ住民にとっても居心地の良い場所のようです。超高齢社会の課題を今まで培った人間関係を基に互いに力を合わせ乗り越えようと、自ら助け合いの仕組みを作ってきました。このように、互助意識の高い地域は、既存の信頼関係を基盤として地域のニーズの発見、課題への取り組みが迅速であり、その取り組みの決定、実行に関しても住民相互の協力も得られやすいといえます。

(2) 地域住民の水平な関係

　大里東地区「みんなの家」をつくる際には自治会レベルの話し合いや、その下の単位「班」レベルの説明会も開催されました。その際に文字通り大声で反対だと述べる方もいましたが、「大きな声に流されないでくださいね」と声をかけてくださる方もいました。地域には自治会長など役職がありますが肩書やパワー関係で地域課題の問題解決を図るのではなく、住民が水平な関係を前提に話ができることが前提だと思います。する・されるという関係についても、大和2区の活動の「支えられる方」という言い方は、一見違和感があるかもしれません。しかし、支えられている方は50年くらいのスパンで考えれば、今「支える方」が子どもだった時にお世話をしていました。そして、今でも体が動くならば誰かの役に立ちたいと思っていることもインタビューからわかりました。困っている人がいるなら手を貸したい。そのような共通の規範をもっている上で、今は「支えられる方」である元「支える方」は非対称な関係では無く、まさに相互に支え合う関係なのです。

(3) 人を中心とした関係性づくり

　大里東地区の「みんなの家」の竣工までには、まちづくり協議会による住民を巻き込むイベントが実施されました。片付けや解体や塗料などもイベントにして住民の参加を募りました。大和2区では、「通信」の配布協力員が自宅近隣10軒程度を担当します。まさに、向こう三軒両隣です。実際に1995年の兵庫県南部地震での神戸市東灘区の調査において救助者の64％は近隣住民でした（宮野ら 1996）。いざとなった時「支える」のは、近隣です。そして、「通信」の手渡しをツールとして、顔をみて様子をみて、万が一に備えます。訪問を重ね、信頼関係をさらに深めていきます。新たなことを始める際には、煩雑な手続きや手間隙を考えると、効率よく合理的な方法を考えますが、労働を共にして時間を費やし、手間のかかる方法の中にこそ人と人の信頼関係が築かれていくように思えます。

　地域福祉に熱心な地区の活動には、社会問題から生じる地域への影響を自ら緩和・解消しようとすることができる、人の尊厳を護る、人と人のかかわりを創る、といった要素が含まれて地域福祉の推進がなされているといえます。

5 ● 弱さや脆弱性こそ社会福祉学のテーマ

　社会問題を、高齢化を例にして問題と人とを切り離して考えてみましょう。片多順の「老人と文化：人類学入門」（1981）より引用します。「老人が社会問題とされる所以の一つは、老人の絶対数や全人口に占める比率がどんどん増加しているのに対して、社会体系や価値構造がそれに追いつかない、いわば文化遅滞の状況にあることが原因している。」このように社会問題は既存の制度や規範でとらえることに限界が生じて起きていきます。高齢者が問題なのではなく、高齢者の抱える課題に対応できていない制度や考え方が問題なのです。これを人間の弱さや脆弱

性で考えてみましょう。技術の発展に伴い、生活の中で機械的な精度や効率、利便性が追求されていった結果、「機械的ではないところ」つまり、「人間らしい部分」が排除されていきました。「人間らしいところ」とは、画一的ではなく、無限ではないという弱さ、脆さではないでしょうか。弱さが問題なのではなく、人間らしい弱さを疎ましいものとすることこそが問題なのではないでしょうか。社会が人間らしいところを否定すると、社会の中や家庭においても人は生きづらさを感じます。このような人間性を価値のないものとして扱う状況を社会福祉が大きな問題と見なさないことに対して「人間観・社会観の欠落、人間性への洞察力と権力の批判を持たない今日の社会福祉学は存在理由の危機」（加藤,2011・2012）だと厳しい批判もあります。なぜなら社会福祉学は弱者を対象として、そこをルーツとフィールドとしてきたからです。

　2017年度第34回日本ソーシャルワーク学会大会の基調講演はJames M.Mandiberg（Silberman School of Social Work at Hunter College, City University of New York）氏による「Dealing with "Wicked Problems" by Crossing Professional and Disciplinary Boundaries－専門性、学問（訓練）領域の境界を越えて『難問』に向き合う」というテーマでした。"Wicked Problems"は厄介な問題とも言い換えられます。厄介な問題とは、複数の問題を一つの家族が抱えていたり、多領域の専門家の支援が必要であったり、短期間での解決が望めない状況を指します。そして、今後の社会福祉の援助にはこのような問題への対応が増えていくと考えられます。

　再度、地域の事例に戻りますが、重度の病気や、重度の介護状況になれば、専門的な医療や福祉サービスが介入します。素人の出番はありません。支えあいとは、何とも心持たない弱いものかもしれません。しかし、日々の暮らしの中で、いつもそばにいて、気にかけていてくれる他者がいてくれることは、社会とのつながりを感じさせてくれます。支えあいとはとても緩い紐帯です。それは、効率性や即効性、利便性といっ

たものの真逆で手間のかかる不便な方法で、時には無駄なようなことでもあり、長期間でしか醸成できない信頼関係を形成してくれます。複雑で厄介な問題には、このような手間や時間をかける方法が問題解決へと誘ってくれます。これは、愚直に積み重ねた時間と手間からしか生まれないものです。強いものを追い求めた時代に、「強くない人間」が取り残されました。その弱さの中に「人間らしさ」が詰め込まれています。厄介な問題には「弱さ」の価値を認め、その強みを活かしていくことが必要です。「弱さ」や傷つきやすさとそれを受け止める言説は東日本大震災後の日本人の心に寄り添ったものだとする指摘もある（児島 2013:123）とされています。東日本大震災で、電気などライフラインが止まった時に、蝋燭や人力等日頃弱いとみなされているものの力強さを我々は感じました。

地域共生社会の実現にむけて、2016年7月には「我が事・丸ごと地域共生社会実現本部」が厚生労働省に設置され、同年10月に開始した「地域における住民主体の課題解決力強化・相談支援体制の在り方に関する検討会（地域力強化検討会）」の最終とりまとめが2017年9月に公表されました。今後、厚生労働省はこれを踏まえ、改正社会福祉法に基づく指針の策定、地域福祉計画のガイドラインの改定、地域づくりを地域住民が「我が事」として主体的に取り組む仕組を作り、市町村においては、総合相談支援の体制整備を進めていくことになります。そこでは、福祉専門職者が地域を包括した社会生活の困難に対する支援をすることが期待されています。社会保障制度や福祉サービスも充実してきました。しかし、社会福祉専門職が既存の福祉サービスや制度上の対象者に向けた援助のみを遂行するのであれば、それは単なる社会福祉サービスの従事者に留まることになります。先人達は社会問題によって社会から排除されてしまう人達がいることを、それはおかしいと義憤を覚え、制度の狭間を嘆き、手を差し伸べることをしてきました。弱さを担う人の値打ちを見出すことこそが、共生社会の社会福祉専門職の役割ではないでし

ょうか。

　特に、人間同士が効率や合理性を追求し、競い合い、傷つけ合い、あの人は違うと排除し、排除された人が哀しみ、恨み、暴力をもって復讐するようなループを断ち切るには、人間の尊厳を認め合い、相互にかかわりを持ち、強さも弱さも担い、目標を共有し、協働していくこと、その経験のできる仕組みを作っていくことが今日の社会福祉に求められているといえます。

参考文献

片多順（1981）『老人と文化——人類学入門』垣内出版 3-4
加藤博史（2011）2010 年度学界回顧と展望（理論・思想部門）『社会福祉学』52（3），53-67
加藤博史（2012）2011 年度学界回顧と展望（理論・思想部門）『社会福祉学』53（3），100-113
児島亜紀子（2013）2012 年度学界回顧と展望（理論・思想部門）『社会福祉学』54（3），97-109
児島亜紀子（2014）2013 年度学界回顧と展望（理論・思想部門）『社会福祉学』55（3），118-129
高橋源一郎・辻真一（2014）『弱さの思想』大月書店
西川ハンナ（2016）『地域をフィールドとした社会福祉士演習——授業と NPO の協働実践』日本福祉のまちづくり学会函館大会報告
リチャードＧウィルキンソン著　池本幸生・井岡洋子・末原睦美訳（2009）『格差社会の衝撃　不健康な格差社会を健康にする法』書籍工房早山
宮野道雄ら（1996）「神戸市東灘区における人的被害と救助活動」『総合都市研究』61 号，145-154
恩田守雄（2008）『共助の地域づくり——『公助社会学』の視点』学文社 24-25
上平秦博（2004）子どもの参画情報センター編『子ども・若者の参画シリーズ１　居場所づくりと社会のつながり』萌文社

Think Globally

外国語ができれば、グローバル時代に対応できるのか？

第5章
コスモポリタニズムとは何か

伊藤貴雄

1 ● 様式としてのグローバルか、態度としてのグローバルか

　今日、日本の大学の多くが「世界市民」や「地球市民」の育成を教育理念として掲げています。しかし、そもそもこの「世界市民」・「地球市民」という言葉は何を意味しているのでしょうか。
　この問いを私が強く意識するようになったのは、2011年です。きっかけは3月11日の東日本大震災のあとに報道された二つの出来事でした。
　一つは、大地震からひと月ほどたった4月15日、著名な日本文学研究者でコロンビア大学名誉教授のドナルド・キーン（Donald Keene, 1922-）が、日本国籍を取得し日本に永住する意志を表明したことです[*1]。かつて評論家・大熊信行が「国家による烙印」とも評した「国籍」という概念を、人類愛の表現手段に転換したキーンのような例を、私は他に知りません。当時88歳の大碩学の決断に、強く胸を揺さぶられずにはいられませんでした。一週間後の読売新聞は、キーンの「震災で決意した。国籍取得は、日本への期待と確信の表現だ。終戦直後に私が見た東

京を8年後に再び訪れると、よみがえっていた。日本が震災後、さらに立派な国になることを信じているから、私は明るい気持ちで日本へ行く」という言葉を紹介しています*2。

　もう一つの出来事は、この報道から二か月ほど経った6月14日に経団連が発表した「グローバル人材の育成に向けた提言」と題する文書です。同提言は、グローバル人材を「日本企業の事業活動のグローバル化を担い、グローバル・ビジネスで活躍する（本社の）日本人及び外国人人材」と定義したうえで、大学（および企業）に対して「キャリア・職業教育の推進」、「科学技術立国日本への理解に向けた理工系教育」、「大学レベルでの社会ニーズを踏まえた実践的教育の強化」、「大学生の海外留学の奨励」、「大学生のボランティア活動等の奨励」等々の要望を行い、「わが国の国際競争力の強化のためにも、グローバル・ビジネスの現場で活躍し、国際社会に貢献できる人材の育成にオール・ジャパンで取り組んでいく必要がある」と結んでいます*3。

　キーンの《日本国籍取得》の報道後に、経団連の《グローバル人材》の提言を聞いてから、私の中で一つの疑問が生じ、時とともにそれが膨らむのを抑えがたくなりました。報道を読む限り、キーンは「グローバル」という言葉を用いておらず、もっぱら「日本」という国について語っています。しかし彼の態度は間違いなく"グローバル"なのです。他方、経団連提言の主張はどうでしょうか。なるほど「国際社会」への貢献を謳ってはいますが、「わが国の国際競争力の強化のため」という一言に、まさに"ナショナル"な意志を感じるのは私だけではないでしょう。もとより文学と経済とを同水準で論じることに異論もあると思いますが、あえてこうした比較をするのは、経団連提言が、ほかならぬ大学教育の「改善」を要望しているからです。

　近年、日本の教育界には「グローバル」という言葉が溢れていますが、その内実が、経団連提言のような《様式としてのグローバル》なのか、それともキーンのような《態度としてのグローバル》なのかでは、話が

まったく異なってくるでしょう。教育が志向すべきはいずれの"グローバル"なのでしょうか。

あるいは、両者の両立こそ時代の課題であると言う論者もいるかもしれません。現に経団連提言も「産業界の求める人材像と大学教育への期待に関するアンケート結果」（2011年1月）として、グローバル人材の資質に、「既成概念に捉われず、チャレンジ精神を持ち続ける」姿勢や、「外国語によるコミュニケーション能力」、「海外との文化、価値観の差に関心・興味を持ち柔軟に対応する」等を挙げています[*4]。たしかにこれらは単なる様式に留まらず、態度を指すものでもあるでしょう。しかし、これらの資質の集合と、キーンの体現する"グローバル"との間には、なお幾分の開きが残るのではないかという疑念が、やはり私の胸を去りません。

2 ●「世界市民」「地球市民」という言葉をめぐる論争

そもそも「世界市民」・「地球市民」という言葉が日本で頻繁に語られるようになったのは、ここ20年ほどの現象にすぎません。皓星社作成「雑誌記事索引集成データベース」を検索すると、「世界市民」という言葉をタイトルに含む雑誌記事は、1945年の終戦から1994年までの50年間で26件であるのに対し、1995年から2010年までの15年間では120件に上っています。「地球市民」という言葉をタイトルに含むものに至っては、終戦から1994年までの50年間が27件、1995年から2010年までの15年間が369件となっています。

世界的にみると、学術界でコスモポリタニズム（世界市民主義）という言葉が集中的に論じられるようになったきっかけは、1995年にアメリカの雑誌『ボストン・レビュー』で行われた「愛国主義か、世界市民主義か」という論争です。ここでは、「合衆国の市民」であることと、「人類という一つの世界の市民」であることとの、どちらがより大切な

ことなのか、というテーマをめぐって議論が戦わされました。

　論争の中身を一部だけ紹介しましょう。まず、「世界市民」という言葉を積極的に評価したのがマーサ・ヌスバウム（Martha Craven Nussbaum, 1947-）という哲学者です。彼女は「コスモポリタン（世界市民）的教育を通じて、我々は我々自身についてより多くを学ぶことができる」、「我々は国際的な協力が必要な問題の解決に向けて進んでいくことができる」とし、自国の枠を超えて、貧困問題をはじめとする世界の現状を知ることが、アメリカ人としての教育よりも大事であると主張しました[*5]。

　これに対して、「世界市民」という言葉に懐疑的な態度を表明したのが政治学者のリチャード・フォーク（Richard A. Falk, 1930-）です。彼によれば、コスモポリタンという言葉はたしかに聞こえはよいが、「多国籍企業や銀行、ならびに通貨ディーラーや投機的資本家たちによって現在推進されている、市場を原動力とするグローバリズムの破壊的挑戦」について無自覚である。世界的な経済の一体化にともない、数パーセントの大企業・富裕層が世界の富の大半を手にしている。こうした現状の中でコスモポリタンという言葉は、たんに世界の経済格差を助長することにしかならないのではないかという批判です[*6]。

　その後、日本でも1997年に「地球市民」という言葉をめぐる論争がありました。この言葉を積極的に評価したのが政治学者の坂本義和（1927-2014）です。彼は、世界的な経済格差の増大という事実をふまえつつ、だからこそ各国市民が地球市民という理念を捨ててはいけないと述べました。「『地球市民社会』という意識は、すでにある程度現実化している。しかし地球市民社会という実態は、まだ先の目標である。それを目指すためにも、先ず第一歩として、少しでも自国の国境の枠を超えて、環境、平和、人権、福祉などについて、他の国の市民や市民社会との協力や連帯の枠組みをつくることが必要だろう」[*7]。

　これに対して反論したのが、政治思想家の佐伯啓思（1949-）です。

彼は、坂本義和のいう「地球的市民」という言葉に「空虚さ」や「矛盾した用法」を感じるといいます。「世界は、『地球的』という形でひとまとめにできるようには、決して、利害が一致したり、根源的な対立がなくなったりすることはない。だから〔坂本が〕『人間の尊厳と平等な人権』を掲げることも、単なる理想の修辞以上のものとは思われない」。そして佐伯は、そもそも坂本らの戦後民主主義の論者たちが、「市民」という西洋由来の言葉を西洋固有の文脈から切り離して「普遍化」したところに無理があった、と批判しています*8。

このように1990年代後半の思想界を垣間見るだけでも、「世界市民」「地球市民」という言葉をめぐる評価は多種多様であることが分かります。その後、2001年9月11日にニューヨークで同時多発テロ事件が起き、西欧諸国とイスラム世界との衝突がいっそう顕著となり、世界的にテロリズムの脅威が増しました。そして2010年代、欧米を中心に「自国中心主義」の台頭が見られます。こうした状況の中、「世界市民」「地球市民」という言葉は人々にどの程度のインパクトを与えることが可能なのでしょうか。

3 ● 古代ギリシアのコスモポリタニズム

以上のような経緯から、私はいま一度「地球市民」や「世界市民」という言葉の歴史を追ってみたいと思います。『A Companion to Contemporary Political Philosophy』という現代政治学の手引書で「コスモポリタニズム」の項を見ると、次のように書かれています。「古代ギリシア語の『世界（コスモス）』と『市民（ポリテース）』に基づくならば、コスモポリタンとは、世界の市民を意味する。より一般的な現代の語義もこうした古代の語源を密接に反映している。外国の文化を理解し尊重し、広く旅をして、多くの社会の人々と上手に交流できる人はコスモポリタン、あるいはコスモポリタン的と呼ばれる」*9。この定義の是非はさて

おき、少なくとも間違いないことは、「世界市民」という言葉の起源が古代ギリシアにあるということです。

　通説では、ディオゲネス（Diogenes, 前412?-前323）という哲学者が世界市民（コスモポリテース）という言葉を使った最初の人だとされています。この話を伝えているのはラエルティオス（3世紀前半頃のギリシアの哲学史家）の『ギリシア哲学者列伝』です。ディオゲネスはソクラテスの孫弟子に当たります。「おまえはどこの国の市民か」と問われて、「世界市民だ」と答えたと言われています[*10]。このディオゲネスについてはギリシア哲学研究者の山川偉也（1938-）が『哲学者ディオゲネス――世界市民の原像』（講談社学術文庫、2008年）で詳しく論じています。同書によると、ディオゲネスはもともとシノペというポリスで造幣局長官を務めていたのですが、シノペがペルシア帝国に征服されたとき、その占領政策に対する抵抗として、混ぜ物で質を落した贋造硬貨を発行しました。そのため市民権を剥奪されてシノペを追放されたのです[*11]。その後、海賊団に捕えられ、奴隷として売られるという目に遭ったとも伝えられます[*12]。

　有名なエピソードとして、アレクサンダー大王との会話が知られています。ディオゲネスが大樽の中で日向ぼっこをしていたところに大王がやってきて、「余はアレクサンダー大王なるぞ、何か余にしてもらいたいことはないか」というと、ディオゲネスが「お前が前に立っているので日陰になる。どいてもらいたい」と返したというエピソードです。これに関して、山川は興味深い解釈をしています。アレクサンダーは地中海域から当方アジアにかけて一大世界帝国を築こうとしていた。だから、「お前が前に立っているので日陰になる。どいてもらいたい」という言葉は、国家から見捨てられて、奴隷の身分も経験して辛酸を舐めたディオゲネスが、アレクサンダーの支配に対して突きつけた挑戦状だったのではないか、と。また、ディオゲネスが用いた「世界市民」という言葉も、アレクサンダーの世界帝国構想に対抗する生き方を意味していた、

と*13。ちなみに山川は、ディオゲネスの生き方の源流にソクラテス（Socrates, 前469-前399）の思想があったと見ています*14。

そこで次にソクラテスに目を向けてみましょう。じつは『対比列伝』（『プルターク英雄伝』）で有名なプルタルコス（Plutarchus, 46頃-127）も、「ソクラテスは、アテナイの人でもなく、ギリシアの人でもなく、人がちょうど『ロドス人』や『コリントス人』といった言い方をするように、『世界人』であると語っている」と記しています。プルタルコスはその趣旨をこう解説しています。「高みに無限に広がる天が、大地をも取り囲み、その柔らかい腕に抱きかかえているのを、あなたは目にしているではないか。これこそ私たちの祖国の境界なのだ。その中には、誰ひとり追放された者などおらず、客人もいなければ、外国人もいない」*15。アテナやスパルタといった都市国家の次元ではなくて、宇宙的なスケールで考えると、追放者、外国人や客人という既存の社会概念が相対化されるということです。

ソクラテスといえば「不知の自覚」という思想で知られています。彼はあるとき「ソクラテス以上の智者はいない」という神託を聞いて、奇妙に感じました。自分では知恵がないと思っているのに、「ソクラテスには知恵がある」ということによって神は何を言おうとしているのだろうか、と。その謎を探求するために、彼は、周囲から知恵があると思われている政治家のところに行って対話をしました。そのあとソクラテスは考えます。「この男も、わたしも、おそらく善美のことがらは何も知らないらしいけれど、この男は、知らないのに何か知っているように思っているが、わたしは、知らないから、その通りにまた、知らないと思っている。つまり、このちょっとしたことで、わたしのほうが知恵があることになるらしい」*16。

このような「不知の自覚」の立場と、「世界市民」という言葉とは、どのような関連性があるのでしょうか。おそらく何か共通するものがあるから、プルタルコスは、ソクラテスが世界市民という言葉を使ったと

述べたのでしょう。もちろん、ソクラテスが本当にこの言葉を使ったかどうかは不明ですが、なぜプルタルコスがこの言葉をソクラテスに結びつけたのかという理由を考えてみるのは意味あることだと思います。一つの見方として次のような可能性もあるでしょう。ソクラテスは生涯、アテネの人々と対話をしつづけ、そのたびに「私は知らない」という自覚を深めていった人です。そういう彼から見ると、アテネの人間だから文明化されているとか、他国の人間だから野蛮であるとか、そうした次元で物事を考えたりはしなかっただろう、と。

　もっとも、ソクラテスは彼を良く思わない人々から告訴されて裁判にかけられ、死刑判決を受け、弟子たちから脱獄を勧められながらも断って刑死しています。プラトンの『クリトン』によると、脱獄しない理由としてソクラテスは、「いかなるばあいにおいても、不正をおこなったり不正の仕返しをしたりすることは当を得たことではない」、「いま、ぼくたちが、国民の承諾を得ないで、ここ（牢獄）から出て行くとしたら、それは何ものかにぼくたちが害悪を与えていることにならないだろうか。しかも、いちばんそれを与えてはならないものに、それを与えていることにならないだろうか」、「母よりも、父よりも、その他の祖先のすべてよりも、祖国は尊いもの、おごそかなもの、聖なるものだ」と述べています*17。これほどまでに法や国家に忠実なソクラテスは、むしろ国家至上主義者、法律至上主義者ではないのか、という疑問が出てくるかもしれません。

　しかし、そもそもソクラテスにとって法や国家は何を指しているのでしょうか。もしソクラテス自身が「法とは何か」「国家とは何か」と問われたとしたら、究極のところ「私はまだ分かっていない」と答えるかもしれません。現実に存在する法や国家ももちろん大事ですが、より大事なのは、本当の法とは何か、本当の国家とは何か、ということを対話によって探求することのはずです。それゆえ現実の法も国家も、究極の理想から言えば未完成のものでしょう。ただし、未完成のものとはいえ、

現実の法を破るならば、自分の探求そのものが無意味になってしまう。そういうことで彼は脱獄しなかったのであって、けっして国家を最上のものだとか法律を無上のものだとしたではないと思います。

　さて、以上のように、「世界市民」という言葉については、ディオゲネス起源説とソクラテス起源説があるわけですが、ディオゲネス起源説の出典であるラエルティオスの『ギリシア哲学者列伝』（加来彰俊訳、岩波文庫、1984年）を改めて読みなおすと、ソクラテスやディオゲネスが体現した精神はもともと古代ギリシアにおいて珍しくはなかったようです。同書を読む限り、ソクラテスよりもさらに一世代前のアナクサゴラス（Anaxagoras, 前500-前428）という哲学者が世界市民的精神を体現した最初の人として浮かび上がってきます。

　アナクサゴラスは自然探究者として活躍しましたが、太陽は「灼熱した石」であると主張したために、太陽神を否定する無神論と見なされ、不敬罪で裁判にかけられました。政治家ペリクレスの助力によって死刑を免れ、罰金刑になったのですが、アナクサゴラスはこれを機にアテネを去りました。彼は「君はアテナイ人から見捨てられている」と言われたところ、「私ではなくて、アテナイ人のほうが私から見捨てられているのだ」と応じたと伝えられています。また、ある人から「君は祖国のことが少しも気にならないのか」とたずねられたときに、「口を慎みたまえ、私は祖国のことをおおいに気にしている」と答えつつ、彼の指は天を指していたとも言われています[*18]。つまりアナクサゴラスが意味した祖国とは、宇宙を指していたのです。もともとコスモスというギリシア語は「世界」だけでなく「宇宙」も意味しています。「宇宙の市民」という次元で自然探究に勤しんでいた彼の眼には、アテネという一国家による断罪など小さなものにしか映らなかったのでしょう。

4 ● 近代日本における受容者たち

　では、このコスモポリテースというギリシア語は、いつごろ「世界市民」という日本語として使用されはじめたのでしょうか。私が調べた限りでは、近代日本における「地球市民」「世界市民」概念の先駆的使用者としては、第一に内村鑑三、第二に幸徳秋水、第三に牧口常三郎の三人を挙げることができます。

　まず、キリスト教思想家の内村鑑三（1861-1930）です。彼は1891年、第一高等中学校（現在の東京大学）で行われた「教育勅語」の奉読式で最敬礼をしなかったため、教職を追われたばかりか、新聞等で「悪漢」「国賊」と罵詈されました（不敬事件）。『基督信徒の慰（なぐさめ）』（1893）という本の中で、彼はこの事件を振り返って述べています。──祖国から捨てられてはじめて、「人生終局の目的」は何かという問題が最重要のものとして自分の胸中を占めるようになった、このとき、祖国に捨てられたソクラテス、キリスト、ダンテ等の人物が親友のごとくに思えてきて、その結果、キリストの精神の広さ深さは国に捨てられた経験のない者には理解し得ないことが分かった。要するに、祖国の人々から捨てられたことによって、自分は「世界の市民、宇宙の人」に成り得たのだ──と[*19]。

　ここで注意したいのは、「世界の市民」という言葉と併せて「宇宙の人」という表現が使われている点です。たしかにコスモポリテースの「コスモス」という言葉には宇宙の意味がありますが、そのことだけが理由ではないでしょう。『基督信徒の慰』を読むと分かりますが、当時内村にとって「宇宙」という言葉は、何よりもまず、亡き妻の住む天上の世界を指していました。彼女は不敬事件の騒動後、体を壊した内村を看病しながらついに自分が病に倒れたのでした。内村は妻の墓前で一つの声──天の声とも妻の声ともつかぬ──を聞くという経験をします。

その声は、妻が内村に尽くしたのは報いを得るためではなく、彼に全力で神と祖国とに奉仕させるためであった、と語ったといいます。この声を聞いて以来、日本とその民のことが、以前に増して愛しき存在になった[20]、と内村は述懐しているのです。

それゆえ、「宇宙」という言葉を口にするとき、内村は慟哭しながらも心の中で妻と合一し、言い知れぬ至福に打ち震え、そして神と祖国への奉仕を妻に誓ったことでしょう。つまり、彼の言う「宇宙」とは、遠い彼方にあるものではなく、最も身近なもの、否、彼の生の拠点を意味したのです。心の最も奥深いところから毎日毎時彼を呼び、彼を支え、彼を導いてくれる、生の原理を意味したのです。言わば、精神の背骨のようなものであったのです。そう考えるならば、彼が「世界の市民」と「宇宙の人」という二つの表現も併用したことの理由も理解できます。彼にとって「世界の市民、宇宙の人」という言葉は、亡き妻の思い出の詰まった、慟哭と随喜とが混然一体となった概念だったのでしょう。体温と肌触りのある、実感溢れる表現だったのでしょう[21]。

次に取り上げるべき人物は社会主義者の幸徳秋水（1871-1911）です。彼はレーニンやホブスンに先駆けて帝国主義を批判した『帝国主義』（1901年、同書の序文は内村鑑三が書いている）で知られますが、発刊の翌年に行った一連の演説の中で度々コスモポリタニズムに言及しています。演説「我国民の対外思想」では、「コスモポリタニズム」とは、「博愛の心と正義の念を以って四海兄弟一視同仁の理想を実際に行うて世界共同の利益を享け人類進歩発達に尽くす」という思想である、と説明しています[22]。また、演説「国家廃止論」では、ブルンチュリの「国家は人類の結合である」という定義に言及しつつ、今後は「国家は一地方の人類の結合である」という定義に換えるべきだと主張しています。現在のような日本国民やドイツ国民といった呼称の代わりに、将来は「我々は地球の国民、彼らは月世界の国民」という宇宙的なスケールで称するのが理想であると訴えています[23]。コスモポリテースの「コス

モス」が持つ意味と、クロポトキン等のアナキズムを重ね合わせた主張と言えるでしょう。

　ここで注目したいのは、幸徳が「地球の市民」と言わず、あえて「地球の国民」という表現を使っていることです。これは彼が普通選挙論者だったことと関連があります（日本で成人男子の参政権が認められたのは1925年になってからです）。1902年の演説「普通選挙について」で彼は言いました。――日本はまだ「一地方の人類の結合」にすら至っていない、なぜなら現状は「一地方の人類の、そのまた一部分の人類である一階級の結合」にすぎないからだ。つまり、日本は皇室・貴族・金持という上層階級の結合であり、他の国民は兵役義務を強制されつつ参政権を持っていない、したがって専制時代の奴隷と同じである――と*24。幸徳の「地球の国民」という表現には、どこよりもまずこの日本に「国家の政治がすべて国民全体の輿論によって行われる制度」を作りたいとの意思が籠められていたと言ってよいでしょう。しかしこれらの著述を行った10年後、幸徳は明治天皇の暗殺計画を首謀したという罪を捏造されて処刑されました（大逆事件）。

　第三に取り上げるべき人物は地理学者・教育学者の牧口常三郎（1871-1944）です。彼は内村の『地人論』（1894）と幸徳の『帝国主義』の深い影響のもと、『人生地理学』（1903）という本を書きました。同書で牧口は述べています。――国家と国家、人種と人種が競って相手の財を奪い合う帝国主義時代にあって、最も根本的な観察地点はどこか。人間は数百数千人中の「一郷民」である上に、5000万人（当時の日本の人口）中の「一国民」であり、しかも15億万人（当時の世界の人口）中の「一世界民」である。人間は郷土を産褥として生まれ育ち、日本帝国を我家として住み、世界万国を隣家として交わっている。したがって郷土こそが世界を公平に観察する立脚地点である――と*25。ここで牧口が用いている「世界民」という表現は、内村の『地人論』によるものです。

　牧口は、人間は「郷土」においてこそ「世界民」の自覚を抱く、と主

張しています。郷土を観察すると必ず世界から流入した文物の影響が見出されるからです。その際、それら文物を生産・製造した世界各地の「郷民」に対する感謝と尊敬を忘れないよう、牧口は強調しています[*26]。それゆえ彼の言う「世界民」は、第一にこの感謝と尊敬の念に満ちた存在なのです。また、この思想には、彼の生まれ育った新潟・荒浜村での「郷民」としての原体験が反映していることも看過すべきではありません。『人生地理学』で牧口は荒浜の人々に触れつつ、漁が困難な冬季にも「漁網」を生産して北陸全域におよぶ経済活動を行っている知恵を讃嘆しています[*27]。自分の郷里が北日本の漁業を支えているとの自負もあったでしょう。国家繁栄の陰にある民衆の労苦を彼は忘れなかったのです。牧口は後年、大正期から昭和初期にかけて教育学者として活躍しますが、太平洋戦争下にあって天皇中心主義の教育政策に異を唱えて特高警察に捕えられ、獄死しました[*28]。

　以上、古代ギリシアにおけるコスモポリテースという言葉の誕生史、そして近代日本におけるその受容史を瞥見してみましたが、ここに挙げた先駆者たちが思念した"コスモス"という概念が、何らかの技能や様式を指すものではなかったことは明らかです。また、アナクサゴラス、ソクラテス、ディオゲネス、内村、幸徳、牧口といった人々が、みな国家からの迫害を被った人物だったという事実は象徴的です。現代の私たちが、彼らが費やした労苦と犠牲に何一つ思いを致すことなく、「地球市民」「世界市民」という言葉を自明のもののように使用する限り、言葉の与えるインパクトは著しく弱められてしまうでしょう。

　語学に堪能で、他国民と円滑にコミュニケーションをし、異文化にも柔軟に対応できる人間、等々、現代日本教育界の志向する「グローバル人材」像を否定するつもりはありません。しかし、そこに欠落している"何か"を上述の先駆者たちが体現していたことは忘れてはいけないと思います。もし教育という営みから、人間の血の温もりを失ってはならないと考えるのであれば。

5 ● いま求められるコスモポリタニズムとは

　最後に、ふたたび現代世界に引きつけてコスモポリタニズムを考えるため、ドイツの哲学者カント（Immanuel Kant, 1724-1804）に言及しておきたいと思います。2015 年にドイツでは、「カントなら移民問題にどう応答するか」という記事が新聞で特集されたこともありました。カントは「地球市民」（Erdbürger）という言葉を使った先駆者です[*29]。晩年の著作『永遠平和のために』（1795 年）の中で、ヨーロッパ列強の植民地主義を厳しく批判しています。地球は球体であるから人間が住むことのできる土地には限りがあり、全人類は最終的に並存して互いに忍耐しあわなければならない。そもそも誰一人として、ある土地に住む権利を、他人以上に有してはいない。それゆえ、ある国家や民族が他の国家や民族を蹂躙したり征服したりすることは許されない――そうカントは考えていました[*30]。

　カントはすでに 40 歳のときに『美と崇高の感情に関する観察』（1764 年）という本の中で「世界市民」（Weltbürger）という言葉を使用しています[*31]。その含意するものは、外国語ができるとか、海外経験があるということではありません。カント自身、生涯、故郷のケーニヒスベルクから出なかった人です。彼が同書で「世界市民」という言葉で指しているものを私なりにまとめると、三つのポイントがあると思います。

　第一に、「多様な価値観」があることを認めることです。自分の属する文化とは異なる文化に対しても開かれた態度で接しようとすること。たとえば、アメリカ大陸やアジア諸国の風習を見ると、ヨーロッパの人々が正しいと思っている倫理基準と異なっています。自民族の価値観にとらわれないことによって、人間ははじめて人間自身を知ることができるようになる、とカントは言います。

　第二に、「普遍的な原則」を探究することです。文化によって価値観

が多様であるとはいえ、やはりどこでも誰にでも通用する規範があるのではないか。たとえば、返す当てもないのに借金することを推奨するような民族は存続するでしょうか。また、ヨーロッパ民族はかつて十字軍戦争で多くの人命を失いましたが、後世の人々はその行為を問題視しています。人類は普遍的な原則を探求している途上にあります。この探究のためには、すべての人の中の一人として自分を見ることが大事だ、とカントは述べています。

　第三に、「多様性の統一」です。多様な価値観を認めることと、普遍的な原則を探究することとは、相反するときがあります。どちらにも偏らずに両者を「調和」させようとすること。ここが一番難しく、それだけに大事な点です。人間が常に自分を「すべての人の中の一人」として冷静に見ることはなかなかできません。しかしカントは、人間のもつ「名誉への感情」、つまり他人から「立派な人だ」と思われたいという感情に注目します。この感情は、もちろん自分がよく見られたいという利己的なものであるのですが、反面、「誰の目から見ても間違いのない生き方をしたい」と思わせる力を持っています。ある民族が、他の諸民族の多様な趣味を知った上で、どの民族から見ても恥じない民族でありたいという「名誉への感情」があれば、そうした意識が時とともに蓄積されて、数世代をかけて徐々に多様性の統一がなされていくだろう、とカントは展望しています。

　付言すると、カントは若いときに戦争で苦い経験をしています。本当はもっと早く大学教授になれたはずなのに、当時のドイツ（プロイセン）が戦争をするために国家予算を軍事に当てて教授のポストを削ったため、就職が遅れたのです。ですから、彼の言う「世界市民」「地球市民」という言葉も、ただ頭の中で思いついたものではありません。ドイツの軍国主義の被害に遭いながら、しかしそれを個人の問題として終わらせるのではなく、「いかにして平和な世界を創出するか」という人類的次元の問いに昇華させたところが、哲学者らしいと思います*32。

価値観の多様性を知ること、普遍的な原則を探究すること、そして多様性の統一を模索すること――。とくに、三つ目の点は、移民問題で揺れる現代ヨーロッパで非常に重要なテーマになってきています。日本に住む私たちにとっても、これから益々避けられないテーマであると言えるでしょう。

　いまヨーロッパは、ドイツを中心に百万人以上の移民を受け入れています。キリスト教が伝統の地ですから、イスラム教など他宗教の慣習との間で摩擦がありますが、そういった問題が政策論争の焦点として議論されているということは大事です。一方、日本はどうでしょうか。現在、毎年20万人ほどの高度技術者を受け入れようとしていますが、政治的難民の受け入れには積極的ではありません。もし今後、政治状況に変化が起きて、日本が政治的難民を受け入れなくてはならなくなったとき、何らかの文化的摩擦が生じた途端、外国人を追い出そうという排撃思想に火がつかないとも限りません。

　元来、「コスモス」というギリシア語には、世界・宇宙という意味の他に、秩序・調和という意味もあります。これは混沌（カオス）の対義語です。異文化同士が衝突する混沌の中に、いかにして調和をもたらすことができるか。この課題を前に私たち一人ひとりがどういった生き方を選択するかが、今後いっそう問われています。当然ながら、その選択いかんによって、調和という言葉が指すものも異なってきます。したがって、コスモポリタニズムとは決まった定義があるものではなく、むしろ私たちの"生の選択"の内実を照らし出す鏡のような役割をもつ言葉であると言えるでしょう。

注
* 1 「読売新聞」、2011年4月16日付朝刊の報道による。
* 2 「読売新聞」、2011年4月23日付夕刊。
* 3 日本経済団体連合会「グローバル人材の育成に向けた提言」、2011年6月14日、リンク先：http://www.keidanren.or.jp/japanese/policy/2011/062/index.

html
* 4 日本経済団体連合会「産業界の求める人材像と大学教育への期待に関するアンケート結果」、2011年1月18日、リンク先：https://www.keidanren.or.jp/japanese/policy/2011/005/index.html
* 5 マーサ・C・ヌスバウム「愛国主義とコスモポリタニズム」、マーサ・C・ヌスバウム他編『国を愛するということ——愛国主義（パトリオティズム）の限界をめぐる論争』辰巳伸知・能川元一訳、人文書院、2000年、pp. 14-44.
* 6 リチャード・フォーク「コスモポリタニズムを修正する」、上掲『国を愛するということ』、pp. 101-110.
* 7 坂本義和「相対主義の時代——市民の世紀をめざして」、『世界』1997年1月号、岩波書店、p. 48.
* 8 佐伯啓思『「市民」とは誰か——戦後民主主義を問いなおす』、PHP新書、1997年、pp. 29-30.
* 9 Thomas Pogge, "Cosmopolitanism", in: *A Companion to Contemporary Political Philosophy*, Second Edition, ed. by Robert E. Goodin, Philip Pettit and Thomas Pogge, Oxford: Wiley-Blackwell, 2012, p. 312.
* 10 ディオゲネス・ラエルティオス『ギリシア哲学者列伝（中）』加来彰俊訳、岩波文庫、1989年、p. 162.（なお、同書の著者ディオゲネス・ラエルティオスは、目下言及している哲学者ディオゲネスとは別人である。）
* 11 山川偉也『哲学者ディオゲネス——世界市民の原像』、講談社学術文庫、2008年、pp. 80-93.
* 12 同上、pp. 192-194.
* 13 同上、pp. 194-214.
* 14 同上、pp. 178-183.
* 15 プルタルコス「追放について」、『モラリア7』田中龍山訳、京都大学学術出版会、2008年、p. 288.（厳密にいうと、「高みに無限に広がる…目にしているではないか」の一文はエウリピデスの詩からの引用である。）
* 16 プラトン『ソクラテスの弁明』、『世界の名著6　プラトンⅠ』（中公バックス）中央公論社、1978年、pp. 418-419.
* 17 プラトン『クリトン』、上掲『世界の名著6　プラトンⅠ』、pp. 477-480.
* 18 ディオゲネス・ラエルティオス『ギリシア哲学者列伝（上）』加来彰俊訳、岩波文庫、1984年、pp. 122-129.
* 19 内村鑑三『基督信徒の慰』、鈴木俊郎他編『内村鑑三全集2』岩波書店、1980年、pp. 19-20.
* 20 同上、pp. 12-15.
* 21 この件に関する詳細は、伊藤貴雄「近代日本における世界市民の概念史(1)——内村鑑三『基督信徒の慰』」、創価大学人間学会編集『創価人間学論集』第5号、2012年、pp. 51-78を参照のこと。

*22　幸徳秋水「我国民の対外思想」、幸徳秋水全集編集委員会編『幸徳秋水全集 別巻2』、日本図書センター、1973年、p. 50.（日本語は現代表記に改めた。同全集からの引用については以下同様。）
*23　幸徳秋水「国家廃止論」、上掲『幸徳秋水全集　別巻2』、pp. 139-141.
*24　幸徳秋水「普通選挙について」、上掲『幸徳秋水全集　別巻2』、pp. 52-57.
*25　牧口常三郎『人生地理学』、斎藤正二他編『牧口常三郎全集1』、第三文明社、1983年、pp. 15-16.（なお、同書に見られる内村と幸徳からの影響については、『牧口常三郎全集1』の校訂者・斎藤正二による注釈を参照のこと。）
*26　同上、pp. 12-13.
*27　同上、p. 318.
*28　この件に関する詳細は、伊藤貴雄「牧口常三郎の戦時下抵抗（第1回）――天皇凡夫論と教育勅語批判を中心に」、創価大学創価教育研究所編『創価教育』第2号、2009年、p. 2-51を参照のこと。
*29　イマヌエル・カント『実用的見地における人間学』渋谷治美訳、坂部恵・有福孝岳・牧野英二編『カント全集15』、岩波書店、2003年、p. 330.
*30　イマヌエル・カント『永遠平和のために』遠山義孝訳、坂部恵・有福孝岳・牧野英二編『カント全集14』、2000年、pp. 275-276.
*31　イマヌエル・カント『美と崇高の感情にかんする観察』久保光志訳、坂部恵・有福孝岳・牧野英二編『カント全集2』、2000年、p. 383.
*32　以上に述べた①多様な価値観の認識、②普遍的な原則の探究、③多様性の統一、という三点について、またカントの戦争経験については、下記の拙稿で詳述している。伊藤貴雄「カント世界市民論の成立原点――『美と崇高の感情に関する観察』再読」、カント研究会・石川求・寺田俊郎編『現代カント研究』第12巻、晃洋書房、2012年、pp. 90-110.

第6章
いま、歴史を学ぶこと、日本史を学ぶことを考える

季武嘉也

1 ● 歴史に興味を持ったきっかけ─私の場合─

　小学生の頃から社会科の授業は好きな方で、どこか外へ見学に行き自分自身で調べてまとめるということを得意としていました。社会科の成績も良かったと思います。ただ、その頃は漠然と好きというだけのことでした。

　この頃はまた、よく偉人伝を読んでいました。当時流行っていたものは、織田信長、王貞治、リンカーンといった人物のものでした。高校生の時は、司馬遼太郎の有名な小説である『坂の上の雲』が新聞で連載されていまして、これを夢中になって読んだ記憶があります。ここから日本近現代史に対して強い興味を抱くようになりました。また政治経済も授業科目として好きでした。ただ、自分で言うこともどうかと思いますが、これらの科目が暗記教科だと思ったことは一度もありません。最近は地歴や公民科目に対する学び方として、知識や技能だけでなく社会に対する見方・考え方というものが強調されています。つまり、社会科学においては、様々な社会事象がどのように関連しているのか、どのよう

な因果関係にあるのか、あるいは比較することでそれぞれの事象がどのような特徴を持っているのか、などの考察を通して、暗記ではなく理解することが重要だと言われています。とすれば、私は当時から比較的そのようなことをしていたのだなあと思っています。

　そのような高校生時代を過ごしていた訳ですが、大学進学に際しましては、好きなことを勉強したいと思い文学部を希望しました。実は中学、高校、大学と水泳部に所属し水球に熱心だったため、特に大学の学部生時代はあまり勉強しませんでした。それで、卒業後の進路はどうしようかということになったのですが、当初は高校教師になるか民間企業に就職をするかで悩んでいました。教師ならば社会科の先生がいいと思っていましたが、当時は教員採用試験の倍率が何百倍という世界でして、入ることが非常に困難であると判断し諦めました。そこで民間就職を考えたのですが、当時はオイルショックによる影響が大きく、就職活動はしましたが、内定を得ることができませんでした。このような状況になって、初めて真剣に自分の将来について考えるようになりました。一生の仕事となると、やはり自分の好きなこと、得意なことを職業にしたいと思い、研究者になる道を選びました。しかし、人生はそんなに甘いものではなく、結局二回浪人してやっと大学院に入学しました。これが私の25歳くらいまでの人生です。

2 ● 単調な研究生活の中での工夫

　大学院進学後は、それまで遊んでばかりだった反省もあり、プロフェッショナルとして勉強に励むことを決めました。そこで、何を勉強するか考えた際に、国立国会図書館の憲政資料室が思い浮かびました。そこには近現代の政治家の書簡や日記が数多く所蔵されており、それらは和紙に墨で崩し字を用いて書かれているのですが、当時はそれを読むことに熱中しました。なぜそれが好きなのかといいますと、いわゆる公文書

と違い、私文書はこの世に一つしか存在せず、また必ずしもいつもそうであるとは限りませんが、比較的本音が書かれていることが多いからです。しかしそれ以上に、歴史上の有名人が書いた原物を実際に自分の手に取って読むことができるという興奮が大きかったのかもしれません。当時はパソコンがなかったため、解読した文章を原稿用紙に書き込むという作業を続けました。ただ書き込むのでは単調なので、400字詰め原稿用紙に一日何枚書き写せるかということに挑戦してみました。国立国会図書館の開館時間は朝の9時半から夕方の17時までなのですが、平均すれば一日20枚ほどだったと思います。しかし、調子がよい日は40枚書き写すことができました。そのようにして、ある意味では、楽しく学んでいました。

　しかしこれと、論文を執筆するということは別問題でして、資料をただ書き写すだけでは書けません。論文を執筆するにあたり心掛けたことは、"この世に私が存在しなければ、存在しないであろう学説をこの世に残したい"というものでした。なぜこんなことを当時心掛けたのかは今となっては分かりませんが、自分の生きた証をこの世に残したかったからだと思います。

　では、そのためにどのようにすればいいのかというと、当然のことですが、他人とは違う方法、あるいは他人とは違う角度からの努力をしなければなりません。それでは実際に自分自身は何ができるのかと考えた時に、先ほど述べたような自分の好きなこと、つまり多くの資料を読んでそれを生かせる方法を模索しようと思いました。たまたま私の専攻しようと思っていたのが大正時代の政治史であったので、とりあえず大正時代全体を対象に、この時期の政界をゼロから見直して自分で再構成することを試みることにしました。では何を基準に再構成しようかと考えた際に、これも非常にプリミティブなことですが、誰よりも多くの資料を読むことで数多くの政治家の敵味方関係を明らかにし、その相関図を再構築しようと思い立ちました。しかし、人間関係の好き嫌いのみを整

理しただけでは、それは超歴史的なものになってしまい意味がありません。そこで、相関図を作った上で、そこに何か歴史的な意味が見出せないであろうかと必死に考えました。例えば、本来ならば敵対関係であるはずの人物同士がなぜか仲がいいということや、同じ党派であるにもかかわらず仲が悪い人々がいるといったこと。これらの疑問を分類しマッピングしていくことをゼロから行って小さな発見を積み重ね、そこから政界全体を再構成しようと考えたわけです。これは非常に時間がかかりましたが、最終的に『大正期の政治構造』[*1]という博士論文に繋がっていきました。

　人間関係の親疎を基軸に据えるという方法は、当時の私には非常に斬新な研究法であるように思えました。しかしそのうちに、よく考えるとこのような手法は私の指導教授と同じであることに気がつき、忸怩たる気持ちになったこともありました。孫悟空ではないですが、結局自分は大きな手の中で動いているだけなのではないかということです。

　当時、昼間は資料を書き起こし、夜は海の物とも山の物ともつかぬアイデアが湧いてくる度に、それを枕元に常備したメモ帳に書き留めるということをしていました。それらのアイデアは実際にはほとんど役に立つことはありませんでしたが、それをしないと眠れなくなってしまうのです。これは今でも続けています。しかし、このような作業は翌日にも響くため、最近では酒を飲んでさっさと眠るように心掛けています。

3 ● パソコンとの出会い

　さて、30歳の頃にパソコンとの出会いがありました。当時はパソコン本体が25万円、10メガバイトのハードディスクが15万円という時代でした。本の1冊分が1メガバイトだと言われていたので、10冊も本は書かないだろうから、これだけの容量があれば十分だと思っていました。こうして当初は執筆のために購入したパソコンでしたが、高校生

第6章　いま、歴史を学ぶこと、日本史を学ぶことを考える

までは比較的数学も得意だったこともあり、パソコンを歴史研究に利用できないかという考えが湧いてきました。今から考えると大胆な話ですが、もし従来のアナログ的な研究と、パソコンによるデジタル的な研究を組み合わせることができれば、今まで誰もやっていないような研究ができるのではないかと思ったからです。

　そこで、パソコンに馴染む歴史学の研究手法はないのだろうかと探したところ、まず思いついたことは、数字を取り扱う選挙に関する研究です。前述のように、私の専門は大正政治史なのですが、これは政党勢力が強くなる時代であり、普通選挙が実施され、選挙というものが重要視されていく時代でした。そのようなことがあり、衆議院総選挙というものをパソコンを通じて分析していこうと思いました。この研究法に興味を持つ仲間が2人ほどいましたので、3人で全都道府県の図書館や博物館、役所等に行き、データを集めました。具体的には、福岡県ならいくつもの郡や市町村がありますが、大正時代は大選挙区制度であったため、候補者が県全体で何票獲得したという記録はあるのですが、郡や市町村別の記録はありません。しかし、よく調べると地方新聞や地方役所にはこの記録が残っていることがあります。そこで、3人で手分けして日本全国を歩いた訳です。

　こうして調査を進めながら、闇雲にデータをパソコンに入力していたのですが、入力している最中に面白い現象に気が付きました。それは各郡での1位と2位の候補者への票の集中具合に、それぞれの地域の特徴が現れるということです。そこで、これを基準にして戦前すべての総選挙を比較分析していきました[*2]。この他にも、データ入力という単調で退屈な作業の最中にいくつもの小さな発見をするのですが、その度にその発見が有意なのか検証したりしました。結局はこの多くも的外れだったのですが、このような失敗と成功を繰り返しながらパソコンと格闘していた訳です。

　ちなみに、今でも悔しいのですが、このように画期的な研究であるに

も拘らず科研費を落とされてしまい、自腹を切って全国を回りました。

4 ● 四次元歴史学

　少し前になりますが、自分が今まで行ってきた研究とはどのようなものであるかと改めて考え直したら、「四次元歴史学」という言葉を思いつきました。特定の研究対象に対して、時間・空間・量・質というものを軸に据え、それらをドットしてグルーピングし、変化比較関連を考える。そしてそこから論文を書こうというのが、今から振り返ると私の研究法であったように思います。

　『選挙違反の歴史』*3 という本を書きましたが、この本では選挙買収というものが明治から現在に至るまで、どこでどのくらい発生してきたかということを追いました。

　この本を例にとって時間・空間・量・質というものを考えてみますと、まず時間は明治から現在までということになります。空間は日本、各都道府県単位、あるいは各市町村単位。量は研究対象となっている事象、この場合は選挙買収が、多いか少ないかです。質というのは、例えば、人々に罪の意識がなく「赤信号、みんなで渡れば怖くない」式の選挙違反の場合と、明らかに犯罪であるという認識をもって行っている場合、つまり「露見すれば必ず捕まる」と思いながら行っていた場合との差みたいなものです。質については数値化することが難しいため、数字を示すのではなく、それぞれの事例とそれに関わる文脈を叙述することで、ある程度表現できるのではないかと考えました。

　当時の選挙買収についてもう少し話しますと、最初は村長さんが有権者に対して買収を行っていました。それが徐々に変わってきて、労働組合などや、個人後援会を通して買収が行われるようになりました。このようなことも、ここで言うところの「質の差」ということになります。

　私が選挙違反という対象を選んだ理由は、選挙買収が行われるルート

第6章　いま、歴史を学ぶこと、日本史を学ぶことを考える

が信頼性に基づいた社会の人的ネットワークを表しているのではないかと思っているからです。つまり、犯罪である以上、いい加減な人間関係に基づいて買収を行えば、すぐに相手陣営に露見して警察に通報されてしまいます。そのため、おそらくその時代時代で最も信頼関係のある重要なネットワークを通じて行われてきたのではないかと考えています。このように、こうしたルートを追うことで、その時代の人間関係のあり方が明らかになるのではないかというのが、研究を始めるに際して持っていた元々の発想でした。

　最近はライフワークというものも考えています。私は自分の論文を、最終的に自分のライフワークを書くためのメモだと思っています。ですから、多少論文の中で論旨に沿わないことであったとしても、大事だと思うことでしたら、それを忘れないためになんとなく論文の中に入れ込んでいます。将来、歳をとって何か自分でライフワークを書く時に、過去に書いた論文の中に自分自身に対するヒントを書き込んでいたら役に立つのではと考えたからです。

　そのような目標がある一方で、最近は学術論文の執筆依頼が減り、それ以外の仕事が増えました。具体的にどのような仕事かと言いますと、現在進行形で動いている人や事象に対して、「歴史的な評価」を求められる事が多くなりました。最近の例では、アメリカでトランプ大統領が当選したり、イギリスがEUから離脱したという出来事がありましたが、トランプが当選した際に、NHKの記者から連絡を受け、何故トランプは当選したのですかと尋ねられました。どうやらその記者の方はヒトラーとトランプの共通性を想定していたようです。もちろん共通項が全く無いわけではありませんが、すべて同じであるわけでもありません。歴史的な評価を下すという作業はある意味で非常に面白い知的遊戯ですが、実際には困難な仕事です。しかし、これからはこのようなことについても考え、できる限り真面目にお答えしていこうかと思っております。

（以下、季武と伊藤・蝶名林の対話記録）

5 ● 歴史的評価について

蝶名林：歴史を通して現代を考えるというのは歴史を学ぶ人が持つ特権のようにも思えます。この点について、もう少し詳しくお話をして頂けますでしょうか？この点は大学で歴史学を専攻することを考えている学生さんにとっても参考になるかと思いますので。

季武：皆さんが納得できるような話ができるかどうかわかりませんが、トランプ大統領の出現についてもう一度考えてみますと、ヒットラーとトランプで何が違うのか、何が同じであるのか、ということを考えることができます。両者に共通するものとして、「ポピュリズム」（大衆主義とか大衆迎合主義）を挙げることができるでしょうが、これだけでは説明になっていません。1930年代と2010年代の80年間で様々なことが変わっているため、両者を単純にポピュリズムの産物として片付けることはできないわけです。そうすると次に何を考えるかと言いますと、同じではない条件を探すということになります。80年間で一体何が変わったのか。例えば、大衆化という言葉がありますが、これも民主主義に貢献したり、独裁政治を支持したり、あるいは劇場型とか炎上型の政治を演出したりと、随分意味が変化しています。そのような概念について具体性を込めながら、ああでもない、こうでもないと考えていくことで、歴史を通じて現代を考えるということができるのではないでしょうか。

　2つの異なる出来事の類似性を比較して、似通っているものをまずは見つけてみる。しかし当然ながらそこには差異がある。その差異がどのような形で推移してきたか考えてみる。このような考え方を身につけることが、歴史を学ぶということになるでしょうか。

　一つ気をつけておく必要があるのは、過去と現代を比べてみるのはよいのですが、「現代」と言ってもいろいろあるわけです。いろいろな地

域、いろいろな人々、いろいろな考え方があるわけでして、一概に「現代人とはこうだ」ということは言えません。同じように、大正時代でも鎌倉時代でも、人々が一概にこうであったということはできません。そのような中で、それぞれ「平均ではない人たち」もいます。そんな平均でない人たちの間には、もしかしたら時代を超えた変な類似性があるかもしれません。先ほどの違った党派にも仲のいい人がいるなどの例もあります。このような点に気がつくことができるようになることが、歴史学を学ぶ面白さのように思います。

6 ●「大正人」になる

季武：今の私の目標の一つは「大正人」になることです。つまり、全く異なる人格を自分の中に二つ形成したいのです。もしこれと近いことができたら、非常に面白いのではないかと思います。現代から大正を見ることや、逆に大正人の観点から現代を見る。よく映画などでタイムスリップして過去の人が現代に来るという設定がありますが、これと似たような事が本当にできたら面白いのでは無いかと思っています。

伊藤：「大正人になる」という発想についてですが、二つ、もしくは複数の違う視点を自分の中で使い分けるという営みそのものが、歴史学を学ぶ一つの役割であり、意味であると感じました。歴史家になるということは、あたかも過去の人物の視点に立っているかのように、現在の世界を見るということでもあるわけですね。これは若い人にとって大変興味深い訓練になると思います。

季武：どのようにしたらそれを実現できるのか、教育の方法として。今言われたことを私も学生にしたいわけです。複数の視点と言いますか。全然違う視点から物事を見ることができることは、今の現代社会において重要だと思うわけです。それを教育的に実現するにはどのようにしたらいいか、なかなか簡単ではありませんよね。

伊藤：私の場合も、例えばカントやショーペンハウアー、ニーチェなどのヨーロッパの哲学者を授業で扱うことが多いのですが、西洋で生み出された思想を本当には理解できないのではないかと思いつつも、それらが提示する視点を足がかりに、世界を見ようとしています。毎回の授業で試行錯誤していますが、まだ自分の中で納得のいく方法は見つかっていません。日本の歴史を学ぶことは、時代を超えて日本という社会を重層的に見ることですので、その際にまず重要なことは、われわれが現代人として持っている先入見をなるべく外して、地道に資料にあたり、探求を進めていくということになるのでしょうか。

季武：そうですね。私も一次資料にあたり、それを解釈する際には、なるべく先入見が入らないように努めています。

伊藤：いわゆる「資料そのものに語らせる」ということですね。

季武：そういう努力は意識的に行ってまいりました。

伊藤：季武先生は様々なご著作を発表してこられましたが、国家の側からだけでも個人の側からだけでもない、双方が行き交ういわば「中間領域」と呼べる空間を描き出しているご研究であるように思います。中間団体、町村団体と言われるものかもしれませんが、先生のご研究の中心にあるのは、国家でも個人でもない、地域という単位であると考えてよろしいでしょうか。

季武：特に大正時代までは人々は地域の中で暮らしていることが多かったため、そのような視点で研究に取り組むことが大事だろうと思います。昭和期、1920年代以降になりますと地域以外の様々な中間団体ができますので、分散していくことになります。しかし、地域は現在でもずっとありますし、福祉問題を考える上でも重要なのではないかと思っています。

伊藤：地域の中でこそ、個人も世界も捉えることができるということでしょうか。

季武：地域だけではありませんが、そういう発想はあります。最近は特

にそのようなことを考えています。

7 ● 今、歴史を学ぶ意義

伊藤：さて、季武先生は日本史Ｂの教科書も書かれていますが、若い人が日本史を学ぶ意義をどのように考えておられますか？

季武：ちょっと話はそれますが、これは最近の歴史学業界の流れなのですが、日本史、世界史、東洋史という区別はなくなるという風に多くの人は考えています。ですので、高校教育という面で言いますと、「歴史総合」という科目が新しくできるようですが、この科目は日本史と世界史の区分を取っ払っているわけです。日本史をなくしてすべて世界史を行えばいいのかというと、いきなり世界史をやると理解が難しい。学生さんにとっては、やはり手近なところ、親近感のあるところからでないと理解することが難しい。ただ、それは日本人だから日本史をやらなければならない、ということではなく、学生さんが自ら興味を持つ分野から勉強を始めることができるということです。そうしたら、日本人だからといって日本史が特別扱いになるということはなくなります。自分の歴史解釈を説明したり、学生のニーズに応えるために、あちこちの国家・地域の例を引いてくる、おそらくこれからの歴史学はこのようになるのではないかと思います。もちろん、国家・地域以外にも社会的単位として様々な集団があります。それどころか、近年では国境を超えた活動をよく見聞きするようになりました。その一方で、だからといって私には国家というものが無くなるとも思えません。

いずれにしましても、日本史、世界史という区分にとらわれることのない、地球やグローバルといった多様な視点にたった歴史研究が進んでいくのではないかと思います。このような多様な視点にたった学問をやるためにも、まずは英語が必要であるということはその通りなのだと思います。

伊藤：これまでの地域的な区分にとらわれずに、自分が興味をもてるところから歴史の学習ができることは、インターネットで世界中の情報にアクセスできる今日、好ましいことかもしれませんね。もともと、歴史には人の知的好奇心をかきたてる何かがきっとあるのです。歴史を学ぶ中で、ある時代のある哲学者の意見に啓発を受けて哲学を専攻するようになる人もいます。歴史を学ぶことによって人間の生き様について、また時の精査に耐えて残った人類の知恵について、関心を持ちはじめた学生を私は何人も知っています。

蝶名林：哲学的な問いを考えるにしても、歴史から学ぶことはたくさんあると思います。例えば、同じ時代であったにもかかわらず、ある地域では奴隷制反対運動が激しく起こったが、他の地域ではそれほど運動として盛り上がらなかった、という歴史的事実があったとします。この差は何に由来するのでしょうか。当時の社会状況を考慮にいれてこの差について検討していくのが歴史学かと思いますが、その探求の中で、一方にはあって片方にはなかった奴隷制度の残酷さのようなものが見つかるかもしれません。このような「残酷さの事例」とも呼べるものは、倫理を考える上でも様々に示唆的であると思います。この事例についての歴史的探求は、「奴隷制度の悪さの本質は何か」といった道徳的な問いに答える上でとても参考になります。一方で、問題の所在を現代のみに絞ってしまうと、哲学探究を行うにあたり必要な「データ」とも呼べるものが制限されてしまい、浅薄な研究しかできなくなってしまうような気もします。

季武：基本的に、歴史は個別具体性の積み重ねだと思います。例えば、一つひとつの歴史事実を小石に譬えて言えば、それまであった石の山の頂上にもう一つ小石を載せたことで、山全体が崩れてしまい風景が一変する、つまり歴史解釈が一変する可能性があります。歴史は哲学と違いこのような脆さを持っていますが、逆にいえば融通無碍で柔軟性に富んでいるともいえます。とすれば歴史は、いわばいかなる分野からも発想

の泉となることができるといえましょう。今、お二人が言われたように、歴史が多分野の方から興味の糸口を見つけ出してもらえる場となれば、本当にありがたいですし、歴史学の存在価値なのかもしれません。

8 ● 日本を学ぶ中で世界を学ぶ

季武：日本史を学ぶことの意義について、もう一つ、これも回答になっていないのですが、私が読んでいる古文書は外国語文献みたいなところがあります。同じ日本語ではあるのですが、解読には困難が伴います。日本語の文章だとしてもそれが古いものになると、それはそれで1つの言語として独特な世界を持っています。私はこれを通して日本の近現代史というものにアプローチしてきました。ただこれだけのことでして、これ以上の野望はありません。むしろ、日本という枠の中でやってきたことが、枠の外でいったいどのような意義を持っているのか。叶わないことですが、自分の研究を英訳して世界の人に読んでもらい、どのような感想が持たれるのか聞いてみたい思いですね。

伊藤：世界には日本近現代史に興味をもっている人も少なくないと思います。私がドイツで在外研究をしたとき（2015年）、ちょうど終戦から70年ということもあり、日本における戦争の歴史と戦後のいろいろな政治の流れについて、よく聞かれました。

季武：それもあるのですが、最近の研究動向として、日本独自という観点がだんだん少なくなっているような気はします。つまり、こっちとこっちを比較して関連づける、という研究が多くなっています。そういう意味で言いますと、『日本については現在のところ、なんとかここまで明らかになっています』、ということを世界に向けて発信したい、とは常々考えています。

蝶名林：とても興味深い研究動向ですね。そうなると、「日本史の研究」といっても、それほど日本だけに囚われないことになるでしょうか。日

本を研究するためにも日本を他の国や地域と比較しなければならなくなるので…。

伊藤：他の文化圏との比較の中で日本を学ぶからこそ、自分の中にある日本的だと思っていたものが思い込みであったと気がついたり、そんなこともあるかもしれませんね。

季武：逆に、違うと思っていたのに、似ていたことがわかるということもあるかもしれません。

伊藤：そう思うと、逆説的な発見が歴史の魅力ですよね。

季武：それは大いにありますね。日本的なものだと思い込んでいたものが違うということを最近よく感じます。それは、他の国の歴史を読んでいて感じます。これは面白い点ですね。

蝶名林：何か例はあるでしょうか…。

季武：1930年頃に日本は「日本主義化」したと言いますか、ヨーロッパと違う道を歩むという発想で進んでいたとよく言われますが、よく調べてみるとそう単純ではなかったことがわかります。案外、ヨーロッパ的なことをただ真似ているだけであると感じる場面もあります。こう言ってしまうと、逆に一面的な発展段階論に陥ってしまいますが、かなりの面で日本は欧米の後追い的なことをやってきたのも事実です。

伊藤：日本から欧米諸国に研修や見学に出かけていますからね…。

季武：ただ、面白いことは、少子高齢化も以前は日本が欧米の後追いをしていたのですが、最近では日本が最先端になってしまいました。そのため、ヨーロッパから研修に来るという話も聞きます。そのような話をしたら、台湾や韓国でも日本と同じように深刻になっているそうですね。

伊藤：これからは世界史や日本史という区分がそれほど厳密なものではなくなるというお話がありましたが、われわれにとって日本史は自分の所属する国の身近な歴史ですから、それを知ることは大きな視野に立った知的探求への突破口としてはやはり大きいですよね。

季武：突破口として確かに重要です。それとともに、突破口ということ

は、他の国・地域との比較の基軸になるという面もあります。そして、基軸になるということはとりもなおさず、比較した上で再び自分自身を見つめ直すということにもなるでしょう。

伊藤：自分のことが見えてくるのは他のものとの触れ合いを通してであったり、またその逆があったりと、そうした往還作業を重ねることで新しい視野が開けてくる。このような気づきや発見はどの学問にもあることですが、やはり自分の血肉を作っている歴史を学ぶことで、それらは特に見出されるように感じますね。

9 ●「自分がいなければこの学説は存在しない」

蝶名林：先生は、「この世に私がいなければこのような学説は存在しなかった」という思いで研究に取り組んでおられるとおっしゃっていましたが、この言葉に大変感銘を受けました。この考えはなんとなく出てきたとおっしゃっていましたが…。

季武：はっきりと覚えているわけではないのですが、中学1年生の時に学校の授業で読まされた、松田道雄さんの『君たちの天分を生かそう』（筑摩書房、1962）や、最近は漫画化されてちょっと話題になりましたが、吉野源三郎さんの『君たちはどう生きるか』（新潮社、1979）などの影響かもしれませんねえ。

蝶名林：「自分らしい研究をしてください」といった抽象的な言葉よりも、とても実感がこもっている素晴らしいモットーだと思います。季武先生という存在が原因となって生まれる説を探求していくということですね。学生さんにとってもクリアなメッセージになるのではないでしょうか。「自分らしい研究とは君がいないと生まれていない研究である」と言われると、何だか自分にしかできない研究が本当にあるような心持ちになってきます。

伊藤：それを一人ひとりに見つけてもらうきっかけをつくるのが、大学

で過ごす時間の意義なのですね。

季武：自分らしい仕事、自分が何かできそうな仕事を見つけるということ。自分自身ができているのかと言われるとわかりませんが、とりあえず目標とするにはいいかと思います。

注

* 1　季武嘉也『大正期の政治構造』（吉川弘文館、1998年）
* 2　季武嘉也「大選挙区制度下の総選挙と地域政治社会」『創価大学人文論集』第4号（1992年）
* 3　季武嘉也『選挙違反の歴史』（吉川弘文館、2007年）

第7章
いま世界の言語は
―― 消滅危機言語・ベルベル語の復権

石原忠佳

1 ● 世界の言語の概観

「外国語」って英語のこと？～

　私はよく、日本の大学は外国（ヨーロッパ）の大学とどう違うか、ということから話をします。スペインの大学では、日本の大学のように英語ではなく、ラテン語が必修です。文学部では、フランス語・ポルトガル語・イタリア語のうち、一カ国語を選択して、マスターすることになっていて、すると多くの学生が三か国語から四カ国語を話すようになるのです。

　これは私の解釈からいうと、ヨーロッパの人たちにとって、これらの言葉は方言のようなものであって、その言葉のもつ一定の決まりさえ理解すれば、練習するだけでほかの言語が話せてしまうのです。

　日本語に例えると、日本語の標準語がラテン語で、フランス語が東北弁で、ポルトガル語が大阪弁、スペイン語が名古屋弁で、イタリア語が茨城弁といったような具合です。鹿児島弁というのはかなり標準日本語からかけ離れているので、これが英語で、そして沖縄の言葉がドイツ語、

津軽弁はロシア語と、といった具合に考えています。

われわれは鹿児島にいったら、標準語話者には意外と鹿児島弁がわからない。しかし彼らは鹿児島弁を話していますが、標準語話者には標準語で返してきます。ゆえに私にいわせてみれば彼らはバイリンガルなのです。

私の専門で、「比較言語学」というものがあります。比較言語学というのは、たとえば、さきほど述べたラテン語から分かれた言葉に、フランス語・スペイン語・ポルトガル語・イタリア語とがあり、「ロマンス諸語」とよばれていますが、これらの言語の文法の間に、どのような共通する規則があるのかを調べて、これらの言葉の相互関係を調べる、という学問が比較言語学です。

これまでの調査結果によると、スペイン人というのはポルトガル語を読んで95％、聞けば75％を理解することができる、ということがわかってきました。さらにイタリア語を聞いたときには85％、読んだときは75％理解でき、フランス語は、聞いたときに50％、読んだときにも65％理解できるということがわかります。

ここで大事な点は、これらロマンス諸語のなかのスペイン語・フランス語・ポルトガル語・イタリア語は様々な点で似ているところがあり、一つの言葉を学ぶだけで、何カ国語もの共通した仕組みを解き明かすことができるという事実です。英語を学ぶのももちろん大切ですが、こうしたヨーロッパ言語に目を向けてみるのも必要なことではないでしょうか。

さてラテン語はその昔、ローマ帝国で話されていた言語でしたが、帝国がいろいろな国にわかれたことによって、いろいろな言葉ができました。現在、話す人はいないけれど、なぜヨーロッパの大学でラテン語を勉強するかというと、スペイン語・ポルトガル語・イタリア語・フランス語などの共通の言葉であるからなのです。

第7章　いま世界の言語は　　　　　111

ロマンス諸語の比較

　まず「おはよう」とは、スペイン語では「ブエノスディアス」(Buenos dias)、ポルトガル語だと「ボンディア」(Bom dia)、イタリア語だと「ブオンジュルノ」(buon giorno)で、フランス語だと「ボンジュール」(bon jour) です。

　スペイン語とポルトガル語は「西ロマンス語」とよばれる同じ系統の言語ですから、「ブエノスディアス／ボンディア」(buenos dia／bom dia) という具合に、非常に似ており、おたがいに聞いたときに相手がなにを言っているかがわかります。それからイタリア語とフランス語ですが、「ジュルノ」(giorno) という単語が、「ジュール」(jour) という単語に、「ブオン」(buon) が「ボン」(bon) になっているということで、この二つの言葉もお互いにある程度理解することができます。

　われわれは英語で最初に「グッドモーニング」(good morning) とやりますが、そうするともうこの言葉は他の言語と共通点がないので、手がかりがありません。反対に、ヨーロッパの人はなにか一つの言語を学ぶことによって、他の言語の手がかりをつかむことができるのです。

　「私」というよく使う人称代名詞は、スペイン語で「ヨ」あるいは「ジョ」(yo) ですが、ポルトガル語は「エウ」(eu)、イタリア語は「イオ」(io)、フランス語は「ジュ」(je) です。これらもまた似ていますが、英語は「アイ」(I) といって、まったく共通したものがありません。

　「広場」というのはスペイン語では「プラサ」(plaza)、ポルトガルも「プラサ」(praça) です。綴りは少し違いますが、発音はおなじです。イタリアでは、「ピアッツァ」(piazza)、フランス語では「プラス」(place) です。これはもともと英語の「プレイス」(place) という言葉からきていますが、英語では「広場」という意味よりは「場所」という意味で使われています。

　「白い家」という意味のスペイン語、「カサブランカ」(casa blanca)。ポルトガル語は「カサブランカ」(casa branca) ですが、ここでは R と

Lが入れ替わっています。よく日本人はRとLが混同するといいますが、間違えたときには、今ちょっとポルトガル語的に発音したといえばいいでしょう（笑い）。イタリア語では「カザビアンカ」(casa bianca) といいます。フランス語は少し違っていて、「メゾンブランシュ」(maison blanche)。ただ、「ビアンカ」や「ブランカ」が「ブランシュ」となっていて|B|の音が共通です。英語をみると「ホワイトハウス」(white house)、と共通点がまったくないでしょう。だから英語からはいっていくと他の言語は難しいでしょう。

　「お金」はスペイン語で「ディネロ」(dinero)、ポルトガル語では「ディネイロ」(dinheiro)、イタリア語では「デナロ」(denaro)、フランス語は「アルジャン」(argent) といいます。スペイン人はフランス語を50％しか理解できないので、この単語の意味が理解できないことがあります。英語は「マネー」(money)、もう全然違いますね。

　「お父さん」はスペイン語、「パドレ」(padre)、ポルトガルでは「パイ」(pai)、イタリア語とスペイン語は同じで、「パドレ」(padre) です。フランス語では「ペール」(père)、英語では「ファーザー」(father) となります。しかし、これは|P|と|H|と|F|が入れ替わるという規則があって（ちなみにこの規則は〔グリムの法則〕と呼ばれています）、言語学上はこれらは近い音だと考えられています。

　「母」はスペイン語で「マドレ」(madre)、ポルトガル「マーエ」(mãe)、イタリア語「マドレ」(madre)、フランス語「メール」(mère)、英語「マザー」(mother) です。これは非常に近いですね。この場合、英語の|TH|はヨーロッパでは|D|に変わるというもう一つの法則〔ウェルネスの法則〕によっています。「マドレ」(madre) と「マザー」(mother) などがそうですね。このような単語を例にとると、英語でも言語間で、たがいに想像がつくこともあります。

　また学術用語はいくつかの言語の間で非常に近いものがあります。スペイン語で「トラディシオン」(tradición)、ポルトガル語で「トラディ

サーオ」（tradição）、「トラディツィオーネ」（tradizione）というのがイタリア語で、フランス語が「トラディシオン」（tradition）です。そして英語では「トラディッション」（tradition）となります。ほかにも「行動」や「休暇」などの学術用語になってくると、ここでは英語の力が生きてきます。

「私は学生です」をさまざまな言葉でいってみますと、スペイン語は「ヨ　ソイ　エストゥディアンテ」（Yo soy estudiante）、ポルトガル語は、「エウ　ソウ　エストゥダンテ」（Eu sou estudante）と近いです。イタリア語は「イオ　ソノ　ストゥデンテ」（Io sono studente）、フランス語は「ジュ　スイ　エトゥディアン」（Je suis étudiant）と、少し違いますが、英語は「アイ　アム　ア　スチューデント」（I am a student）と、かなり違います。こういった具合で変わってくるので、やはり英語からはじめると、他の言葉にはなかなか入りづらいのではないかと思います。

世界の言語の分類

2006年のユネスコの統計では、世界総人口65億3800万人いるのですが、世界中ではおよそ6980の言語が話されています。その言語のなかには話し手が数億人いるような言語から、僅か一人、二人しかいない言語までさまざまあるのです。

ユネスコはその三年後の2009年に、絶滅の危機に瀕している言語として2500語をあげました。これらの言葉は英語で「エンデンジャードゥ・ランゲージ（endangered language）」、「絶滅危機言語」と呼ばれています。絶滅危機言語となると、学ぶ人はとても少ないです。私は反対に「話す人が少なくとも、言語には変わりないだろ」というような具合に、このような言語に興味をもってしまいます。

2006年の統計に戻りますと、**一番多くの言語が話されている地域は**どこかというと、意外と知られていないのですが、実はアジアなのです。アジアでは2269もの言語が話されています。これは世界全体の32.8%

を占めております。その次に多くの言語が話されているのはアフリカで、全体の30.3%である2092語が話されています。次は環太平洋諸国で、1310の言語が話され、これが全体の19%、南北アメリカは1002の言葉が話されており、14.5%を占めます。そして、ヨーロッパでは239言語が話され、これはわずか3.5%なのです。よく一番多くの言語はヨーロッパで話されていると聞くことがありますが、とんでもない話でありまして、実際にはアジアでいちばん多くの言語が話されているのです。

　では、**一番話者の多い地域はどこか**というと、一番多いのはやはりアジアで、世界の人口の61%にあたります。その次にヨーロッパで26.3%、それからアフリカは11.8%ですが、これは人口が少ないですから、話者の数自体が少ないのです。南北アメリカは0.8%、そして環太平洋諸国はたった0.1%です。さきほどは言語の数は多かったけれど、環太平洋諸国では話者の数は非常に少ないのです。

　さて、次は、**一番多くの人に話されている言語はなにか**、というと、ほとんどの人は、275の言語のどれかを話しているのです。これは世界の言語の数の4%に当たる数字です。言い換えれば、世界の言語の96%に当たる言語は、ごく少数の人々によってしか話されていないことになります。言語の数から考えると、これは驚くべき数値を表しているでしょう。

　最後は、**もっとも規模の大きい言語はなにか**ということです。中国語は10億5500万人ともっとも大きい規模です。それから、英語が7億6000万人、ヒンディー語がついで4億9000万人、スペイン語が4億1700万人で、ロシア語が2億7700万人、アラビア語は2億500万人になるそうです。その次には、ブラジルがあるポルトガル語がきて、1億9100万人、フランス語は1億2800万人によって話されています。これが世界の全体の言語の数ということです。

言語の系統

　言語の系統にしたがって世界の言葉をわけると、インド・ヨーロッパ語族というものは、ゲルマン語派・スラブ語派・イタリック語派というものにわかれます。
　ゲルマン語派は、西ゲルマン語と北ゲルマン語というのにわかれ、西ゲルマン語が英語・ドイツ語・オランダ語、そして北ゲルマン語が、アイスランド語・ノルウェー語と、このように分類されます。それから、よく似ている言語ということでスカンジナビア諸語という、デンマーク語・スウェーデン語をふくむものが、もう一つの系統として数えられます。
　それからスラブ語派というのがあって、ここはチェコ・スロバキア語群というものが、チェコ語・スロヴァキア語。西スラブ語群というのがポーランド語で、東スラブ語郡にロシア語があります。それから南スラブ語群に、セルボ・クロアチア語とか、スロベニア語、ブルガリア語などがあります。
　さきほどいいましたように、ラテン語はさまざまな言葉の基礎になっている。これはロマンス語派といって、東ロマンス語はイタリア語・ルーマニア語、そして西ロマンス語はフランス語・スペイン語・ポルトガル語、という二つにわかれます。
　これらが一般的なヨーロッパ言語ですが、アフロ・アジア語族はこれらのインド・ヨーロッパ語族とはまったく違います。そのアフロ・アジア語族にセム語派というものがあり、そのなかにヘブライ語・アラビア語・マルタ語があります。それからベルベル語派というのがベルベル諸語。ほかには、エジプト語派にコプト語があります。
　そして私がスペインの大学で四年時から勉強したのがこの「セム・ハム語」です。セム・ハム語には、アラビア語・ヘブライ語がありまして、中近東や北アフリカの言葉が、こうした言語の中に分類されています。
　英語・スペイン語・日本語にはほとんど共通点がないということがわ

かり、全然違う言葉をやろうと思い、そういうわけで私はセム・ハム語を選びました。

ちょうど日本語が、英語やヨーロッパの言語と共通点がないのとおなじように、セム・ハム語の勉強は非常に大変だったけれども、若かったから、こうした思いになりました。

2 ● 消滅危機言語　ベルベル語

なぜベルベル語を学んだか

言語学の道に進んだ私は彼らの言葉や文化に興味を持ち、現地でフィールドワークを続けてきました。長年の研究成果を数年前に『ベルベル語とティフィナグ文字の基礎』（春風社）として出版しました。彼らの文字を取り入れた世界で初めての体系的な文法書です。

アフリカの風土と文化に興味を抱き、その言葉を学ぼうと思ったのは40年前のこと。まだアフリカについての情報が日本にほとんどない時代に、未知の世界へのあこがれから私は現地へと旅立ちました。22歳のときでした。

情報を得るため、まずは地理的に最も北アフリカに近いスペインに入国。グラナダ大学に入り、ラテン語やアラビア語、フランス語、ヘブライ語を習得して5年で卒業。博士課程、カイロ大留学を経て、グラナダ大で言語学の教鞭をとりました。

北アフリカには在学中から休みを利用してたびたび旅行しました。そこでおかしな体験をしました。モロッコで話されるアラビア語がまったく理解できなかったのでした。アラビア語を話すエジプト人の知人に尋ねても、かの国のアラビア語だけは理解できないといいます。

興味を覚え、モロッコ・アラビア語の研究にのめり込みました。最初はアラビア語の一方言と考えましたが、そうではありませんでした。モロッコにはベルベル人というアフリカ最古といわれる原住民の末裔がお

り、彼らがアラブに支配され、民族的に融合する過程で、文法的にも発音的にもまったく異なるアラビア語が生まれたとわかりました。

　私の趣味はがぜん、アラビア語から、ベルベル人とその言葉へと移りました。モロッコ出身の学友や知人を頼りに、その家族を訪ねるなどして、ベルベル人の生きた言葉や文化を採取し、見聞を広めていきました。

　1987年に帰国し、約6年間アルバイトをしながらベルベル語関連の論文を発表し続けました。そのうちに彼らのティフィナグ文字を詳しく知りたくなりました。だが大部分のベルベル人はその存在すら知らず、私も学ぶ機会が得られなかったのです。

ベルベル人は北アフリカの先住民族

　北アフリカに3000年以上前から居住していた先住民族が「ベルベル人」である史実は、世界はもとより日本でもあまり知られていません。北アフリカ一帯は8世紀にアラブ人による支配を受け、それ以降長きにわたってベルベル人の言葉は公には使用が禁止され、文字も忘れ去られてきました。そのため、ベルベル文化やベルベル語の調査は、近年まで極めて困難な状況にあったからです。今や国連教育科学文化機関（ユネスコ）から「消滅危機言語」に数えられています。

　モロッコからアルジェリアにかけての北アフリカ一帯では、近年まで少数民族の権利が事あるごとに脅かされ、1998年、アルジェリアでは厳しい言語統制政策が施行されました。その一条項には、「公私文書でアラビア語以外の言語を使用した者は処罰する」と謳われていますが、この条例には住民の4分の1を占めるベルベル人の台頭を、言語面から阻止する意図が見えかくれしています。確かにアルジェリアでは1962年の独立以降、ベルベル語を国家の第2公用語として、政府に認めさせようとする運動がしばしば起こっていました。

　事情が変わったのは2000年代に入ってからです。1999年、モロッコの前国王であったハッサン2世（在位1961-99年）が死去すると、王位

を継承した息子のムハンマド 6 世はその後ベルベル語教育を公認しました。それではなぜ 69 年以来施行されてきたモロッコの旧憲法が、いとも簡単に改正されたのでしょうか…

現国王ムハンマド 6 世をして 2000 年以降、ベルベル語をモロッコ国家の公用語の一つに認定する政策にふみきらせたのは、国王の生い立ちと育った家族環境によるものでしょう。父ハッサン 2 世の第二夫人であったラティーファは、実はベルベル系遊牧民の血統を引き継ぐザイヤーン王朝（1236-1559 年）の末裔でした。

従来からアラブ系を正統としてきたモロッコ王室内において、彼女の境遇が恵まれていなかったことは言うまでもありません。しかしながら第一夫人との間に男児が誕生しなかったことから、ハッサン 2 世は第二夫人との間に誕生した現国王である長男に、生前中に王位継承権を与えていました。幼いころから母親の血統を熟知していたムハンマド 6 世は、ベルベル系住民への差別的取り扱いに疑問を抱き、父の逝去後はその地位の向上に力を注いできたのです。

こうして 2003 年にはティフィナグ文字がベルベル語教育の場に導入されたが、モロッコ王国が国家としてティフィナグ文字を使った教育を公式に認可したのは、遅まきながら 2011 年の憲法改正の時点です。

正確な資料はほぼ皆無

ベルベル語は今日、厳密にはどの地域で話されているのでしょうか。この問題を取り上げるにあたっては、歴史を追って時代をさかのぼり、とりわけ 7 世紀の北アフリカに目を向けなければなりません。言わずと知れた、アラビア半島から北アフリカに進出したアラブ人の存在です。この時期以前にはベルベル語の使用地域は、西は北アフリカ大西洋岸から東はエジプトのシーワ・オアシスに至り、さらに南北の広がりは、北回帰線（北緯 23 度 26 分 22 秒）から地中海沿岸に至るアフリカ大陸の広大な地域であったとされています。

第7章　いま世界の言語は　　　　　　　119

　しかしながら、ベルベル人がこの一帯で果たした役割や、その活動範囲は各国ごとに異なっています。今日ベルベル人の多くが居住するのは、北西アフリカに位置するモロッコとアルジェリアですが、チュニジア、リビア、エジプト、さらにはモーリタニアにおいても、いくつかのベルベル部族社会が抵抗運動を続けてきました。その一方でマリやニジェールでは、ベルベル語の使用が今日でも健在で、中央政府によってベルベル語は公用語の一つとして認知されています。

　とはいうものの、それぞれの国におけるベルベル語の現状を示した正確な資料はほぼ皆無です。その第1の理由は、言語使用に基盤をおいた人口調査が実施されておらず、唯一手がかりとなるのは、アルジェリアで1967年に行われた国勢調査でしょう。北アフリカの国々では往々にして、ベルベル人たちはアラブ系イスラーム住民の中に組み込まれて分類されてきました。それは植民地主義に抵抗すべく「国家の統合」という政策が、これらの国々が従来から優先してきた課題だったからです。こうした諸国では、地域性を考慮したグローカリズム[*1]が育つ土壌はなく、「ベルベル」という集団はその統計資料から外されてきたのが今日までの実情です。

ベルベル語、初の文法書完成

　土着のベルベル人の調査は極めて難しかったです。当時は公の場でのベルベル語の使用は禁止でした。家族や友人同士に限られ、よそ者にはなかなか話してくれません。

　ベルベルとはギリシャ語の「バルバロイ」（蛮人、意味のわからない言葉を話す人、の意）に由来します。一般にはベルベルで通用しますが、後に民族意識の高まりから、彼らの間では自らを「アマズィグ」、その言葉を「タマズィクト語」と呼ぶ者も増えました。当然、征服民であるアラブや近代に植民地としたフランスの言葉で接触しても、警戒されるだけでした。

それでも少しずつ、ベルベル語を身につけて彼らの間に入り、単語の種類や方言、地域分布などを細かく調べていきました。

アラブに征服される前の歴史は闇に葬られ、文化資料の収集もままならなかったです。だが日本人から見ると実に興味深い文化や特徴がありました。日本人同様、赤ん坊には蒙古斑があり、背中でおんぶします。来客者には何も聞かずに茶を振る舞う。また、彼らの伝統民謡の調べは日本の民謡によく似ていました。津軽民謡や木曽節を聞かせたところ、「これは我々の先祖の音楽だ」と言ったのには驚きました。遠く離れたふたつの文化がどこかで関係していると考えると面白いです。

（さきほど述べたように）2000年代に入って現モロッコ国王がベルベル語教育を認め、2011年には公用語の1つに認可しました。これにより、ベルベル人の統一団体の21世紀リーフ・アマズィグ教会とヤーシン・ラフムーニ会長の協力で、私は外国人でただ一人、公式な文字を詳細に教わることができました。ベルベルに偏見のない日本人であることで信用されたようでした。

ベルベルの文字を使った文法書が日本で出たことに会長が感激し、ベルベル語とアラビア語で序文を書いてくれました。いずれ本は海外に翻訳し、将来は辞書も作りたいと考えています。音声と音楽を収めたCDも製作しました。遠くアジアの地で、彼らの言葉と文化の継承の一助となれたらと願っています。

（以下、石原と伊藤・蝶名林の懇談記録）

3 ● 人がやらないことをやりたい

伊藤：先生の作られたベルベル語文法書は世界で最初の試みであったわけですが、これは日本語で書かれているのですよね。
石原：そうです。日本語以外でのベルベル語の文法書はまだないです。

英語すらもない、また、そんなものはいらないという意見もあるのです。いま考えているのは、この文法書をまず、フランス語にするということです。

伊藤：では、石原先生の作られたこのベルベル語入門が、次にフランス語版になり、その先にはベルベル語そのものの文字（ティフィナグ文字）による文法書が、さらには辞書が完成していくということですね。

石原：どっちを先にやるかです。つまり、日本語で書いた文法書をフランス語にするのが先か、あるいはティフィナグ文字を使った『日本語――ベルベル語辞典』をまず完成させるのかという選択肢です。やっぱり先にやるのはベルベル語辞典の文字化だと思います。ベルベル語の文法書は日本学術振興会の助成金をもらって出版しました。間もなく完成する『ベルベル語辞典』も、近いうちに助成金の申請を予定しています。この分野には定年や競争もないから、時間をかけてとり組むことができます。

伊藤：希少言語が石原先生をそこまで駆り立てているのはなぜでしょうか。

石原：やっぱり、人のやったことをやりたくない、という気持ちが強いのだと思います。誰かがやったようなことをやることはモノマネです。それは私にとっては面白くないのです。だからアラビア語をはじめたときはそれが希少価値を持つということだったけれど、いまは誰でも学べるので、次第に興味がなくなっていきました。ベルベル人はみんな完璧にアラビア語を話すことができますが、では、ベルベル人は何語で彼ら自身の思想を文字に表わすのか。この点に興味を持ちました。私は北アフリカや中東を訪れて、ベルベル人の言語がアラビア語ではないということを知りました。そして、人助けをしようという気持ちも働いて、ベルベル語を研究しようと思いました。それに、誰もやらないだろうから競争もないと思い、駆り立てられていきました。

　日本に帰国した1987年当時はアラブの国々では、ベルベル語の文字

を使うことは禁止されていたため、日本語でしか書けなかったのです。日本の大体の人は、ベルベル語を希少言語だと思っていると思います。しかし、実際はベルベル語の話者の人数は2000、3000万人ですので、実は希少言語ではありません。また、歴史的な観点から見ても、彼らが北アフリカの先住民だという事実をしっかりと認識しなければならないと思います。ただ、そうは言っても、やはり表記できる「文字」がなければ、何を言ってもだめだなとも思いました。音だけだと「書けないものは言語ではない」と言われる可能性があるためです。だからこそ、文字を研究しようと考えました。

　私が日本語で書いたものを、日本だけでなく、最終的にはフランス語や外国語に訳したいと思っています。そうすればベルベル人本人たちの目にとまる機会も増えると思いますので、彼らが理解を深めてくれると考えています。日本では、いつの日か誰かが、ある程度の目安として手にとってくれればありがたいです。

ベルベル語でしか表現できないこと

蝶名林：ベルベル語という言語が持つ特有の概念のようなものもあるのでしょうか。私は言語によって使われている概念が違っていることもあるのではないかと思っています。

　例えば、これは知り合いの哲学研究者が言っていたことですが、「知識とはなにか」ということを問いにしたとき、英語表現だったら、「knowledge」とか「understanding」の2つがあると思います。これに対応する日本語となると、「知る」とか「理解する」ですが、日本語の場合「わかる」という言葉もあります。この「わかる」というのは「knowledge」とも「understanding」とも微妙に違っているようにも思えます。このことは、英語にはない、日本語でしか表現できない概念があることを示しているのかもしれません。ベルベル語にも他の言語では表現できない何か特有の概念があるのでしょうか。

石原：あります。アラビア語もそうなのですが、ラクダを表す言葉が全く違うボキャブラリーなのです。日本だったら、「フタコブラクダ」など、なにかをつけることでラクダをあらわします。ところが、アラビア語やベルベル語ではラクダを表す言葉の数が、ものすごく多いです。それから、アラビア語では雪と氷で全く同じ単語を使います。また、食べ物でも向こうのもので、日本にないような食べ物があります。パンや牛乳でもそうです。牛乳では、羊の牛乳、山羊の牛乳など言い方が全部違うのです。日本は「山羊の」というように使用できますが、ベルベル語では全く語源が違う言葉を牛乳に使ったり、パンに使ったりするのです。

　要するに、ベルベル語においては、生活に密着しない言葉は1つの言葉で使用し、生活に密着する言葉はものすごい数があるということです。そうなると、日本語話者とベルベル語話者は、使っている言葉が違うだけでなく、そもそも持っている概念も違うということになるでしょうか。このように考えると、文化間で発想の違いがあることは、考え方の違いというよりも、元々の使われている言語の違いにその原因があるように思えてきます。

言語探究のフィールドワーク

伊藤：先生ご自身は、フィールドワークでどのようにしてこの語彙を集めているのですか。

石原：私がやっているのはある対象をどの単語を使って表現しているのか、地域ごとに全てまとめるという作業です。例えば、5地域にあったら、絶対に一箇所でしか使わない語彙は切って、共通で2や3つの語彙が出てきたら、それを最終的には2つまでにまとめて、語彙とします。

伊藤：先生が辞書を作る中でとくに苦労された単語はありましたか？例えば、地域差が大きすぎてうまくまとめられなかったとか…。

石原：私が苦労している単語は、とくに食べ物に関するものです。例えば、家畜、農業、農産物、果物、香辛料の数がとてつもなくあるのです。

そのため、日本語の辞書にするとき、どれを切り捨てるかがよく問題になります。なぜなら、すべてに説明をつけてしまったら、辞書でもなんでもなくなってしまうからです。そして、その語彙を集めるために、その地域に行きます。あるいは、行きたい地域から来てくれる人がいれば、その人に聞いて、大体の情報を得ています。また、危ない地域などもありますから、その地域の人が集まる安全なところをあらかじめ調べることもあります。私は休暇を利用して、よく北アフリカに出かけますが、そうした機会にベルベル人に会うことも多く、そこで情報を仕入れたりもしています。最低の基準として、その言葉が2つ以上の地域で使われていることが確証されない限りは、辞書には載せられないです。そうやって、少し前から、ベルベル語の辞書を作りはじめています。

注

* *1　グローカリズム＝「グローバル」と「ローカル」を組み合わせた新造語「グローカル」からの派生語。地域が、多民族、多文化、多言語、多宗教になった状態。多様性を考慮した視点。

参考文献

森本公誠（2001）（イブン・ハルドゥーン著）『歴史序説』1～4巻　岩波文庫
ピーター・K・オースティンほか（2009）澤田治美［監修］『世界言語百科――現用・危機・絶滅言語1000』柊風舎
バナード・コムリーほか（1999）『世界言語文化図鑑――世界の言語の起源と伝播』片田房［訳］東洋書林
石原忠佳（2005）「アンダルシア史の中のベルベル人」坂東省次ほか［編］『南スペイン・アンダルシアの風景』丸善
石原忠佳（2006）『ベルベル人とベルベル語文法』（The Berbers and their Languages）新風舎
石原忠佳（2007）「多言語国家としてのスペインとモロッコ」河原俊昭ほか（編）『世界の言語政策2』くろしお出版
石原忠佳（2008）『まずはこれだけアラビア語』国際語学社
石原忠佳（2009）『まずはこれだけ・エジプトアラビア語』国際語学社
石原忠佳（2009）「私のフィールドワークから――ベルベル語」『言語』大修館
石原忠佳（2010）「中東の言語政策」河原俊昭ほか［編］『世界の言語政策3』くろ

しお出版
石原忠佳（2011）「モロッコ」川成洋ほか［編］『スペイン文化辞典』丸善株式会社
石原忠佳（2012）「手を結んだカタルーニャ語とベルベル語」松原好次ほか［編］『言語と貧困』明石書店
石原忠佳（2014）『ベルベル語とティフィナグ文字の基礎――タリーフィート語入門』春風社
石原忠佳（2014）「ベルベル人の言語探訪」『文化』　日本経済新聞（5月4日付）
石原忠佳（2017）「ベルベル語――ベルベル人はアフリカの先住民族」（リレーエッセイ 第30回）『ことば紀行』白水社
石原忠佳（2018）「ティフィナグ文字」大木道則［編］『図説古代文字入門』河出書房新社

第8章
"グローバルな視点"から考えるとはどういう意味か
―― 社会理論・日本研究からの考察

アネメッテ・フィスカーネルセン

　（人類学における）倫理的考慮の大部分は、その複合性が単純な善悪の二元論を簡単に超えてしまうような、価値の衝突から起こっている（ハーツフェルド）[*1]。

1 ● はじめに

　人間の苦しみと不信は、左派、右派を問わず、世界中で起きている様々な左右民主主義運動を引き起こしています。ポピュリズムは一般的に他者（エリート、設立者、政治家、移民、中国人、日本人、西洋人など）を一義的な零和現象とみなしてそれに批判を加えようとします。
　「反」政治的立場[*2]は、多くの人間の苦しみや不正な行動を指摘し、批判の論理はしばしばそれらを正当化されています。「反政治的立場」が必然的に政治における進歩的な声であるかどうかという別の疑問もあります。
　環境学の分野においても、ポール・キングスノース（Paul Kingsnorth）は次のような議論をしています。それによると、「伝統的な極左の活動は一種の依存関係によってその地位を確保していた。それは、ある敵を

想定し、それを攻撃するという形態をとっていた。常に解決されるべき『彼ら』という存在があり、それによって、正しいものではあるがそれと同時に無力感を伴うようなメッセージが与えられている」[*3]、と。

社会科学においてこのような「批判」の危機は「麻痺する懐疑論」と呼ばれています。ロマン・ローラン（Romain Rolland, 1866-1944）は、「知性の悲観主義、意志の楽観主義」という言葉で、人々と世界が関わる基本的な二つのアプローチを取り上げています。

このような背景の下、本章で私が問題にしたいことは、「批判的な思考（critical thinking）」を持つことと、「批判すること（criticism）」は同じであるのか、という問いです。批判とは、自分が反対するものを明らかにし、その上で、自分の立場を正しいものであると見なすことです。一方で、批判的思考は単純な二項対立では把握することができない歴史に関する深い理解を要します。前者はカール・マルクスについての一つの解釈に、後者はマックス・ウェーバーのそれに関連しています。批判は、人々の他者評価に関するイデオロギー的立場と考えることができます。これを基礎とすることは、自己と他者の二元論につながります。このような考えが20世紀のイデオロギー的争いを支配してきました。"グローバルな視点"から考えることは、このような自己と他者の二元論的な理解を超えていくことだと思います。それというのも、このような単純な二元論的な理解と現実の世界構造の間には大きな隔たりがあるのです。

2 ● 批判的思考、社会論理、社会人類学

社会現象を理解するためには、世界の見方をそれぞれの仕方で提供してくれる知識に関する理論について、検討してみる必要があります。まず、私たちの研究対象が何であるかを考える必要があります。では、そのような研究対象の選択の背景には、どのような前提や考え方があった

のでしょうか？　その研究課題についてどのように学べばよいでしょうか？　これらの複雑な問題を考えることが社会科学の基礎であります。社会人類学では、知識は意味というカテゴリーに位置すると見られ、深い理解に達するために社会現象を文脈化することが目指されます。その中でわかってくる知識生産のプロセスを学ぶことはエキサイティングであり、かつ、チャレンジング（challenging, 困難も伴う）もので、その中で、新しい「思考ツール」が身につくようになります。

　この分野で行われている現在の多くの理論的議論は18世紀半ばに始まりました。この時代は「理性の時代」または「啓蒙主義の時代」と呼ばれています。　理性、合理性、普遍性、平等、科学、経験主義、世俗主義と宗教主義に関する概念、このような新しい考えが生まれた時代です。この時代はヨーロッパにおける歴史的な瞬間のように見えるかもしれませんが、実はそれよりも複雑です。これらの新しい考えは現在の世界システムの多くの基礎を築き、人間社会の営みの一部としての批判的思考も発展させました。人間についての研究に関して、論争にも統一性はなく、研究者によっては根本的に異なるアプローチがとられてきました。したがって、啓蒙主義を単に「西洋的」思考と呼ぶことは過度な単純化なのです。

　「西洋」、「東洋」、「原始」、「現代」、「文明」などのカテゴリーの形成と批判は、これまでの論争の中心的なものでした。批判的思考を発展させることは、これらの概念の歴史と政治的背景を考慮すること、その中で、自分自身と他者に関する共通項を探す能力を涵養していくことです。私たちは自分自身の「常識」と見なしたり、あたかもこの思考が時間と空間の外に存在するかのような客観性を持つものだと感じてしまいます。人文科学における批判的思考は、このよう文脈で語れる「客観的」とはどのようなものなのか問うことなのです。

　一方で、科学的アプローチと呼ばれるものは、一般的に、時代を超越し、文脈を想定する必要がないものとして理解されます。「社会の自然

科学」という発想が持つ野心は、典型的には、時間と場所に限定されない、人間の行動を説明する法則のような命題を明らかにしようとしました。あるいは、原始的から文明的、あるいは伝統的から現代的なものへの移行など、すべての社会を説明できるような単一の法則を探求しようとしてきました。この手法は特定の時間と場所に関するものである「歴史」から私たちを遠ざけます。しかし、客観的な事実を想定する実在論的な科学のアプローチは、最終的には歴史に戻っていく傾向もあります。このような「時代を超越した歴史的」パラドックスは、18世紀以来の社会理論を支配する最も強力な理論的問いです。

　歴史と科学の間にあるこのような緊張は、社会調査に関する客観性の問題を考えることによって、一層、明確になります。マックス・ウェーバー（Max Weber, 1864-1920）は、客観性を価値判断の一形態として、また、アメリカ・プラグマティズムの主唱者の一人であるジョン・デューイ（John Dewey, 1859-1952）は「真理」を文脈に束縛されたものとして見ていました。両者ともに、客観性／主観性、心／身体、自己／その他、などの極端な二極的なものの見方に疑問を呈しました。重要なことにウェーバーは歴史的な文脈で行動の意味を見ていました。ウェーバーは資本主義を単なる経済システムではなく、労働と貯金を同値のものと見なし、それらが道徳的に価値あるものであり、人生の意味を与えるものであるとする、一種の価値の体系であると考えていました。この分析は、人々が外部的な経済構造によってのみ動機づけられるという考えを超えるものであり、そのようなものには含まれない価値や人生の意味といったものの役割に光を当てるものです。物質的財産の蓄積を意味のある（道徳的な）活動と見なすのはどのようなメカニズムによるものでしょうか？　資本主義の精神は新しい合理性として具現化され、新しい「客観的な」文化的形態となります。社会学者ゲオルク・シンメル（Georg Simmel, 1858-1918）は、「現代性」を、我々が自分自身を判断するような「客観的」な文化的形態の台頭として特徴付けました。この文

脈から考えると、たとえばファッションは、匿名性のある都市空間で自分を他者と区別する手段というように理解することができます。

　社会科学で使われている基本的な概念についての歴史的な軌跡をたどると、自己と他者の新しいアイデンティティを含む「現代的」な感性の構成をについて理解できるようになります。　これは、国家建設、国家のアイデンティティ、工業化、普遍的な教育制度、宗教慣行、マスコミの役割、ガバナンス、政治、一般市民の性質などといった社会的性質の関係性に関する探究を意味します。

　ウェーバーやジンメルのような思想家は、「社会」を見るさまざまな方法や異なるレベル（例えば、ミクロ／マクロ／インタラクティブ／抽象的なレベル）によって、教育機関、伝統、法律、言語などの複合によって形成された社会という単位についての問題を提起します。我々は皆が同じような方法で社会を考えますが、そこには過度な一般化による多くの過ちがあります。ピエール・ブルデュー（Pierre Bourdieu）は、「Habitus」という用語を使用して、より複雑な現実のイメージを取り込もうとしました。私たちは社会構造から影響を受けますが、それと同時に、個人としての状況や態度も持っています。この点について、ブルデューは、政治次元での経済構造の変革があったとしても、人々が個々の態度を変えない限り、差別を排除することは困難であると指摘しています。

　歴史的な文脈の中で様々な考えについて考察していく中で、私たちは「プレゼンティズム（presentism）」と呼ばれる立場の誤りを避けることを目指していくことになります。過去に起こった出来事の描写や解釈を行う際に、現代の私たちが持っている前提や常識を用いて行うこと。これがプレゼンティズムです。このプレゼンティズムの問題点に気がつくことで、今と過去の比較を行う際にしばしばなされてしまう表面的な誤りを避けることができます。　文脈、意味、そして人々の思想や考えを考慮にいれることは、表層的な比較検討を超える何かを探求するために

は極めて重要なことです。

このような理論的な枠組みを使いつつ、以下で私の研究分野である日本を巡るいくつかの問いについて、考えていきたいと思います。

3 グローバルな視点から見た日本研究

茶道、相撲、神道、仏教などの国の「伝統的」実践は、たとえば「民族性」の概念と同様に、実は比較的最近生まれた概念です。

伝統的なものとされるこれらの概念がなぜ伝統的と呼ばれるようにいたったのか調査することで、現象を知覚する方法を調査することで、「真理」、「正統性」、「伝統」についてのわれわれの理解が担った役割を理解することができます。

日本の文化や社会を学ぶ授業では、「伝統的な習慣」から始めるのではなく、伝統や日本文化を構成する概念的枠組みについての理論的な考察から始めます。その中で、たとえば「和食」という考えが、日本という国民国家と国家的アイデンティティの構築とどのように関わっているのか、発見することができます。日本のことを学ぶとなると、たとえば、ジェンダー、「かわいい」現象、アニメやマンガ、愛らしいキャラクターの魅力、男性性、政治と市民運動の新しい形、日本のマスメディアなどを直接的に検討していくことから始めることもできますが、（私たちが創価大学で提供する授業においては）これら「日本的」と呼ばれるものが潜在的に持っている政治的な影響・含意について検討することから始めます。

国家的なコミュニティーというものを想像してみること

国民国家とは、アイデンティティと何かに所属をするということに具現化された近代的な政治単位です。その意味で、「日本」というものは、ある特定の目的意識やアイデンティティに関する想像力によって作り出

されているものであると考えることができます。国民国家という単位は単純なトップダウン的な構造というだけではなく、その国の人々が自分たちの日常的な生活をどのようなものとして認識しているのか、そのような日常生活がどのように過ごされているのか、そのような人々の認識・生活の実態も反映しているものです。それは、誇り、忠誠心、そして死ぬ理由さえも生み出します。つまり、国家という単位は死ぬことに新しい仕方で意味を与える宗教的な役割をも持っているということです。国民国家を、自分自身を含む多くの「プレイヤー」が関わる複雑な進行中の「プロジェクト」として見ることもできます。国民国家は一度限りの創造物でもなく、その意味についての再構築を常に必要とし、そしてまた、その意味は時間の経過とともに変化していくというようなものです。

　ベネディクト・アンダーソン（Benedict Anderson）は、国家をある一つの「想像上の共同体」として語っています[*4]。彼は、「国家性」の構築をある文化的な人工物と見なしており、それは私たちに所属、忠誠心、合法性という感情的感覚を与えるものだと考えています。彼の主張は、国家的なアイデンティティというものが、学校教育、家族関係、学校のクラブ活動、PTA組織、スポーツクラブ、マスコミ・知識人・臨床心理士といった人たちとの交流、スポーツイベントなどの実際の日常的な慣習を通じて具体化され、学ばれていくという事実が根拠になっています。ある国家的なコミュニティを想像することは、自分自身を超越する道徳的なコミュニティを想像するということです。この超越性と道徳性によって、国家は神聖なものとなり、侵すことのできないものになっていきます。これはある特定の人々についてことではなく、所属とアイデンティティに関する一般化された考えです。国旗を燃やすことは、衣服を燃やすことよりもはるかに強い感情的な反応をもたらすでしょう。この想像上の共同体によって、国家というものは成立しているわけです。

　しかし、国家というものは全ての人にとって同じような意味を持つも

のなのでしょうか？　歴史家は近代国家の成立を、関係する当時の世界情勢などを考慮にいれながら、一種、客観的な考察することができるかもしれません。一方で、国家主義者たちは自分たちの国家が何か優れた遺産を維持しているものとして、国家を理解しようとするかもしれません。国家というものを意識することは、何らかの国家的危機を迎えなければ、意識的に感じるものではないかもしれません。2012年に日本と中国の間で起こった尖閣諸島・釣魚群島の領有権についての問題は、それぞれの国の人々が持った「国家」というものについての意識・考えが、彼らの社会的行動の強力な動機付けとなることを示す事例であったと思います。

　国家という概念には、大きな矛盾、逆説、不整合がつきまとっています。超越性と神聖さというものを持つとされる国家を想像することは、似たような性質を持つとされている宗教について考えることと比較をして考察することができると思います。しかし、それが社会・文化的概念である国家というものが普遍性を持つということを、どのように論理的に示すことができるのでしょうか？　国家というものは実際には誰を代表しているものなのでしょうか？　ナショナリズムは、政治動員に大きな力を発揮します。同時に、それは一種の空虚な哲学的システムでもあるわけです。

　では、なぜ上で挙げたアンダーソンは、国家を単に「偽なるもの」ではなく「想像上のもの」と呼ぶのでしょうか？

　それは、たとえ最小の国でさえも、誰もその国のすべての人に会ったり、話を聞いたりすることはないという事実に基づいています。それと同時に、そのような決して直接的には出会わないそれぞれの人の心の中に、共通の「国」という概念があるわけです。その国に属していない人は排除されてしまうような概念が。これを単に偽りの発明品として却下することもできるかもしれませんが、そうなると真偽の単純な二元論が持つ欠点へと引き戻されてしまいます。したがって、（国家も含めた）コ

ミュニティというものを、その虚偽／本物で区別するのではなく、他の構成的なものと同様に、歴史的生産性という観点から考えることもできるのではないかと思います。

日本とマジョリティーの文化

　「日本」や「日本文化」という概念について、これらの一見わかりきっている概念についてもう一歩深く考える重要性について指摘しました。「文化」という言葉は、人や社会の慣習を定義する時に使われる一般的な言葉ですが、この言葉を、たとえば「社会」という言葉のように、説明の一形式として使うことができるでしょうか？　この問いについて、特に日本の場合を考えながら、どのように「文化」が国家のアイデンティティ構築に複雑な仕方で関係しているか、考察していきます。

　ルース・ベネディクトの有名な『菊と刀』、この魅力的な本は日本という国を知ることを容易にしてくれたものでした。それは1948年にアメリカの占領下での激しい国家自己批判の時代に日本語に翻訳された。それはまた、日本で最も人気のある人類学の本となりました。

　この本は、ア・ヒストリカル（非歴史的）な仕方で、時代を超越した日本の文化というものを提示しましたが、それが包含する本質主義（essentialism）のために批判もされてきました。本質主義によると、ある特定の文化的特徴がその社会の歴史においては常に存在しているとされます。社会批評家の青木保友は、『菊と剣』は戦後日本の新しい伝統を作り出すことに貢献したと言っています（『日本文化論の変容：戦後日本文化とアイデンティティー』中央公論社）。この本は日本研究だけでなく、戦後の日本自身のイメージを形作ることにもなりました。

　『菊と刀』における「刀」についてですが、これは一見すると何か攻撃的なものを表すようにも思えますが、ベネディクトはこれを名誉と義務を認識している自己責任者の理想を象徴するものとして理解しました。一方、「菊」は日本文化の恐ろしい面を表すものとして理解されている。

第8章 "グローバルな視点"から考えるとはどういう意味か　135

庭園が自然をあるパターンにはめていく強制の場であったことがイメージされているわけです。この2つの象徴的なイメージから、ベネディクトは、内的な良心によって動くのではなく、外からの指示を待っているものが大多数を占める社会という日本のイメージを描きました。

ベネディクトは、日本人（そしてアメリカ人）の行動を説明することができる総合的な構造として、「恥」と「罪悪（感）」の文化というものを提唱しました。恥の文化においては、社会的な名誉が最も尊ばれます。対照的に、「罪悪感の文化」においては、人々は内在的に持っている罪についての信念に従い、自分の良心に従うように模索します。1945年以前の日本の道徳教育の教科書についての分析からベネディクトはこのように論じ、日本文化には、自由の精神、自由主義の概念というものがなく、むしろ、何か具体的な道徳的原理は存在していないと結論づけています。

アメリカと日本の文化を説明するものとして提唱されたこの「罪悪感の文化」と「罪の文化」という考えは一定の流行になりました。学者たちはこれらを議論し、その中で、このような理解が戦後の日米関係の文化的なパラダイムとして確立していきました。

このような過程を経て、複雑な歴史は一つの単純な「公共的な恥」という社会的な構造物に簡略化されていきました。これにより、日本が戦争を起こした理由も、簡単に説明されてしまいます。つまり、植民地時代の支配構造、各国間の争い、市場や資源の状況など、歴史の詳細に触れることなく、戦争の原因が米国とは全く異なる文化を持つ国の一つの文化の表現であったと説明されていくわけです。つまり、日本の軍国主義が日本の文化であるとされていくということです。このような説明は今日の日本政治においてもさらに複雑化した形で残っていると思います。

理想的な規範と実際の行動には本当に一貫性はあるのか？

各国の国民性についての調査の一環としての日本の国民性の研究は、

その国が内在的に持つ文化的特性という観点からの説明に焦点があてられてきました。このような研究においては、理想化されたその国の規範のようなものと、実際の人々の行動の間に一貫性があることが想定されています。では、そのような規範と実際の行動にはどのような関係があるのでしょうか？　すべての日本人は本当に同じような行動をとるのでしょうか？

　中根千絵の『タテ社会の人間関係』(1967)[*5] は、規範と行動の一貫性を前提としている最も影響力のある研究の一つです。この本では、集団性、和の重視、階層の遵守というユニークな感覚を持つ人々としての日本人論が紹介されていきます。中根は日本を「タテ社会」と表現し、場や「フレーム」（文脈グループ）や「属性」によって日本社会がどのように形作られていくか、分析しています。この本では、日本社会は主に権威主義的な階層的な枠組みによって構成されていると見なされています。

　　日本の生活が根底にある社会的規範であるため、地位付けの意識がなくても、日本では人生を円滑に進められない[*6]。

このような論調について、たしかに日本に精通している人ならば、日本において社会的地位や階級が重要な役割を果たしていることに同意するかもしれません。しかし、このような枠組みによって全ての日本人の行動を説明することができるのでしょうか？

　ロジャー・グッドマン（Roger Goodman）は 1984 年の日本製鉄の労働者マニュアルを使って、日本企業が日本の文化的プロファイルを使って労働組合の要求にどう対応しているか、明らかにしています[*7]。日本本来の調和的な傾向から、より支配的な相互協力が求められる「家族としての企業」という論理が用いられ、そこから、若い女性の搾取と深刻な乱用に基づいた工業化が進められていきました。時代が移り、雇用者

に対して会社内での役職・出世の見通しの公表や長期雇用の保障が義務付けられるようになり、その中で、忠誠心に代わって年功が重要なものとされるようになり、それにより、典型的な日本の性格特性としての「家族としての会社」という考えが新しい形で促進されることになりました。1980年代に日本が経済力を高めていく中で、このような考えが日本の「伝統的精神」とされていきます。

　日本人論の生産は、有力な学者、出版社、エリート大学によって、しばしばそれが産業界や政治の世界とも協力する形で、行われ続けていきました。先に挙げたベネディクトの日本文化に関する分析は、日本に関する国内外の支配的な神話を作り出したある種の特別な知識生産の一部であったわけです。このような背景で様々な考え方・理論が提唱されているため、近年の日本研究は複雑なものになってきています。

日本は実は多文化国家？

　日本を同種のグループとして描写しているこのような支配的な考えもあるわけですが、果たして、日本人は本当にそのような一つのグループに振り分けることができるような人々の集まりなのでしょうか？

　日本における少数民族という観点から見ると、アイヌ、沖縄人、在日朝鮮人、部落民などについて考察することになります。ジェンダーの視点から考えても、日本人が持つとされる同質性のイメージが大きく変化することになります。大多数の文化を代表する典型的な「日本人」と呼ぶことができる人の割合は、わずか25％にすぎないかもしれないという研究もあります[*8]。さらに、新宗教に属する人たちについても、一つのマイノリティーグループとして見なすことができ、これも日本についての認識を変える一要素になると思います。グローバルな視点からものを考えるためにも、あるグループの人々がなぜマイノリティーとして分類されるのか、その理由について考える必要があります。このことは、権力関係、アイデンティティ政治、国民国家の建設について、どういう

ことを教えてくれるでしょうか？「多文化主義」はしばしば社会的な福祉に貢献するものと見なされる傾向がありますが、21世紀における一種の差別化の方法でもあることを忘れてはならないと思います。

　（創価大学で提供する）「グローバルな日本の研究」の授業では、安逸な一般化を慎みつつ、たとえば以下のようなトピックについて民族誌学的（ethnographical）なアプローチを用いて学んでいきます。都市部におけるコミュニティ、環境問題、新しい社会運動・活動、政治参加、結婚・子育ての形態の変化、宗教団体、職場の文化と実践、経済不況の影響、変化するジェンダーの規範と新しい男性性、教育と学校教育、マスメディアと公共的理性と移民の問題、アイデンティティとマイノリティーの文化についての問題、そして世界の経済・文化システムへの日本の関与など、これら広範囲にわたる問題について学んでいきます。このようなアプローチは「現代国家」の人類学と呼べるもので、これは、国家という枠組を超えた、それでいて植民的な側面も持つ、日本のルーツを探る探究であり、ここまでで議論してきたような複雑さも持つ「日本」というアイデンティティーを確立するとはどういうことなのか、このことを問う探求ということになります。

4 ● 結びに──苦しみに焦点を当てるだけではなく、それを超えて動き始める

　ここまでで、個人と社会・政治に関する複雑な関係について見てきました。ある文化の特徴を考える場合に一種の理想化は避けることができませんが、人々がそのような理想的規範に基づいて行動するかどうか問うことは、人々の生活の現実をより深く理解することにつながります。民族誌的な研究によって明らかにできることは、社会を構成する個人は理想化された規範にただ従うだけの単純なものではないが。しかしながらそのような規範にやはり何らかの仕方で関わっているということです。

　このような社会的現象について批判的思考を働かせることは、単にそ

れを批判するだけではなく、それがどのように生まれ、どのように人々と関わるのか、そして、個々の人々の対処の仕方にはどのような違いがあるのか、検討していくことです。

　「社会」、「文化」、「宗教」、「科学」、「世俗性」、「ポピュラーカルチャー」、「ジェンダー」などの用語は、多くの場合、その意味するものが明確ではないわけですが、この曖昧さについては見過ごされがちになります。これらがどのような歴史的経緯を経てある一定の意味を持つようになったのか、その意味がなぜ「自然」なものとして見なされるに至ったのか、探求していく作業はとてもエキサイティングなことでもあります。そのような過程を経て得られた深い洞察によって、たとえば日本と他の文化との比較ということも可能になってくると思います。

　より大きな問題として、私の議論を支えるアイデンティティの断片化と標準化の共時的なプロセスということがあります。グローバリゼーションは、インターネットとソーシャルメディアの発達によって、急速に進んできています。共通する地球的規模の危機を前にして、私たちをつなぐ「人間」なるものの共通点とは一体なんなのでしょうか？急速な社会変化の時代である現代では、私たちの行動が遠く離れた地球の裏側にいる誰かに影響を与えることもおおいにありえます。その中で、多くの人々が直面している「苦しみ」に焦点が当てられ、その苦しみに関する様々な批判が行われています。これは学問の世界にも共通していると思います。これは、意気消沈感、退位感、怒りつながります。「苦しんでいる人々」に焦点を当て、そのことについて文書化していくことは非常に重要ですが、このことは「良いこと」は何も起こらないというような印象も私たちに与えかねないものです。では、次に起こることが予想される「良いこと」に焦点を映してみると、どのようなことになるでしょうか？

　社会人類学においては、社会生活の過程としての道徳、倫理、価値観を考える新しい方法として、「良さ・善」に焦点を当てるという手法が

新たな学問的方法として注目を集めています。「共通善」や「良さ・善」の概念の使用は、経済学、社会学、宗教学、神学など他の学問分野においても注目度が増しています。これまでの「苦しんでいる主体」に焦点を当てる手法ではなく、「善」という概念に注目することによって、新しい理論的研究を進めることができるでしょうか？「善」という概念は、分析的・概念的に生産的なものでしょうか？「善」が人間の条件に内在するようなものならば、ではその善とは世界のどこにあるものなのか、問わねばならないと思います。このような問いを探求するには、権力と文化についての歴史的プロセスを理解するという世界的な視点を必要としますが、それに加えて、人類のための「価値創造」の場所と実践を構成するものに関する考察も必要になってくるでしょう。グローバルな視点からものを考え、実質的な意味で差異を尊重することを達成するために、自分自身の概念とこれらのアイデンティティの歴史との間にあるパラドックスに目を向け、私たちの中にある苦しみ以上の何らかの共通点を見出していく必要があるのだと思います。

注

* 1　Herzfeld 2010, *Current Anthropology Vol. 51, Supplement 2*, October pp. S259–S267）.
* 2　Ferguson 2009. 'The Uses of Neo-Liberalism'. *Antipode* Vol. 41, No. S1, pp. 166–184.
* 3　Kingsnorth 2017, Confessions of a recovering environmentalist. London: Faber and Faber.
* 4　Anderson 1991, *Imagined Communities: Reflections on the Origin and Spread of Nationalism*. London: Verso.
* 5　この著作の英語版は 1970 年に Japanese Society（Penguin）というタイトルで発刊されているが、英語版の内容と日本版の内容には少し異なる箇所がある。
* 6　同 p. 61.
* 7　Goodman 2005, 'Making Majority Culture', in Roberts, J (ed.), A Companion to the Anthropology of Japan. Oxford: Blackwell, pp. 59–72.
* 8　Mackie 2003, *Feminism in Japan: Citizenship, Embodiment and Sexuality*. Cambridge: Cambridge University Press 及び Goodman 同上。

Act Locally

文系の理論は,実践に役立たないのか?

第9章
哲学は社会に何を提供できるのか

蝶名林　亮

1 ●「哲学は実践の役に立つのか？」という問い

　「文系の学問なんかやって本当に社会の役に立つのですか？」。こんな質問がしばしば私の耳にも飛び込んできます。私が取り組んでいる哲学という学問分野は日本の大学機構の中では文系ということになっていますので、いろいろと考えてしまう問いです。
　この問いをわが身に引き当てて考えてみると、「哲学をやって社会の役に立つのか」という問いになります。
　実はこの問い、二つの異なる解釈があると思います。一つ目は「哲学を学ぶことは実践の役に立たないのか」という問いとして解釈することです。もし問われていることがこの問いであるならば、比較的簡単に「哲学は実践の役に立つ！」と主張することができると思います。
　「哲学を学ぶ」とは、そもそもどういうことでしょうか。哲学と言えば、「プラトン、デカルト、カントなど、歴史上の哲学者たちが遺した古典を学ぶもの」、というイメージを持っておられる方も多いかもしれません。確かに、古典をじっくりと読み込むことは哲学を学ぶ上で非常

に重要です。ただその中で、過去の哲学者たちが取り組んでいた問題について考え、それを参考にして現在私たちが抱えている問題と格闘することも、哲学に取り組む上で大事な点であると思います。

哲学の場合、問われている問題自体を理解するのにも少し苦労がいりますが、哲学的な問いを理解して「さあ、問題に取り組むぞ！」となった時に必要な能力にはどのようなものがあるでしょうか。たとえば、「誰もが受け入れるような道徳の決まり・道徳原理はなんだろうか」という問いを考えることになったとして、このような問いを考えるために必要な能力とは何でしょうか。

第一に挙げられる能力は、「様々な可能性を考えることができる能力」であると思います。「誰もが」受け入れるものを考えるとなると、文字どおり、ありとあらゆる人のことを考えなければなりません。そのような全ての人の可能性を考えるには、「柔軟な想像力」と「豊富な経験」が必要になるでしょう。

次に、「一つ一つの議論の流れを丁寧に確認しつつ、冷静に物事を考える能力」も、哲学的な問いに取り組む際に必要になる能力です。「誰もが」というけれど、これには言葉が話せない小さな子どもや人間以外の生物なども入るのでしょうか。ここで、「子どもが道徳の範囲に入らないなんておかしい！」と噛みつくことも大事ではあるのですが、まずは冷静に、もし子どもが入らないとすると、どのような決まりが大人たちに受け入れられるのか。もし話ができないほど幼い子どもたちもこの問いの射程に入っているのであれば、彼らの意見はどのように知ることができるのか。たとえば、彼らの保護者を彼らの代弁者と見なすことできるのか。このような問いを、一つ一つ順を追って考えていく必要があるでしょう。

豊富な経験を使いこなす柔軟な発想力を持ち、そして、それらを使って冷静に物事を考え、ある結論を導き出せる。哲学をやって身につけられそうな能力とはこのようなものです[*1]。さて、このような力を持っ

た人は社会の役に立たないでしょうか？　もちろんそんなことはないと思います。むしろ、会社の人事部の方々はこのような人材を求めていることも多いのではないかと思います。その場限りのアイデアではなく、様々な可能性を考え抜いた末に最高の提案ができる人は、どのような業界でも重宝されるのではないでしょうか。

　実際に、哲学教育がビジネススクールの重要な科目として真剣に学ばれている事例がいくつかあります。早稲田大学のビジネススクールには「組織と哲学」という授業があったそうですし、三井物産が設立したビジネススクールでもプラトンやアリストテレス、西田幾多郎など、哲学の古典が教材として使われているそうです[*2]。

　このように考えると、「哲学を学ぶことは実践の役に立たないのか」という問いに対しては比較的簡単に「ノー！」と言えることがわかってきます。

　ここで話が終わってしまうのならば私としてはありがたいのですが、大学で哲学を学ぶことの重要性を疑問視する人は、むしろ次のように反論してくるでしょう。「哲学を学ぶことはわれわれの考える力を磨くことになるから実践の役に立つことはわかる。しかし、本当の問いはこのような問いではない。本当の問いは、哲学研究者と称する人たちが大学や研究機関に所属して、国からも補助金をもらいつつ、本格的な哲学研究を行うことは、何らかの意味で、実践の役に立つと言えるのだろうか、という問いである」と。

　この問いは私を含めた哲学研究者への難問だと思います。確かに、大学や研究所で哲学研究がなされることにどのような意義があるのか、はっきりしないところがあります。薬学と比較して考えてみましょう。大学や研究機関で難病治療のための薬の開発に取り組むことには、明らかな利益があるように思えます。そのような薬の開発に成功した場合、多くの人々の苦しみが取り除かれるわけです。そう思えば、多くの財を薬の開発のためにつぎ込むことには価値が見出せるように思えてきます。

一方で哲学の研究はどうでしょうか。薬学の事例のような、あきらかな良い利益を生み出すようなものなのでしょうか。

この問いに対して、哲学諸分野から様々な異なる反応があると思います。「皆がよく理解していないだけで、哲学は明らかに大きな貢献を社会にしてきた。たとえば、コンピューターは理論的な哲学の発展なくしては生み出されなかった」というような反応もあるかもしれませんし、「そもそも社会が期待しているような利益を生み出す必要などない。学問とはそのような利益を追求してなされるものではない」という反応もあるかもしれません。

どのアプローチも興味深いところですが、ここではひとまず私が専門的にやっている「メタ倫理学」という哲学の一分野をご紹介しつつ、この学問をやることが上のような意味で実践の役に立つと言えるのか、考えてみたいと思います。

2 ● メタ倫理学と自然主義

私がこれまでに専門的に勉強してきた分野は「メタ倫理学」という分野ですが、耳慣れない言葉なのではないかと思います。「倫理学」という言葉が入っているので、倫理や道徳に関することに違いはないのですが、では、これに「メタ」が入るとどういう意味になるのでしょうか？

メタ倫理学がどういう学問なのか知るためには、通常の「倫理学」と呼ばれる学問がどのようなことを探求しているのか、確認してみるのが近道だと思います。倫理学とは、「どのように人生を生きるべきか」「正しい行い、悪い行いとは何か」などの問いを探求する学問です。これらの問いに、「なるべく多くの人が喜ぶように生きるべきだ」「悪い行為とは相手を単に手段化してしまうものだ」というように、いわば直接的な答えを与えようとするのが通常の倫理学です。このような分野はしばしば「規範倫理学」と呼ばれています。

一方で、倫理学の探求の中で出てくる問いについて、「これらの中で出てくる『べき』『正しい』『悪い』などの言葉はそもそもどういう言葉なのか」、「これらの言葉は何か客観的な定義があるような言葉なのか、それとも、私たちの好悪の感情や方針を表明するための言葉なのか」、「客観的な定義があったとして、それはどのように知られるのか」、このような少し間接的な問いを探求しているのがメタ倫理学という分野です。

　メタ倫理学的な問いは西洋哲学の歴史の中で古来より論じられてきたことなのでこの学問領域は古い歴史を持ちますが、「メタ倫理学」という言葉が使われ、規範倫理学とは異なる学問領域として意識的に研究されるようになったのは二十世紀に入ってからです。

　日本語でもこの分野での研究書、入門書は色々と出ていますが、最近、『メタ倫理学入門』（勁草書房、2017 年）という本を出版されました。私の説明も良いですが、この本をご覧になって頂けるとこの分野ではどのようなことが探求されているのか、大まかな理解が得られるのではないかと思います。

　この本の中でも紹介されている考えなのですが、私はメタ倫理学の論争の中で議論の的になっている「自然主義的な道徳的実在論」（以下では自然主義と略記）という考えに興味を持っています。この立場によると、「良い」や「べき」という言葉は、「水」や「金」のように経験的な探求を進めることによって徐々に客観的な定義を与えることができる言葉であるとされます。つまり、金の分子構造が徐々に明らかにされることによって「金」の正しい定義とそこで示される金の特徴（原子番号 79 番の元素、相対的原子量約 196.97、約 20 度の室温における密度 19.3g/cm^3 など）が発見されたように、「良い」「正しい」「正義」「勇敢さ」「べき」などの倫理・道徳に関係する言葉にも客観的な定義を与えることができる、ということです。このような考えは簡単な言葉で言うと、「倫理学は科学のようになれる」という主張になるかと思います。

　倫理学が科学と同じように観察や実験によって進歩が可能であるとす

る自然主義について、西洋哲学の歴史の中ではシンパシーを持つ人もいれば、強い抵抗感を持っている人もいます。この両者の意見の相違は、現代メタ倫理学においても重要な論争の一つになっています。

私はこれまでに自然主義を擁護するという観点から研究を行ってきました。その成果を『倫理学は科学になれるのか』（勁草書房、2017年）という本にまとめました。

倫理学の探求の営みを注意深く見てみると、理論選択の場面で経験的知見が重要な役割を果たしていることがあります。

その一つの例をご紹介したいと思います。規範倫理学における有力な立場としてしばしば提案されるものに「徳倫理学」という考えがあります。この考えによると、われわれに課されている規範は勇敢や慈悲、知恵などの美徳によって基礎づけることができるものであるとされます。「われわれはどのように生きるべきか」という問いに対して、「私たちは勇敢であるべきだ」「私たちは慈悲深くあるべきだ」「私たちは知恵を持つべきだ」というように美徳に訴えて答えることが適切な対応であるというのが、徳倫理学の考え方です。

徳倫理学で想定されている勇敢さ、慈悲深さなどの徳は、それを持つ人が有徳な行為をすることを可能にする安定的な性格特性であるとされます。このような徳に関する想定に対して、次のような社会心理学の知見に訴える反論がしばしば提出されます。

1963年にアメリカの心理学者のミルグラムが発表した論文の中で次のような実験の結果が報告されました。実験のために集められた被験者は「教師役」となり、別の部屋にいる（実は役者である）「生徒役」のもう一方の人に対して問題を出していくように指示されます。与えられた問題に対して生徒役が間違った回答をした場合、教師役の被験者は生徒役に対して電気を流すことになっています（これも実際には電気は流れていません）。誤った回答がなされる度に、電気の強度は少しずつ上がっていくという説明を、被験者は受けます。電気の強度が上がっていくた

びに、生徒役の人が出す声は苦しみに満ちたものになっていきます。実際には生徒役の人に電気は流れていないのでこの声は演技です。ただ、教師役の被験者には別の部屋にいる生徒役の人の姿は見えず、声だけが聞こえるようになっているので、被験者は自分によって電気が流されており、それに対応して生徒役の人が苦しみの声をあげている、と思っています。電気がかなりの強さになると、生徒役の人は壁を叩いて苦しがるという迫真の演技を行いました。被験者がもうこの実験を続けたくないと言い始めた場合、主催者側の人が「続けてください」「この実験のためには続けてもらう必要があります」「他に選択の余地はありません、あなたは続けなければなりません」などと言います。このような説明を受けてもなお実験をやめたいと言った場合、実験は中止されることになっていました。

　実験の内容は以上のようなものですが、さて、どのような実験結果が予想されるでしょうか。電気の強度に比例して強まっていく苦しみの声を被験者は聞かされるわけなので、「多くの被験者がある程度の段階で実験を中止するだろう」というのが当初の予想でした。ところが、実際の実験においては相当数の被験者が最大級の電気ショックを与えるところまで実験を続けるという驚くべき結果になりました。つまり、多くの人が、壁の向こうにいる人が相当な苦しみを受けているという認識を持っていても、それを止める行為をしなかった、ということです。

　これは少しショッキングな気もしてくる実験結果ですが、この実験結果はどのように解釈されるべきなのでしょうか。なぜ多くの人たちが実験を続けて他者を苦しめるという選択をしたのでしょうか。もし被験者が善い人間、つまり、徳を持った人たちであったならば、このような実験結果にはならなかったはずだ、この実験ではたまたま被験者が悪徳を持った悪い人間だったのだ、と説明することもできるかもしれません。ただ、たまたま実験で集められた人たちが皆悪人だったと想定するのは少し難しいように思えます。別の説明として、人の行動は私たちが持っ

ている徳や悪徳などの性格特性に起因するものではなく、置かれた環境によって決まるものだ、というものが考えられます。つまり、被験者たちが特別に悪い人間であったからこのような実験結果になったわけではなく、被験者たちがおかれた状況（「これは実験です」と言われたことなど）が彼らの行動の大きな要因になっていたということです。

　このような解釈からさらに進んで、このような実験結果は徳倫理学が想定している安定的な徳の存在を否定するものだと主張する哲学者たちがいます。たしかに、もし私たちの行動が私たちの性格に起因するものではなく置かれた環境によるものだった場合、「あの人は勇気がある人だから困難に負けずに人助けをすることができたのだ」というような人の性格に訴える説明は間違っていることになります。そうなると、そもそも私たちが「勇気」「慈悲」という言葉で表現している安定的な性格なるものは実は存在しない、と考えることも無理筋ではないように思えてきます。

　この議論自体には様々な問題点があることが指摘されています。ミルグラム実験などの社会心理学の実験結果の信頼性を疑問視する声もありますし、これらの実験結果がたとえある程度の信頼性を持っていたとしても徳倫理学が想定しているような徳の存在を否定する必要はないという主張もあります。

　ただ、ここで私が注目したいのは、この事例が倫理学と科学の間柄が密接なものであることを示している点です。「どのような人間になるべきか」という倫理的な問いを考える場合、まずはどのような人間になれるのかということを考えなければなりません。そうなると、上で示したような社会心理学的な知見をどうしても参照せざるを得なくなります。ということは、倫理学をやる上でも科学的な知見に訴えざるを得なくなり、場合によっては科学的な知見によってある倫理学説に対して深刻な反論を与えることもできるということになる。つまり、観察や実験が倫理学を進める上でも重要な役割を果たすという自然主義的な考えに見込

みがあることになる、ということです。

3 ●「倫理学は科学になれるのか」という主張には重要性があるのか

　私が専門的に取り組んでいるメタ倫理学という分野、そして、そこで提案されている自然主義という考えについて、簡単にご説明しました。ここで、そもそもの問いに戻ってみましょう。このようなメタ倫理学的な探求は何らかの意味で実践の役に立つのでしょうか？　果たして、メタ倫理学は社会の役に立つような学問領域なのでしょうか？

　この問いに答えるために、哲学的主張の価値を考えるのに良い手がかりになりそうな、面白い議論を紹介したいと思います。

　コーネル大学の哲学科で長く教鞭をとったニコラス・スタージョンという哲学者がある論文の中で、コーネル大学の学生の良き伝統として次のような話を紹介しています[*3]。それによると、コーネル大学の学生たちは授業で学ぶ哲学的主張に対して次の二つの反応をして、その主張の価値を問うと言うのです。一つ目は「え、そうなの？（Oh Year?)」という反応です。この反応が与えられる哲学的な主張は何らかの意味で重要性を持つものであり、だからこそ、「え、そうなの？」という反応をしてしまうというわけです。二つ目は「だから何？（So What?)」という反応です。ある哲学的な主張が与えられたとして、それが真であっても偽であってもさしたる問題にはならないというのが、この二つ目の反応の要点です。

　たとえば授業で私が長期休みの間に友人と会ったことを延々と話したとしましょう。その会話の中で何か重要なものがあれば「え、そうなの？」という反応がくるかもしれませんが、教員の個人的な話を聞かされても普通は「だから何？」という反応をせざるを得ないでしょう。一方で、もし「東京都内に住む人と首都圏外に住む人とでは生涯で得られるお金に大きな差が出てくる」と言われたら、「だから何？」ではなく、

「え、そうなの？」という反応をする人が多いのではないでしょうか。

　哲学的な主張もこのような反応の違いという観点からその価値を問うことができるかもしれません。哲学における古典的な問題に自由意志と決定論についての問いがあります。自由意志とは、私たちが私たち自身の決定によって行為を行う能力であり、この能力があるからこそ、私たちは私たちの行為に対して責任を持つことができるとされます。一方で、決定論によると、この世界の出来事は、過去の出来事と世界を支配する自然の法則によって決定されるものであるとされます。このような考えと自由意志は両立しないかもしれません。というのも、もし世界の出来事が過去の出来事と自然の法則によって決定されるものであった場合、私たちの決定やそれに起因する行為も関係する過去の出来事と自然の法則によって決まっていることになります。過去の出来事や自然の法則を変える力を私たちは持っていません。そうなると、自分の決定によって行為しているという自由意志を前提にした考えに疑義が差し挟まれることになるというわけです。

　このような問題に対して「だから何？」と反応する方もいるかもしれませんが、よく考えていくと簡単に「だから何？」と切って捨てることができないことが明らかになってきます。もし決定論が正しく、私たちは自由意志なるものを持っていなかったということになると、自由意志に起因すると考えられている道徳的責任もなくなってしまうことになるかもしれません。そうなると好き勝手に悪事を働いている人の責任を問えなくなってしまいます。この結論はさすがに「だから何？」といって終わらせることができるものではないでしょう。

　このような仕方で哲学的主張の価値・重要性を問うことができるわけですが、では、「倫理学は科学と同じように観察や経験によって進歩するものである」という主張は「だから何？」という反応にさらされるようなものなのでしょうか。それとも、「え、そうなの？」という反論に値するものなのでしょうか。

私は自然主義の主張は「え、そうなの？」という反応に値するものだと考えています。それは、自然主義が正しい主張であった場合、われわれの倫理的な問題へのアプローチは大きな変化を強いられるはずだからです。

　倫理学が科学のように進歩するものであるということになると、常識的に考えられている倫理や道徳に対して、疑いの目が向けられるようになることが考えられます。それはちょうど私たちが常識的に持っている世界観と科学が描く世界の在り方との間にギャップがあることと類似的に考えることができると思います。先ほども出てきた例になりますが、金の質量は約 20 度の気温の下では約 $19.3\mathrm{g/cm^3}$ とされています。このことを私たちはどのように知ることができたのか。それは、物質の質量に関する地道な研究の成果のおかげです。金の質量に関する観察・実験が重ねられて、私たちは金に関する適切な知識を得ることができているわけです。重要な点は、このような金に関する知識は、私たちが常識的に持っている「金」という概念をいくら分析してみたところで出てくるものではないということです。つまり、私たちが持っている金の常識と、科学者たちが研究を重ねてたどり着いた金の本性についての知識の間には、ギャップがあるということです。倫理学が科学と同様に観察や実験を通して進歩していくということになった場合、私たちが常識的に持っている道徳観・倫理観と、私たちが従うべき「本当の」倫理・道徳の規範の間には、似たようなギャップがある可能性が出てきます。上で議論した徳倫理学と社会心理学の事例はまさにそのようなギャップの例であるかもしれません。もしミルグラム実験のような社会心理学の知見を真剣に受け止めた場合、われわれが日常的に表現する「親切な行為」などというものは実は存在しないということになります。このことは私たちの常識とはかなりかけ離れた考えですから、大きなインパクトがあると思います。

　自然主義的に倫理学を進めていった場合、倫理において基礎的な概念

として受け入れられているものの内実が明らかになり、その結果、基礎的な概念の中には重大な誤謬が含まれているものがあることがわかるかもしれません。「正しい」という概念について考えてみましょう。この概念は倫理・道徳を考える上でとても基礎的な概念だと思われていますが、探究を進めていった結果、「正しい」という概念で指されるようなものはこの世界には実は存在しないということがわかるかもしれません。このことは、かつて科学の世界でその存在が想定されていた「燃素」や「エーテル」が実は空虚な概念であったのではないかと疑われていったことと類似的に考えることができると思います。一方で、（人間にとっての）「良さ」や「価値」という概念で指されるものはその内実が明らかになってくるかもしれません。もしそのようなことになった場合、倫理・道徳の基礎に置かれるものは人間の価値や幸福というものであり、それらを犠牲にする場合をも許容する「正しさ」なるものは、経験的見地から見て適切ではない、という結論にいたるかもしれません。

　これらはまだ仮説にもなっていないような単なる空想ですが、このような形で倫理に関する常識に疑いの目が向けられる可能性を考えると、メタ倫理学的な主張に対して「だから何？」と言って切り捨てることはかなり難しいと言えるのではないでしょうか。

4 ● 倫理学からの直接的な社会への呼びかけ

　倫理学といえばメタ倫理学よりももっと直接的に社会に訴えかける「応用倫理学（applied ethics）」や「実践倫理学（practical ethics）」という名前で呼ばれている分野もあります。これらの分野は社会の中で私たちが実際に遭遇する問題に取り組んでいるため、メタ倫理学よりも一層明確に「え、そうなの？」という反応が期待できる分野になっています。

　最近はメタ倫理学だけでなくこのようなより実践的な分野についても研究を進めています。その中には、医療に関係する倫理的な問題を扱う

医療倫理についての研究、医療倫理とも関係する自殺についての研究などがあります。

　これらに加えて、創価大学の福祉専修過程の先生にもご指導を賜りつつ、福祉の世界と倫理学の関係についても勉強を進めています。福祉という分野は、介護施設や福祉行政など、多岐に渡るものですが、この分野についていろいろと調べていくと、明らかになっていなかった倫理的・道徳的な問題が隠されていることがわかってきます。たとえば、介護施設で働く人たちは、利用者の方々から「もう人生に絶望してしまった」などの思いもよらない相談を受ける場合があるといいます。赤の他人がこのような相談を受けた場合、関わりたくないと思ってそっとその場を離れることができるかもしれませんが、福祉のプロである方々はそうはいきません。かといって、どこまで利用者一人ひとりに関わるべきなのか、その線引きや対応の仕方については簡単な答えが用意されていません。ここで問われていることは「…な場合、福祉に携わるものとして、どのような対応をするべきか」という「べき」が出てくる問いなので、理論的な倫理学の知見も参考にしつつ、答えを探していくことになります。

　このような研究にも今後は取り組んでいきたいと考えていますが、これは哲学が社会にできるわかりやすい貢献だと思います。福祉の事例が示していることは、哲学や倫理学の知見を参照することで、これまで見過ごされてきた倫理的・道徳的問題を明らかにすることができるということです。倫理的・道徳的問題はその分野の関係者に関わる重要問題ですので、このような貢献をする哲学・倫理学に対して、「だから何？」という反応をすることはできないように思います。

5 ● 哲学はグループワーク！

　以上が「文系の学問は実践の役に立つのか」という問いに対する哲学

分野からの私なりの応答です。私の応答をまとめると、①哲学を学ぶことは社会で過ごすための重要な思考スキルを身に着けることにつながるので役に立つ、②多くの哲学研究は「え、そうなの？」という反応に値するような私たちの常識に変更を求めるものになる場合があるので、大学や研究所で本格的に研究がなされる意義を持つものである、ということになるかと思います。

最後に、哲学という学問が持つ共同性について触れたいと思います。私の大学院時代の先生は「哲学はグループワークだ」とおっしゃっていました。哲学という学問は一人で取り組むのはなかなか大変な学問です。だから、一人で閉じこもってばかりいないで、自分で考えたことを仲間に聞いてもらってあれこれとコメントをしてもらう、自分も仲間が考えたことについて議論を挑む、そのような対話を通して哲学という学問は進んでいく、そういう趣旨で、その先生は上のようなご指導を下さりました。

私自身のことを振り返ってみても、自分の拙い考えをまずは誰かに聞いてもらい、それに対していろいろとコメントや指摘を頂き、さらに議論を深めていくという形で研究を行ってきました。哲学が持つこのような対話性・共同性も楽しみつつ、これからも「え、そうなの？」と言われるに値する哲学的な探求を行っていければと思っています。

注
* 1　哲学を学ぶことが思考のスキルを身に着けることにつながるという考えのもと書かれた著作として、伊勢田哲治『哲学思考トレーニング』（筑摩書房、2005 年）を挙げることができる。
* 2　早稲田大学のビジネススクールの事例については「『哲学』が MBA の人気講義になるのはなぜか？」（「ダイアモンド・ハーバード・ビジネス・レビュー」2014 年（リンク先：http://www.dhbr.net/articles/-/2861））、三井物産の事例については「三井物産のリーダー候補生はこんな研修を受けていた！」『クーリエ・ジャポン』2015 年 6 月号をそれぞれ参照。また、日本でも企業向けに「哲学コンサルタント」を行う者もあらわれている。詳しくは吉田幸司『哲学シンキング』（マガジンハウス、2020 年）などを参照。

＊3　Nicholas Sturgeon (1986) 'What Difference Does It Make Whether Moral Realism is True?', *The Southern Journal of Philosophy*, vol. 24, pp. 115-141 を参照。

参考文献

大庭健（2006）『善と悪——倫理学への招待』岩波書店
伊勢田哲司（2005）『哲学思考トレーニング』筑摩書房
佐藤岳詩（2017）『メタ倫理学入門——道徳のそもそもを考える』勁草書房
蝶名林亮（2016）『倫理学は科学になれるのか——自然主義的メタ倫理説の擁護』勁草書房
吉田幸司（2020）『哲学シンキング——「課題発見」の究極ツール「1つの問い」が「100の成果」に直結する』マガジンハウス
Sturgeon, Nicholas (1986) 'What Difference Does It Make Whether Moral Realism is True?', *The Sothern Journal of Philosophy*, vol. 24, pp. 115-141.

第10章
文学作品を愉しむための2つの視点
── 異化、他者化

寒河江光徳

1 ● はじめに

　文学以外の専門の方が、ある文学作品をめぐって専門家のようにしたり顔で話し始める。それを一概に悪いとは言えませんし、今でも時折見受けられる光景です。文学は、ほかの学問領域から侵食されやすい傾向性があります。これはいまにはじまったことではなく、随分前からそうでした。ほかの学問領域ではなく文学という独自の学問について考えてみること。これがこれから行う講義の内容になります。

　のっけからこういう話題をはじめると、文学以外の専門家が文学を語るのはけしからんというように聞こえてしまいます。けっしてそういう意味ではありません。「人間学」とはある意味学際的（インター・ディシプリナリー）な領域です。したがって、そのような狭い了見で物事を捉えてはならない。また、「文学」そのものも考え方によっては学際的な領域とも言えます。なぜならば、そこには狭い意味でのフィロロジー、つまり、文献学を素地にし、言語学、歴史学、哲学の内容を含みますし、地域研究、表象文化論、言語情報といった超域的な学問分野に足を踏み

入れることも多々あります。しかしながら、文学は独自のディスプリンを持ちうるものではないという話をされたら、それに対しても異議を申し立てる必要があるかと思います。

本日、お話をする内容は、前半が文学が学問として成立し始めたのはいつかという話です。後半は、ちょっと違った話をしたいと思います。

2 ● ロシア・フォルマリズムと異化

ロシア・フォルマリズムという文芸サークルについてのお話をしたいと思います。マニフェスト的な論文として、「手法としての芸術」という論文をその先導者であったヴィクトル・シクロフスキーという人が発表したのですが、この論文を発表した年が1917年です。テリー・イーグルトンというイギリス人が次のように述べております。

「今世紀の文学理論が変化しはじめた年を特定するのであれば、それを1917年としても、あながち的外れではあるまい。若きヴィクトル・シクロフスキーが先駆的論文「手法としての芸術」が発表したのがこの年である。」(T. Eagleton. *Literary Theory*. Blackwell Publishers London. 1983.)

シクロフスキーの「手法としての芸術」の発表によって文学研究のあり方が根底的に変化した。歴史の授業で習う1917年はロシア革命の年ですが、我々文学研究者にとっては、「手法としての芸術」発表の年ということになります。

20世紀という時代はどういう時代であったのか。現象学という学問があったり、実存主義、構造主義、記号論、ポストモダン、脱構築と色んな学問流派が盛んな時代でした。21世紀になり今や認知科学、脳科学という時代に入ったと言われています。では、構造主義とはどういう

意味か。構造主義というのは、あらゆる学問、思想体系、集団、生活様式、芸術様式、民族、宗教が、それぞれに閉じた、自足的で首尾一貫あるいは自己完結的な体系性を持っているという考え方です。私たちが正しいとか、間違えているとか、真偽とか価値基準とかを含めて何らかの時代状況的な、自分が住んでいる場所とか、自分が生きている時代とか、クロノトポスによる制約を受けざるを得ないという考え方にもつらなります。つまり、ある人が、何かの視点でこれこれは正しいと論じる。それはあくまでもその視点での話で、それを取り除いて物事を論じることはできない。そのような構造主義的思考方法が20世紀にはあらゆる学問のなかに浸透していきました。そんな構造主義的思考の形成にも大きな影響を与えたロシア・フォルマリズムのお話を最初にさせていただきます。

　フォルマリズムは、形式主義という意味です。では、ここに出ている、ロシア・フォルマリズムとはどういう意味か。それまでの文学とは、（哲学、歴史学、美学、心理学、など）それぞれの学問領域に属しながら、それぞれの観点から文学作品とは何ぞやと考えて、比較的自由に論じることができる分野とも言えました。「文学」という学問領域があるのではなく、それぞれの視点から思い思いに文学を論じていく。これが主流の時代でした。フォルマリズム以前はそれぞれの学問から、ある意味惰性で文学の作品に当てはめて論じていたとも言えるのです。それに対してフォルマリズム以降は学問としての文学が志ざされるようになっていきました。ボリス・エイヘンバウムという人は次のように述べています。

　　「文学に関する学問の対象は文学からではなくて、文学性、つまりある作品を文学たらしめているものである。」（ボリス・エイヘンバウム、「《形式的方法》の理論」『ロシア・フォルマリズム論集』）

　文学を論じるのではなく、文学性を論じる。つまり、構造主義の説明

で述べたように、それが文学作品だというならば、それぞれに固有の文学性を問題にしなければいけないという意味です。作品を文学たらしめている要因。芸術性と言い換えてもいい。

　まず、芸術とは何かということですが、私たちが普段しゃべっている言葉を日常的言語であるとします。日常的言語とは、目の前のことを当たり前のイメージで捉え、当たり前の言葉で話す。これが日常的言語です。「夏は暑い」。当たり前です。「夜は暗い」（笑）。それまでのイメージを文学的な言語あるいは詩的な言語に換える、その基軸となるイメージというものを中心においてみました。イメージとは何かというと、視覚でとらえた情景がフレーミング（断片化）されたものが一部だけ頭にこびりついて、何かに置き換えることです。「急ぎばやに走った」というより「足を急がせた」という方が、肉感的に部位は強調され、より鮮やかな情景を思い浮かべることに成功します。「鳩が軒下で雨宿りをしている」と述べれば天候を示さなくても雨を伝えることができます。ただ、日常的な表現で「今日は晴れております」と言わずに、「お日様は笑っています」とか述べてみる。「夜空に瞬く星のように輝く君の瞳」とか。これもイメージといえばイメージですが、これでは何回も使うことによってだんだん陳腐になってくる。また、一つの国で又は時代状況で使われた比喩やイメージが、場所を超えて、中国、インド、ロシア、チェコなど違う場所でも使われる。さらに時代を超越しても同じような表現が繰り返されるとします。すると、その比喩、イメージの一体何が文学性なのかという疑問の念が湧いてくるはずです。フォルマリズムというのは、そのような使い古された定式（芸術＝イメージ）に反抗しました。先ほどのシクロフスキーの説明によると、イメージにも２種類あることを知らなければいけない。一つは思考の実用的手段として、ものをグループにまとめあげて、わかりやすくとらえるためのイメージ。いま一つは、印象を強めるための手段としての詩的イメージのことです。この２つを理解しない代表格としてポテブニャという文芸学者の考えを

攻撃します。それに対してフォルマリズムは何を考えたか？詩的言語といえど、何度も繰り返すことでだんだんそれは当たり前になってくる。そうならないためにはどういう定式を当てはめるべきかを考えました。その結論として、フォルマリストが考え出した定式が「異化」です。日常的言語を詩的言語に換えるための一番重要なものといえます。

異化はロシア語でОстранениеと言います。では、Остранениеとは何かについて、一緒に考えてみたいと思います。「手法としての芸術」という論文の一部を読んでみましょう。

「私は部屋のなかをふき、あたりを歩きまわっているうちにソファーの近くに来たが、このソファーをふいたのか、ふかなかったのか、どうも思い出せなかった。これらの動作は習慣化し、無意識的なものとなっていたので、私は思い出すことができず、思い出すことはもう不可能と感じたのであった。こういうわけで、もし私がふいておきながら、そのことを忘れてしまったのであれば、つまり、無意識的に行動したのであったならば、それはなにもしなかったも同然である。もし誰かが意識的にみていたならば、それを心の中で再現することができたであろう。もし誰もみていなかったならば、また見ていたとしても無意識的にそうしたのであれば、再現は不可能であろう。また、多くの人たちの全生活が無意識のうちに過ぎていくとするならば、その生活は存在しなかったも同然である。」（シクロフスキイ、「手法としての芸術」『ロシア・フォルマリズム論集』）

これは、トルストイの日記の一節です。トルストイはここで何を言ったかというと、例えば、ソファーを拭く。日常の中でこのソファーを拭いたか。拭かなかったか、わからなくなる。つまり、日常で生活していても、生活している内容に対して、自分の意思で行った感覚、その意識が固定化されていなければ、また、あなたそれやったでしょと言ってく

第10章 文学作品を愉しむための2つの視点

れる人がいなければ、それは、やっていないことと同じです。つまり、意識化するかしないか、一つ一つの行動に対して意識的にその物事に取り組むか、取り組まないか非常に重要なことです。次を読んでみます。シクロフスキーはその問題をわれわれの「見ること」に当てはめます。

>「そこで、生活の感覚を取りもどし、ものを感じるために、石を石らしくするために、芸術と呼ばれているものが存在しているのである。芸術の目的は、認知（узнавание）、すなわち、それと認め知ることとしてではなく、明視すること（видение）として、ものを感じさせることである。また、芸術の手法（приём）は、ものを自動化の状態から引きだす異化（остранение）の手法であり、知覚をむずかしくし、長びかせる難渋な形式の手法である。これは、芸術においては知覚の過程そのものが目的であり、したがってこの過程を長びかす必要があるためである。芸術は、ものが作られる過程を体験する方法であって、作られてしまったものは芸術では重要な意義をもたないのである。」（同書、P.117-118）

石を石と名付けることが重要ではない。石と述べることによって私たちは石と認識してしまっているわけです。さっきの意識化とは違うことで、物事を真剣に見ていない。普段使っている日常の表現に頼ってしまっている。本当の意味でそれを認識しようとはしていない。自動化の状態に陥ってしまいます。では、そうではなくするためには、どうすればいいのかというと、今まで私たちが日常で使っている言葉はいったんわきに置いて、その言葉をあえて使わないで、見ることに集中するべきだ、という意味です。これが石であるという認識のプロセスをあえて長引かせることが重要である。これが異化です。異化を具体的に、私が研究しているウラジーミル・ナボコフが書いた文章を基にどういう意味か考えてみたいと思います。

「角の薬局に向かって道を渡るとき、彼は思わず首を回し（何かにぶつかって跳ね返った光がこめかみのあたりから入ってきたのだ）、目にしたものに対して素早く微笑んだ—それは人が虹や薔薇を歓迎して浮かべるような微笑だった。ちょうどそのとき、引っ越し用トラックから目もくらむような平行四辺形の白い空が、つまり前面が鏡張りになった戸棚が下ろされるところで、その鏡の上をまるで映画のスクリーンを横切るように、木々の枝の申し分なくはっきりした映像がするすると揺れながら通り過ぎたのだった。その揺れ方がなんだか木らしくなく、人間的な震えだったのは、この空とこれら木々の枝、そしてこの滑り行く建物の前面（ファサード）を運ぶ者たちの天性ゆえのことだった」（V. ナボコフ、『賜物』、沼野充義訳、河出文庫。）

　主人公が道を歩いていた時に、大きな引っ越し用のトラックが見えた。この人は光を感じて、光の方向を見ると、トラックから鏡張りの戸棚をおろす作業中であった。そこの鏡が映画スクリーンのように見えたのだけどそこに写るのがいつもと違うものだった…。日常的な言葉に直していけば、引っ越し屋が鏡台を運んでいる。それだけです。ただ、先ほど言ったことを思い出してください。芸術の目的は、明視することから始まります。すなわち、それが引っ越し屋が鏡を運ぶ様子であったと日常的な言語で捉えるのではなくて、明視すること、あえて見ることに徹底している。認識するプロセスをあえて引き延ばしていく。そこによって、つまりありきたりの表現ではなく、別の言葉で新しく物事を捉えることができる。それによって新しい言葉が生み出される、作り出される。これこそが異化です。では、異化が新しいイメージの創出に他ならないとすればやはりそれはイメージの問題に起因するではないのか。そう考えると異化にこだわりながら実はイメージに固執していると言えるのかも

しれない。途方もない議論をここから展開するつもりはありませんが、イメージが先か、異化が先か。ただ、この議論には一つ落とし穴があります。例えば、イーグルトンも『文学とは何か』の中で、日常的に書かれた文章も捉え方一つで異化に変わる。もしそうだとすれば、日常的言語と詩的言語の区別さえ怪しくなると述べております。しかし、シクロフスキーが述べているのは固定されたイメージの話ではない、あくまでも認識されるプロセスが重要なのだと述べております。そこをわきまえないと、かの偉大な学者、イーグルトンの言い回しに乗っかって、ロシア・フォルマリズムを古い考えだと容易に誤解してしまう。

3 ● ポスト・コロニアリズムと他者化

今まで話をしていたのは、ロシア・フォルマリズムについてです。政治、文化的背景、思想そういったものを差し置いて、もしくは、作家の伝記を差し置いて、文学には文学の読み方がある。作品に作品独自の規範があってこれをつかみ取ることによって文学作品を自分なりに楽しく味わうことができるという話です。これから話すのはある意味それとは正反対の話、ポスト・コロニアリズムについてです。

ポスト・コロニアリズムには二つの意味があります。一つは、植民地時代のあとの状況です。政治的、社会的、文化的な背景において、植民地時代の後の状況という意味です。とくに、被植民地国の独立以降の文化状況を指してポスト・コロニアリズムを浮かべることが多いです。第二次世界大戦後のアジアとアフリカの文化状況に当てはめて、あるいは、移民・難民による民族移動、人種混交によって得られる、ハイブリッドな文化状況などを指してポスト・コロニアリズムと述べられることが多いです。二つ目は、植民地時代のあとの状況ではなくて、植民地時代を含めて現代に至る状況を指して、ポスト・コロニアリズムということもあります。15世紀以降の西欧の拡大、啓蒙主義時代以降の近代西欧化

の歴史を植民地帝国主義と捉えます。その適用範囲は、私たちが学問と見なしているもの、私たちがふれている生活のパターン、国家のシステムなどさまざまに及びます。私たちが生きている日常の中に実は西洋の歴史が隠れています。もっというと、西洋の歴史、近代化された状況、そうではない状況を包み隠そうとする支配的な状況、そういったシステム、レジームが立ちはだかっている。それを暴露していこうとするのが、ポスト・コロニアリズムの手法というものです。こういう方法論が今の文学研究にもてはやされています。これを唱えた人がエドワード・サイードという人で、『オリエンタリズム』という本でこれを述べました。

　ウラジーミル・ナボコフの作品におけるエミグレ表象を読み解くにあたって、エドワード・サイードの『文化と帝国主義』に述べられる「他者化」（Othering）の視点はまだ完全には取り込まれておりません。ロシア文学の作品は、自らにオクシデンタルなものとオリエンタルなものを内包しハイブリッド（雑種）な統合形態を受持する表象媒体であります。革命直後に亡命した作家の書いたテクストにどのようにこの観点を導入すべきか，まだ試みの段階です。ましてや、ロシアからヨーロッパへ亡命し、主にロシア語と英語で執筆活動に従事していたナボコフの言表の中に、西欧と非・西欧の「他者化」の問題はどのように扱われるべきなのか、疑問の余地はあります。ナボコフは芸術至上主義者という印象が強いせいかナボコフ研究にディスクール、あるいはポスト・コロニアルといった政治的あるいは文脈的観点からの分析は主流ではありません。

　ブライアン・ボイドによるとナボコフの父ウラジーミル・ドミトリエヴィチ・ナボコフはカデット（ロシア立憲民主党）の創始者のひとり、祖父はロシアの法務大臣です。社会革命党の運動に関わり逮捕された経歴を持つにも関わらずカデットに近い政治姿勢を貫いていたカルポーヴィチがハーヴァード大学で講じたロシア史は、ロシア革命が必然であるというクリュチェフスキーの立場に異議を唱えるものであり、十月革命

が第一次世界大戦の混乱期に乗じてなされたものであり、避けられた悲劇であったという立場が示されました。カルポーヴィチのロシア史概観の中で示されたもう一つの画期的な視点がありました。後述のように、19世紀におけるインテリゲンツィアの２大勢力である西欧派とスラヴ派が、19世紀後半から20世紀にかけて、ロシアにおける議会制民主主義を推し進めるカデットとロシア国内の帝政打破を目指したボリシェヴィズムの系統に分けられていったとするものです。カルポーヴィチの考えを引き合いにだすまでもなく、ナボコフ家自体は西欧主義者の家系であり、ナボコフの父が、西欧主義的基盤のもとに西欧的議会制民主主義の導入を目指し、革命後内戦の渦中にボリシェヴィズムの支配から逃れるためロシアから亡命を余儀なくされたことからも一家の政治信条は明白です。ただ、問題はその政治信条はナボコフ作品の読解にどのような意味を持つものなのかという点です。なぜならば、アレクサンドロフが指摘するように、ナボコフの作品には形而上学と倫理学と美学が三位一体性をなすものであり、イデオロギーの問題、あるいは政治的ディスクールをイデオロギー的に（つまり、イデオロギー的意図の行使のために）表明するのはナボコフの芸術においては許容されないからです。つまり、政治信条はイデオロギーの表明として作中人物の口から語られることはなく、作品の中の形式、美学それ自体にのみ表象されるのです。それは、文脈的背景として理解し、隠喩を紐解くようにしてしか解明されない。たとえば、以下の文を読んでみたいと思います。

　　　樫は木。薔薇は花。鹿は動物。
　　　雀は鳥。ロシアは我らが祖国。死は不可避。
　　　　　　P. スミルノフスキー『ロシア語文法教科書』

ナボコフのロシア語で書かれた『賜物』は上記のエピグラフによって始まります。何気ないエピグラフにも甚深の意図があります。19世紀

後半のロシアのインテリゲンツィアたちの論争（いわゆるスラヴ派と西欧派）について歴史家ミハイル・カルポーヴィチが述べるように、西欧派の流れは、西欧型議会政治の導入を志した立憲民主党などの勢力に受け継がれ、スラヴ派の動きは農民に革命の必然性を訴えた社会革命党や、社会民主党の動きへと受け継がれました。

　ナボコフはこの文をなぜ小説のエピグラフに用いたのでしょうか。ここでいう、「樫」や「薔薇」や「雀」といった固有名詞は「木」、「花」、「動物」、「鳥」というように抽象化されていきます。その後唐突に「ロシア」が出てきて、ほかの動植物と並列化します。そして、最後に「死は不可避」との論理的に飛躍します。この世に永遠のものはなく、いつかは滅び去る。祖国も例外ではない。ナボコフが『賜物』をロシア語で書いたのが1935年から37年。英語版の『賜物』が発刊されたのが1962年。そして、英語版の序文でナボコフは「『賜物』がロシアで読むことができるようになるのは、どんな体制の下でのことか、想像するだけで胸が躍る」と述べています 。ナボコフの作品がソ連で読めるようになったのは解体直前。つまり、ナボコフをロシア語で読める体制が30年たたずに到来したことになります。すると、エピグラフへの疑念が氷解します。ナボコフが幼年期から青春時代まで過ごしたあのロシアはたしかに死んでしまった。それは、限りある命、あらゆる動植物がいずれは亡くなるように。ただ、いつか形をかえ必ずこの世に生を取り戻す。ナボコフの予言通り、亡き祖国が70年たって蘇った。『賜物』、それは亡き祖国、そして「生きとし生けるもの」の輪廻転生の物語とも解釈できるのです。

　ナボコフはこの箇所をエピグラフに付することによって自らの祖国への思いとエミグレの立場を表明していたのではないか、と考えられます。つまり、祖父、父と同様ナボコフの政治的スタンスは、ロシア・インテリゲンツィアにおける西欧派（→カデット）の立場であり、スラヴ派（→人民主義者）とは一線を画していた。カルポーヴィチによると、両派は

ロシアにおける農奴制の解放や立憲制を推進する点において共闘していたが、のちに立場が分かれることになります 。さらに、ロシア革命の成功、およびボリシェヴィズムの独裁は、ロシア・インテリゲンツィアの２大論争におけるスラヴ派（→人民主義者）の西欧派（→カデット）に対する一時的勝利を意味することになり、その闘争に負けたものたちが国内からの亡命を余儀なくされることになります。つまり、樫や薔薇や鹿や雀といった生物たちと同じように、ロシアという祖国も死を免れたがい存在、つまり、1917 年の十月革命の成功（→ソ連邦の成立）によってロシアという祖国は死んだも同然である。そして、ロシア・西欧の流れをくむ者たちが、祖国を後にし、放浪する中で、理想化されたロシアの理念を復元するために生きる、という構図が浮き彫りになります（→はカルポーヴィチが考える後の思想的後継者、もしくは、歴史的結末）。

　サイードのオリエンタリズムでは、西欧・非西欧の対立軸によって非西欧を他者化する要素が含まれます。しかし、サイード自身が「国民国家として規定される文化すべてに、主権と支配と統治を求める野望が存在する」と信じるように、西欧の文化、あるいは、アジア文化と同様にロシア語で書かれた文化的表象の中に、主権や支配や統治を求める野望があり、ひとつの文化を他の文化から差別化する意識が働こうとします。そして、同じくサイードが指摘するように、「歴史的・文化的経験は、じつに奇妙なことに、つねに雑種的（ハイブリッド）で、国家的境界を横断する」。文化は統一的で一枚岩的な自律的なものではなく、現実には、多くの「外国的」要素や、他者性や、差異を、意識的に排除する以外にない。つまり、あらゆる国家のもつ帝国主義的、あるいは植民地的な側面が、侵略する相手を他者化する。ただロシアの場合、ロシアという帝国主義が非・ロシアを他者化するという場面のみが想定できるとは限りません。侵略者の観点からだけではなく、西欧派・スラヴ派の論争内部においては、非西欧的なロシアを他者化する西欧派的な立場と、それに抗してロシア独自の道を死守するスラヴ派的な立場が抗争するとも

とらえられます。つまり、亡命者ナボコフの祖国に対するまなざし、あるいは亡命者の表象（つまり、意思表明）の中に、非西欧を他者化する西欧主義者のまなざしが背後に隠れているのではないか。亡命前後に書かれたナボコフの作品を分析する際の視点として以上の点を踏まえたいと思います。

> 「ところでどうですかね。レフ・グレーボヴィチ、我々のこの出会いは象徴的な何かがあると思われませんかね。堅い土地（terra firma）にいる時はまだお互い知らぬ者同士。それがおんなじ時間に家に帰り、この狭い場所にともに入りこむなんて。それにこの床の薄いこと。その下には暗い穴ですよ。しまいにゃこんな風に言えますかね。見知らぬ者同士、黙してここに入り、黙して上へと漂い、突如ストップって。そして闇のご到来だ。」
> 「それが何の象徴だというんですか？」顰め面でガーニンは聞いた。
> 「まさしく、この停止状態、身動きの取れない、この闇のことですよ。そして、この待っている状態。今日午餐の時にあの年寄りの作家、なんていいましたっけ、そうポドチャーギンが私と亡命生活、この偉大な待望における人生の意味について議論しましったっけ…」（V. Nabokov. *Mary*. Penguin. New York. 1973. 翻訳は本論筆者による。）

ベルリンへ移住後初めて書かれた小説『マーシェンカ』はロシア人が居住するペンションのエレベーターの中に閉じ込められたレフ・グレーボヴィチ・ガーニンとアルフョーロフの会話のシーンから始まる。このエレベーターに閉じ込められた状態、これこそが「亡命者」（エミグレ）を象徴するとアルフョーロフは言います。一方のガーニンはそんな世迷言に付き合ってはいられない。地上で知り合うことのなかった者同士が

同じ時間に家に帰宅しこの狭い空間に一緒に入り込む。このような奇遇こそが亡命を暗示しています。では terra firma は何を意味しているのか。大地とはこの作品におけるペンションの住人が捨てたロシアのことか、それともここベルリンのことか。それは、構造的にエレベーターの下から上への垂直軸で考えると一義的には亡命先のベルリンです。ただ、ここで暗示されている形象はエレベーターの下から上への上昇と突然の立ち止まりの情況が亡命を暗示するという多義性を秘めていることに着目したいと思います。つまり、祖国ロシアでは知り合いにならなかったのに、ここベルリンで知り合いになる。そのようにとらえるとエレベーターの下の階がロシアを指し、亡命とはそこから上の階へと昇ることになります。つまり、空間的なロシアからベルリンへの平行移動を垂直的な移動に置き換えているということです。だが、天上（つまり、天井）へと登ることが平穏を意味するかというと決してそうではない。なぜなら、エレベーターは突如止まり、その狭い密室に閉じ込められ闇となるからです。むしろ、これはロシアの地を離れたものの行き着いた場所もけっして天国とは言えない状況、一種の幻滅の心境にも似たものを表しているとも考えられます。ロシアは闇でありそこから逃れて上昇はしたものの、行き着いた場所もナチスに包囲されている。暗黒の地を脱しても行きつく先はやはり闇に覆われている。この箇所は、当時の亡命ロシア人の心境を的確に表現します。

　では、この場面を他者化の概念に当てはめると何が言えるか。やはり、terra firma からの脱走は、今や祖国とは呼べないものへと変わり果てた場所からの脱走であり、作者ナボコフは西欧主義者として祖国（西欧的ロシア）からソ連（非西欧的）を他者化しようと試みたのではないかとも考えられます。ただ、同時に、そのような西欧・非西欧の二項対立が作者の目線であったのかという決してそうではない。ロシアから旅立ちその行き着く先が自分の待ち望む西欧とは違っていた点にオチがありますが、エレベーターに閉じ込められることによって知遇を得た亡命ロ

シア人の2人の境遇が、ロシアから亡命しつつも闇の真っただ中にあることには変わりはないという亡命の情況を表象します。つまり、亡命は祖国から抜け出ることが地獄から天国に上昇することにはならない。どこに行くべきかさえ定かではない不安の状態に放り出されている、ということになります。

4 ● おわりに

　以上、2つの相反する文学作品を読む方法について概説しました。ロシア・フォルマリズムによって提起された異化とポスト・コロニアリズムにおいて汎用されている他者化。テクスト内部の自律性を求めるアプローチとテクストの外からテクストを読み解くアプローチ、この2つは文学研究の中では、矛盾するようですが、文学テクストを多角的に読むためにいずれも必要不可欠な視点と言えるのです。文学という学問が独自のディスプリンであるばかりか、他の学問の形成にかくも大きな影響を及ぼしてきた。それが本論の結論と言えるのではないかと思います。

出典情報

- T. Eagleton. *Literary Theory*. Blackwell Publishers London. 1983.
- В. Шкловский. *О теории прозы*. М. 1929.
- P. Barry. *Beginning Theory. An Introduction to Literary and Cultural Theory*. Manchester.1995.
- E. Said. *Culture and Imperialism*. Vintage Books. New York. 1993.
- A. Loomba. *Colonialism and Postcolonialism*. Routeledge. London and New York. 1998.
- V. Nabokov. *The Gift*. Translated from the Russian By Michael Scammer and Dmitri Nabokov in collaboration with Vladimir Nabokov. Penguin Books. New York. 1963.
- V. Nabokov. *Mary*. Translated from the Russian by Michael Glenn in collaboration with the Author. Penguin. New York. 1973.
- M. Karpovich. *A Lecture on Russian History*. Mouton de Gruyter. Berlin. 1959.

T. Eagleton, *Literary Theory*, Blackwell, Oxford UK & Cambridge, 1983
イーグルトン（1985）『文学とは何か　現代批評理論への招待』大橋洋一訳、岩波書店
シクロフスキー、ヤコブソン、エイヘンバウム他（1971）『ロシア・フォルマリズム論集』新谷啓三郎・礒谷孝編訳、現代思潮社
サイード（1993）『オリエンタリズム』今沢紀子訳、平凡社ライブラリー
サイード（1998）『文化と帝国主義』大橋洋一訳、みすず書房
ナボコフ（2010）『賜物』沼野充義訳、河出書房
廣松渉他（2004）『岩波哲学・思想辞典』岩波書店

第11章
文化人類学と社会貢献
―― フィールド調査の経験を通じて

井上大介

1 ● 社会貢献という言葉に潜む問題点

　現在、文系、理系を問わず、学問の社会貢献という課題が重視されており、それに疑問を投げかけること事態が不自然に思われるといった風潮があります。しかし文化人類学はこの社会貢献という言葉に対し、手放しで追従するという姿勢には疑問を抱いてきました。それは、文化人類学という学問が、欧米列強による植民地主義的文脈の中で、異文化や他者を理解しそれらを統治しようとした当時のヨーロッパにおける社会貢献を念頭においてその基盤を整えていったという学問的背景に根ざしているからです。

　また文化人類学が台頭する19世紀には、当時のパラダイムであった単系進化主義という思想が大きな影響をもっており、文化人類学自体もそうした知の体系に依拠しながら、特に文化進化論という概念に基づき、種々の研究が発展していったという経緯とも無縁ではないのです。

　この単系進化主義に根ざした文化進化論は、ヨーロッパのキリスト教社会を頂点として、あらゆる文化事象がそこに至る発展段階であるとと

らえる視点であり、現在では学術的に受け入れられてはおりません。しかし当時の研究者はそのような理論に基づき、上記した植民地主義や人種主義などを科学的に正当化しようとし、様々な文化の起源や文化の優位性、劣位性などが議論されてきました（サイード 1993）。

　こうした傾向は実は、現在に至るまでその社会的影響力を存続させています。我々が文化を論じる際に、それがより洗練された事象であると捉える知的傾向性から始まり、欧米の文化をアフリカや中南米の文化よりも洗練されたものであると捉える風潮、ひいては英語を他の言語よりも重視する傾向などは、そうした植民地主義的傾向が文化の領域において、現在にも継承されていることを証明しているのです。

　しかし、そうした社会貢献という名のもとに展開される学問と政治や経済の結びつきに逸早く疑問を投げかけ、自らの学問に省察的態度で取り組んでいったのも、実は文化人類学という学問でした。ポストモダン人類学と呼ばれる分野では、そうした植民地主義的影響によって形成された現代世界の諸文化が、欧米の価値観によって規定された権威や正統性によってどのように抑圧されてきたのかといった観点から研究を展開しています。また同時に研究者のポジショニングについても意識的な態度でその影響について考察が展開されています。つまり学問という名の下に主張される中立性や客観性の中に、様々な偏りが存在するという事実が文化人類学的研究によってより明らかなものとなってきているのです。より詳しく言うと、研究する人間と研究される対象との間には政治、経済的な優劣関係が厳然と存在し、それらが研究内容に投影されていくということです（クリフォード 2003）。

　こうした理解から、学問の中立性を叫ぶこと自体がある種のイデオロギーとなり、現実を歪める道具となりうるということが明らかとなってきているのです（クリフォード／マーカス 1996, 井上 2009, 井上 2018）。このような主張が人類学者によってなされて以降、それまでの異文化理解を前提とした人類学研究に対し、人類学者たちから多くの批判が投げか

けられるようになり、一時は、多くの人類学者が人類学研究に基づく論文を執筆できないという状況にまで陥ったのです。

現在においてもその課題は完全に乗り越えられたわけではありませんが、自らのポジショニングをより意識した研究、例えば、立場の違う研究者同士の共同研究、ネイティブ人類学者の養成など様々な取り組みが展開されています。

いずれにしても近年の文化人類学者の間で強く共有されている認識は、今現在の特定の国家や社会の特定の階層の人々に結びついた政治、経済的動向に貢献するということが必ずしも社会貢献ではないという事実です。そのような社会貢献は時代や地域が違えば人々に弊害をもたらす事実となる場合も多いからです。

そのため学問の社会貢献を議論する場合、より長期のまたより広範な人々の利害を念頭に行わなければならないということです。

2 ● 東日本大震災後の日本社会

他方、日本社会においては、2011年3月11日に発生した東日本大震災およびその後の原発事故を契機として、学問の社会的意義が頻繁に議論されるようになりました。

これは、特定の考え方に依拠する社会貢献およびそこから生じた社会問題の代表例です。具体的には、エネルギー技術の発展をめざす学術研究者と政治、経済的機関などが癒着することで原発の危険性などが隠蔽され、震災による事故によってその欺瞞性が社会で顕在化するに至っているのです。

こうした動向に対し、学問における政治性が日本においてもより危惧されることとなり、学問、科学・技術による社会貢献の方向性が活発に議論されることとなりました。

それと同時に、日本の人類学者の中でも、学問が、震災復興など社会

における緊急の課題に対し、貢献する必要性が強く主張されるようになっていき、被災者に寄り添った人類学研究や人類学者の行動が問われるようになってきました。

具体的には体育館に被災した人々が、プライバシーの確保のため、ダンボールによって家族単位で仕切られる必要性を主張したり、地域によっては、そのような仕切りがない状態こそが地域的連帯や円滑なコミュニケーションの維持を容易にするといった、地域研究に根ざした知見を行政機関などに提供していきました。また防波堤をはじめ様々な施設の建設に際しても、漁業を生業とした人々へのフィールド調査に基づいた生活と連動した街づくりの案を種々提供していったりしました。こうした動向は、日常生活に目を向ける人類学者ならではの貢献であり、関連する行政機関や被災した人々の間で高く評価されることとなっていきました。日本文化人類学会でも「震災の人類学」「被災の人類学」「原発災害の人類学」などのテーマで各種の研究会やシンポジウムが催され、その内容が著書として刊行されるに至っているのです（ギル他 2013）。また被災地でのフィールド調査を行う研究者は、その後も継続的に調査対象者と関係を維持しつつ、彼らの復興に様々な形で支援を提供しています。

こうした状況において、植民地主義への影響から、社会に対する直接的な影響を極力回避しようとする伝統的な文化人類学の傾向も見直されるようになり、人類学者の研究テーマや行動がどのように人々の直接的な利益と結びついていくのか、という点も盛んに議論されるに至っています（山下 2014）。

しかし同時に学問と政治の結びつきに対しては、これまで以上にその関係を吟味する動向も強くなっており、直近では、政府による研究助成金による軍事研究の推進などに対しては、異議を唱える人類学者も少なくはありません。

3 ● フィールド調査の経験から

　ここからは、自らの人類学をベースとしたフィールド調査の経験から三点にわたってお話をしたいと思います。

　一点目ですが、よく学生の皆さんに紹介する人類学の研究内容の一つとして、観光人類学、あるいは人類学と観光研究というテーマ（山下 2007）が挙げられますが、これについてお話します。これは、経営学や一般に言われる観光学が、観光の発展要因やその経済効果などを論じるのに対し、観光が文化にどのような影響を与えるかといった点を文化人類学的に分析するジャンルとなります。そこでは、観光文化を形づくる要因を中心に考察が展開されるわけですが、観光客が集まることによって観光スポットが変化したり、人々の期待に沿った形で観光地が作りあげられるといったプロセスを中心に論を展開するわけです。例えば、横浜中華街に関しても、一般の方々がそれを、中国の文化をモデルとしたスポットであると理解しているのに対し、実際は日本人がもつ中国のイメージに沿った形で創造された産物である点を提示します。そういった経緯を理解する中で、伝統文化とは何なのかという問いを政治や権力、経済との関連で突き詰めていきます。

　また、観光文化におけるホストとゲストを媒介する政府やNPOといった中間的な機関が観光スポットの関係者や観光客とどのような関係にあるのかといった観点から観光が成立し得る構造を分析していきます。また様々な宗教文化と観光スポットの関係なども研究対象となります。

　さらには宗教文化における正統性、儀礼やシンボルの役割—人々の連帯を形成するといった—について理解を深め、観光スポットにおける聖性やその正統性、それらを担保しうる儀礼やシンボルの利用などについて考察します。

　このような研究動向の中で、興味深い事象を紹介するとすれば、現在、

長崎県の五島列島周辺の観光業者と現地の行政機関、カトリック教会が協力しながら、巡礼の文化を再創造しつつあるといった事例が挙げられます（山中編 2012）。

　ここでは、宗教的な正統性が経済的支援や行政による政治的なサポートによって再活性化しつつ、そこに信者や観光客が集まるといった現象が生じているのです。

　そこにいる人々が宗教性を評価しているかどうかは、別の分析が必要になっていくのですが、いずれにしても、宗教文化が観光をめぐる現代の諸機関によって作りあげられている事例として注目されています。さらには、そうした文化が世界遺産登録などの動向と結びつきながら世界的あるいはグローバルなレベルでの正統性の確保に結びついていくといった動向にも注意が促されます。

　そのような事例をもとに、正統性、真正性とは何なのかということを権力との関係で考察するのです。従来の人類学による観光研究では、疑似体験や真正性、オリジナルとコピーといった議論がなされてきたのですが、観光における疑似体験の意味とは何なのかといった点についても分析を展開します。コピーとオリジナルではどちらが重要な影響を与えるのかということを考えていく中で必ずしもオリジナルが観光文化において大事なのではなく、多くの場合、コピーや疑似体験がオリジナルあるいは本物以上の価値を提供してくれる場合が多いということについて理解を深めていくのです。

　例えば、多くの人が事前にテレビや絵葉書などでインプットした綺麗な富士山の風景を期待しながら、山梨県あるいは静岡県を訪問します。しかし多くの場合、曇っていて富士山を見ることができない。これなどは、コピーが現実を上回っている瞬間だといえるでしょう。人々は美しい自然の景観に接した際「絵葉書のように美しい」といったコメントを発したりするのですが、コピーあるいは疑似体験が現実を凌駕しているといった事実を確認することは難しいことではありません。いずれにし

てもこのような特徴を考察することは人類文化を理解する上で重要な切り口となるのです。

　学生においてはこのような知見を利用して、町おこしや観光プロジェクトのようなイベントに参加するような傾向も顕著となってきています。

　二点目として、フィールド調査では、現在の諸問題、例えば少子高齢化や特定の障害、疾患を有することで社会的に差別されている人々を対象とした学びを深めています。

　例えば、元ハンセン病患者に関するフィールド調査なども実施してきました。具体的には、東京都にある全生園という施設を訪問し調査を行いました。その際は、当然、事前に同施設やそこに居住する人々に関する歴史的事実を文献によって学ぶことが前提となるのですが、文化人類学に基づいたフィールド調査では、文献資料に依存するのではなく、実際にそれと関連した当事者、家族、親戚などへのインタビューを通じて現実を理解していこうという試みが強調されます。したがって、私のもとで文化人類学を学ぶ学生たちは、直接、現地を訪問したり、事前に同事実に関し研究を行った専門家の方々と交流を結びつつ、調査に際しての注意点であったり、聞いてはいけない質問など様々な注意事項を理解し、施設の関係者、そこで生活する元患者の人々と接触をとり交流を行っていきます。そうした施設で暮らす人々が、どういった差別を受けてきたのかという点を当時者の口から直接聞き出していくといった作業を重視しながら、被調査者のアイデンティティやその変容、彼ら彼女たちと周辺地域の関係性、現代における課題を丹念に調査しました。

　三点目として、グローバル化におけるナショナリズムやローカル性といったテーマについても理解を深めようとしています。この文脈で重要なテーマとしては、国家と外国人移民という事象が考えられるのですが、日本に在住する移民の人々を対象としたフィールド調査なども実施してきております。

　今回の中心テーマである社会貢献とも連動しているのですが、文化人

類学を学ぶ学生と一緒に新宿区の新大久保に広がりつつある韓国人街や群馬県邑楽郡大泉町に拡大しつつある在日ブラジル人街といった場所について先行研究を整理した上で、訪問し、そこに住む人々や行政機関あるいは彼らをサポートする諸機関、例えば、観光協会、福祉施設、NPO団体関係者などを対象とした調査を行うことで、そこに住む在日外国人に対する諸問題を抽出していくといった作業を重ねてきました。調査プロセスでは、最初に訪問する場所が行政機関、市区町村の役場が中心となるのですが、そういった役所の担当者に現代の課題や諸問題について意見を提示していただきます。ただ、我々のフィールドワークの経験からしますと、公的機関のスタッフにおいては、それぞれの立場において言ってはいけないことや秘密にしなければいけない諸事情があるため大抵は情報に制限があるわけです。そういった中で外国人と公的機関を繋ぐ中間的な領域である諸機関を探していくわけです。ブラジル人街においては、観光協会という機関が、実は公的機関である大泉町役場と在日ブラジル人、ペルー人の中間的存在として双方の希望や問題点を共有しながら在日外国人が円滑に生活できるようサポートをしているのです。また同時に大泉町自体が在日外国人を資源にしながら発展していける町づくりを模索しています。ブラジルのカーニバルをベースとしたフェスティバル、あるいはグルメ、食文化をベースとした屋台のお祭りなど、観光などとも結びつく諸行事が行われているのです。そういった機会を念頭にフィールド調査を行い、様々な公的機関と在日外国人との関係を読み解いていきます。そうした作業を通じ、実際の在日外国人の諸問題がいくつも浮き彫りになっていくわけですが、必ずしも町役場が言っているような事実だけでは把握できない諸問題が顕在化していくのです。

　一つには教育という課題に関する問題です。ブラジル人が多く住む地域では、日伯学園というポルトガル語をベースに教育を提供する機関が存在しています。ここは正式な学校法人としては認可されていませんの

で、そこで学ぶ子どもたちの多くが日本の教育をベースとした公立の小中学校に移っていきます。在日外国人の多くの親御さんたちは経済的には非常に限定された状態でありますので、基本的には月曜から金曜、場合によっては土、日にいたるまで、朝から晩まで働くような状況で、自分たちが日本語を学ぶ機会というのは皆無に等しいわけです。それに対して子どもたちは日本の教育機関で学習を受けていく。そうすると、親子の間で言語的コミュニケーションが成立しなくなってきます。子どもたちは、日本語しかしゃべれない。親はポルトガル語しかできない。家族における親子間の言語的断絶というの問題が非常に重要な課題となっているという事実が浮上したわけです。

そのほか、犯罪、治安といった観点からも様々な事実を理解することができました。例えば、在日外国人へのフィールド調査におけるインタビューでは、殺人事件などが在日外国人と関連する形で生じた場合、必ずしも新聞報道では紹介されない、あるいは警察もそこに力を入れないということでした。それを基に今度は警察署にインタビューに行くなど、地域で起きた様々な事象について当事者の口を通じて情報を得ていきます。

とくに私が文化人類学的なマイノリティー研究で意識しているのが、マイノリティー集団というのは、社会のマジョリティーによって差別または排除されたり、抑圧される集団である場合が多い反面、マイノリティーの中に分断なり対立が生じていくといった傾向があるという点です。それは、必ずしもマイノリティー内の問題というよりは、やはり、マジョリティーからの影響によってマイノリティーが分断されるといった特徴を有しています。そういったことを意識しながら調査をしていくのですが、学生とのフィールドワークにおいても、例えば、群馬県の大泉町であれば、そこに住む外国人のコミュニティーなり生活環境の中にどのような対立関係が生じ得るのか、あるいは生じているのかということに注目しながらインタビューを行っていきました。やはり、そのような仮

説を証明する形でブラジル人、ペルー人など同じラテンアメリカ出身の人たちが対立関係にあるといった事実が浮き彫りになっていきました。ですから、研究をする際に、常に様々な立場にある人たちに公平に接していくという姿勢、社会貢献が果たして誰のためのものなのかということを強く意識しつつ調査するという姿勢が非常に重要な教育ポイントであると理解できるわけです。

　文化人類学という学問は一つの事象を特定の角度から見るというよりは、特定の集団が特定の政治、経済、家族、宗教、教育などによって成立する文化に根ざして存在するといった見解を有しています。ですから調査においても、色々な立場の人、諸機関などを意識しつつ、ある現象を一方からのみ見るのではなく、多元的な観点から把握していくような調査方法を実践します。最初に申し上げた観光や町おこし、あるいは抑圧された元ハンセン病患者の人たち、あるいは在日外国人たちといった人たちへの調査に対して、まずそういうアプローチを試みていくことが重要であり、それがある特定の社会的集団にのみ貢献する社会貢献ではなく、より普遍的でより長期的な社会貢献に繋がっていることを学んでいけるプロセスであると考えています。

　それと同時に科学と政治、あるいは学問と経済等の結びつきを意識しつつ、我々の一つひとつの研究がいかに政治的にあるいは経済的利益のために利用され得るのかという点についても意識をめぐらせながら、私自身、学問の社会貢献というテーマを今後も模索していきたいと考えています。

（以下、井上と伊藤・蝶名林の懇談記録）

4　調査者と被調査者との関係

伊藤：研究者のポジショニングという問題をめぐって、興味深いお話を

伺いました。私なりに簡単にまとめると、以下のようになるでしょうか。

　元々ヨーロッパの学問にはどちらかというと、ヨーロッパ以外の学問を下に見るあるいは眺めて味わうというか…そういう性格があった。だからそうした優位性の意識を持たないようにしたいという要請が文化人類学者の中から出てきた。一方で、東日本大震災のときに現場の人々に寄り添うということの必要性が浮かび上がった。そこで、眺めることと寄り添うこととの間で今、改めてフィールド調査というのはどのようにあるべきか、ということを模索しておられる。

　しかしながら、町おこしとなると、カーニバルに象徴されるブラジルのイメージとか、中華街に象徴される中国のイメージとか、これも何か眺めるという要素を含むイメージ先行型だからこそ町おこしと結びつくものといえる。この経済的利益を考えると、やはりどうしても眺める姿勢から抜け出すことができないのではないか。とはいえ、そこを完全に無視して経済的な功利性を切り捨てて、寄り添うという形だけで町おこしが可能なのかというと、それも大変難しいであろうと。

　おそらく以上の狭間に立って新しい第三のポジショニングを目指した試みをなさっていると私は受け取ったのですが、よろしいですか。

井上：そうですね。とくにポストモダン人類学という流れの中では研究者が研究対象とは分離し得ない存在であるという理解に至っています。これは、例えば、仏教思想なんかでは主体と客体が分離できない存在なのだということを説いていることと符号する観点かと思うのですが、現在の人類学研究者においては、自分の影響が調査対象に全く影響しないといった観点は議論の対象ではなく、当然影響するものであるという理解が共有されています。さらに、どういう影響を与えてしまうのかということに意識をもって活動しているのです。その中で、町おこしやマイノリティーの人権復興のために積極的に関与していく人もいますし、積極的関与に距離をとる人たちもいます。いずれにしても影響を与えることは前提となっています。その中で経済的利害や功利性といったものも

当然問題としては浮上していくわけで、マイノリティーの利益を追求していく中でその人たちを経済的にサポートしていくことに繋がっていくこともあります。ただ、そのマイノリティーが人類学者の影響によって得た利益が悪用されていかないとも限らないわけです。例えば、部落研究の中では、部落民と呼ばれる人たちへの支援が実現していく中で、現在は補助金を当てにより多くの利益を得ようとするといった動向も存在します。あるいは生活保護を当事者たちが悪用するような社会的弱者という存在も現在では注目されるに至っているわけです。ですから、自らの信念でマイノリティーに全力で関与してサポートしていくことがどこまで正解なのかということはやはり時間の経緯の中でしかわからない部分もあります。結論から言いますと、人類学者の言動が必ず調査対象者に影響を与えていくという前提のもと、どういう形でどういう人たちにどういう関与をしていくのかということについて常に意識しながら行動することが大事であるといえるのではないでしょうか。

伊藤：そこでお聞きしたいことがあります。元ハンセン病患者の施設、新大久保の韓国人街、大泉町のブラジル人コミュニティーの三つを選んで研究されていますが、この選ぶことそれ自体が一つのポジショニングですよね。これら三つを選んだ井上先生のポジショニングはどういうものでしょうか。

井上：一つは、教育的な意味において、環境が大きく左右していると思います。在職する大学が八王子にあり、そこから比較的近い場所であるということです。それから人類学で通常使用される質的調査の対象としてふさわしい単位であるということ。後は、そのマイノリティー的な状況の中で様々な差別や社会的抑圧と結びついて存在してきた人たちであるという点です。そういったところから対象を絞って調査に行かしていただくという状況になっています。私のポジショニングとしましては、祖父、父ともにとび職人の親方であり、私自身の家庭環境が労働者階級といいますか、庶民文化の典型であったということも現在のマイノリテ

ィ研究と結びついていると感じています。

蝶名林：観光学との比較についてですが、例えば、大泉町の役所の例ですと、役場が出してくれる情報には制限がある。だからむしろブラジル人の方たちと公的機関をつなぐ中間を探すアプローチが文化人類学の中では重視されるといった内容でしたが、文化人類学は他の学問とどのような関係にあるのかという点が気になります。例えば、観光学であれば、文化人類学が主張する文化という側面を大いに取り入れる必要があると思いますし、政治学においても、正しい公共政策を立てる上で、マイノリティーに注目するような視点は重要になると感じました。ですから、文化人類学は他の学問に貢献することも多いのではないかと思ったのですが。

井上：そうですね。観光学とか、最近誕生しているような学問は、従来から存続してきた学問的傾向とは若干性質を異にしているように思います。具体的には近年誕生している学問は、現在の特定の社会を意識した学問的潮流であると思います。流行といいますか。例えば、観光学であれば、現代の日本社会と直結した課題を解決するような、あるいはそこから利益を生じさせるような学問的背景を有していると感じています。それらと比較した場合、文化人類学は観光学という学問が成立する背景にはどのような問題があるのか、手放しに観光学を賞賛していいのかといった点についても考えたりします。そういった意味では短期的スパンにおいて特定の人々に直接的な利益をもたらさないといった傾向が文化人類学には強くあると思います。そういった知見を観光学の発展なりあるいは様々な諸機関の経済的発展に結びつけていくことは、当然可能だとは思いますが。また政治学や国際関係論においてマイノリティ理解の視点を活用することは大変有益なことであると考えています。

伊藤：具体的に調査をされるときに、役場に行くということはアクセスしやすいと思います。一方、韓国人街や、ブラジル人コミュニティーそのものについては、どういうところからアクセスするのでしょうか。

井上：調査対象をどのように選んでアクセスするのかということも学生に学んでほしいスキルの一つです。最も重要なのは、最初の一人に出会えるかということです。そのような存在をインフォーマントと呼ぶのですが、そこの社会に精通しており、かつ大学教育に理解を示してくれる人が見つかれば、その人を伝って様々な人間関係を構築していくことが可能となります。あるいは、そういう人が見つからない場合、現地に行って様々なものを観察する中で、ここであればアクセスできるのではないか、この時間であればこういう人に調査できるのではないかということを感じていく――そうした意味では、質的調査というものが非常に研究者の経験とスキルに依存した調査法であるという点は否定できません。

　例えば、夕方の公園に行くとお母さんたちに会えるとか、特定の路地裏では特定のおじさんたちがたむろするとか、ヨガ教室の看板を見つけ時間帯を確認し、そのヨガ教室が始まる2時間前に行き準備しているヨガの先生に話を聞いたり、飲食店に客があまり行かない時間を狙って食べに行き、暇そうにしている店員にインタビューをするなど、想像力を働かせながら調査対象者へのアクセスの可能性を探っていくのです。また宗教儀礼に直接参加してみる――これは参与観察というのですが――といった形で、情報を得たりするのです。研究する側の主体性が非常に問われる作業とも言えるでしょう。現代社会では人間と人間の関係を築くという作業がとても疎かになっているため、学生の多くがそこに困難を感じたりします。なかなかインフォーマットに出会えない、調査対象に近づいていけないといった課題に直面するのです。しかしそのような壁を打ち破ることにも、人類学の社会的貢献に対する意義があるように感じています。

蝶名林：文化人類学を学んで実践するとなるとそれこそ人間力がつくというイメージがわきました。

井上：そうですね。とくに宗教的な研究において宗教実践者に対しインタビューするような場合、調査対象者の信仰心がより強くなっていった

というような事実を経験したことがあります。つまり、調査することによって、調査される人たちの間に自身の人生や実践に関する意識がより強く共有されていくのです。研究者は調査対象者の方々に様々な影響を与えているということを強く認識しなければならないと感じています。またそうした作業によって研究者自身も、自文化や自分自身に関する理解を深めていくものであると実感しています。このような相互作用による人間と人間の結びつき、相互理解という作業が文化人類学ではないかと思います。

参考文献

井上大介（2009）「メキシコにおける人類学の受容と発展」『ソシオロジカ』33巻（1・2号）。

井上大介（2018）「連合国の対日戦および戦後処理とアメリカ文化人類学——アメリカ応用人類学の軍事協力および宗教理解を中心に」『ソシオロジカ』42巻（1・2号）。

ギル、トム他（2013）『東日本大震災の人類学』人文書院。

クリフォード、ジェイムズ他編（1996）『文化を書く』春日直樹他訳，紀伊國屋書店。

クリフォード、ジェイムズ他編（2003）『文化の窮状——二十世紀の民族誌、文学、芸術』人文書院。

サイード、エドワード（1993）『オリエンタリズム』今沢紀子訳、平凡社ライブラリー。

山下晋司編（2007）『観光文化学』新曜社。

山下晋司編（2014）『公共人類学』東京大学出版会。

山中弘編（2012）『宗教とツーリズム——聖なるものの変容と持続』世界思想社。

第12章
これからの社会に必要な支え合いとは
―― 開かれた関係構築への試み

岩川幸治

1 ● はじめに

　福祉という言葉には、幸せという意味があります。わたしたちは幸せなのか、どのような状態であれば幸せといえるのか、幸せではないのであればそれはなぜなのか、どのようにしたら幸せになれるのかを福祉では追究していきます。福祉をひらがなで表記しその頭文字を使い、「ふ・だんのく・らしのし・あわせ」と福祉の意味を表現できるように、わたしたちが日常生活を送るうえで困っていることはないか、もしあるならばなぜその困りごとは生じるのか、その構造をしっかりと考えて、どのようにすればその困難と向き合うことが可能なのか、制度や政策、様々な実践から探っていく。いわば、自分にとって身近な日常生活における問題や、そこから生じる疑問を出発点としているのが福祉なのです。
　では、わたしたちのふだんの暮らしを考える福祉は、わたしたちにとって身近な存在だといえるでしょうか。何らかの支援が必要な人を福祉は対象とし、支援が必要でなければ自分は対象とはならないという前提に立ってしまうと、支援が必要だと感じなければ、福祉は自分の生活と

は切り離された次元にあるものだと感じるのではないでしょうか。さらに介護保険制度や生活保護制度などのように福祉に関するサービスに関係することを考えると、提供する側としてなのかそれとも受け手側として関わるのかによって、どちらかに分類されてしまい、提供する側もしくは受け手側としての役割を身につけて、人との関係を築くことになりかねません。それが知らず知らずのうちに上下関係になってしまい、福祉サービスの受け手がふだんの暮らしにおいて、自分らしく暮らせる機会を奪ってしまう恐れも生じてきます。そこで、福祉サービスの受け手も、自分の強み（ストレングス）を活かして支え手となることによって、地域の一員として活躍できるように、住民同士が助け合う「新たな支え合い」を地域社会で構築していくことが、厚生労働省の「これからの地域福祉のあり方研究会」によって、2008年に提言されました。「孤立死」「貧困」「虐待」などが社会的な問題として取り上げられますが、その背景の一つとして地域社会における人と人とのつながりが希薄であることも、「新たな支え合い」が提言される理由になっているといえます。

　では、このような「支え合い」はどのようにして実現できるでしょうか。福祉サービスの受け手の強み（ストレングス）に注目するということは、それに注目をして強みを発揮できるようにすることができる人の存在や、それを受け入れる地域（場所）がなければ成立はしません。さらに、個人の強みを発揮するということはどのようなことなのか、そこに込められた意味を考える必要があります。地域での「支え合い」で問われているのは、価値観や考え方が異なる人たちが、どのようにしてお互いの違いを認識しながら地域で暮らしていくのか、そして共生できる社会をどのように構築できるのか、そのあり方だといえるでしょう。

2 ●「当事者研究」における「支え合い」

　福祉がわたしたちのふだんの暮らしの問題に注目する際に、障害者、

高齢者、子ども、不登校、ひきこもりなど支援が必要な人を制度の対象として、福祉サービスを提供することで支援するというように、専門家による意味づけがされてきました。福祉サービスの受け手も強み（ストレングス）を発揮して支え手となるようにするという考え方は、福祉サービスを提供するか利用するかという枠組みの中で、どちらの役割を担うのかを考えるにすぎません。2017年2月に厚生労働省の「我が事・丸ごと」地域共生社会実現本部は、「制度・分野ごとの『縦割り』や『支え手』『受け手』という関係を超えて、地域住民や地域の多様な主体が『我が事』として参画し、人と人、人と資源が世代や分野を超えて『丸ごと』つながることで、住民一人ひとりの暮らしと生きがい、地域をともに創っていく社会」を地域共生社会と呼び、その実現を目指しています。福祉サービスを中心にして自分自身が決定づけられるのではなく、自分自身が置かれている現状や困難・苦労と向き合う。それらを自分の手に取り戻すという作業が、「支え合い」を考えるうえでの第一歩です。そこで、2001年に北海道浦河町にある「浦河べてるの家」で始まった「当事者研究」をきっかけにして考えていきたいと思います。

　「浦河べてるの家」で始まった当事者研究は、統合失調症などの経験をした人たちが、医師などの専門家が診断し治療を受ける患者としてではなく、これまで奪われていた悩むことや苦労することを取り戻すために、自分の病気や問題を言葉で語り、同じ経験をした仲間と共に自分の苦労・苦しみに対して意味づけをしていき、自分の問題を研究することをいいます（石原 2013）。浦河べてるの家で当事者研究が始まった背景には、精神障害者の「入院中心から地域生活支援へ」という理念の実現があります。浦河町では、1970年代に始まった障害者の自立生活運動の影響を受けながら、同じ時期に断酒会、精神障害者家族会、精神障害者回復クラブなどの当事者活動を地域におこす取り組みが始まり、精神医療を地域に展開するために、精神科専属のソーシャルワーカーが病院に配属されました（向谷地 2016）。そこには、精神科医をはじめとする

関係スタッフのなかに「地域福祉を当事者活動と市民活動の活性化によって実現する」という信念があり、精神科医である専門家が中心となって、当事者の地域生活を支援してきました（向谷地・小林 2013）。その流れを受け継ぎ、認知行動療法やSST（社会生活機能訓練）などの様々な実践のアプローチや技法を取り入れながら、病名の意味をずらしていくことで、当事者研究は出来上がっていきます（石原 2013）。

　当事者研究では、統合失調症や依存症などの当事者が、妄想や幻想など自分が抱えている不安や悩みを語りながら、それらの意味や状況を反映した「病名」を自分でつけます（浦河べてるの家 2005）。たとえば、お金を使いすぎてしまい、週末になるとお金がなくなってしまう統合失調症の人の場合だと、「統合失調症"週末金欠型"」のように。それは医学的な診断名ではなく、なぜ金欠という苦しい状態に陥ってしまうのか、その症状の起こり方や規則性、反復する構造を明らかにしていく。このようにして自分が抱えている問題を明確にし、自分を定義します。

　当事者研究の特徴は、患者や研究対象でしかなかった人たちが、病むという現実の主体的な担い手として、つまり「当事者」として立ち上がり、しかも研究という専門家の領域にも主体的に立ち入り、実際に研究を展開するところにあります（向谷地 2016）。目指すのは、統合失調症などの経験を生き抜いた人たちの研究を通じて発見された、その人にとって有効な「生活の知」が、専門家の知と同等の価値があり、それを互いに共有すること（向谷地 2016）。一連の過程を専門家だけが行うのではありません。当事者たちと共に行います。

　当事者研究という場合に、研究ではなく当事者の方に注目が寄せられると、当事者自身が自分のことを自分で決める「当事者主権」という考え方が想い起こされます（熊谷・國分 2017）。それがいきすぎてしまうと、当事者が語ったことや決めたことに絶対的な価値が付されて、当事者に対して誰も何も語れない状況が生じかねません。しかし研究の方に力点が置かれると、「研究する当事者」が「研究成果を聞いている人」に働

きかけることによって、「研究成果を聞いている人」のほうに「研究する当事者」に対する理解や解釈に変化がもたらされます。つまり「研究する当事者」というよりも、「研究成果を聞いている人」のほうの認識が変わっていくのです。したがって、「研究する当事者」を取り巻く環境が変化していく場において、「研究する当事者」として参加している参加者たちの発表が一周すると、参加者がその場で共有していた価値観や知識がアップデートされていく（熊谷・國分 2017）。そこで新たな意味が導き出されます。「自分自身で、共に」というキャッチフレーズがあるように、当事者研究は当事者を起点としながらも、一人の孤独な作業ではなく、人とのつながりの回復と表裏一体のプロセスとしてあるのです（浦河べてるの家 2002, 2005）。

　浦河べてるの家以外にも、それぞれのやり方で当事者研究は行われています。「生きづらさからの当事者研究会（通称：づら研）」では、診断名や障害名、あるいは不登校やひきこもりなど外からの名づけによる当事者ではなく、どのような経験や背景がある人でもその人自身の内側から発せられる言葉である「生きづらさ」をテーマにして当事者研究を行っています（山下 2017）。浦河べてるの家で行われている当事者研究では、「統合失調症"週末金欠型"」ように、自分の病気に名前をつけていました。しかし自己病名は自分に名前をつけて自分を呪縛してしまうように感じるために、づら研では「狭窄さん（視野狭窄になること）」のように苦労や困りごとに名前をつけて外在化し、人と共有しやすいものにしています（山下 2017）。

　これまでのことを踏まえて、当事者研究の意味を障害者を例にあげて考えてみたいと思います。当事者研究によって障害があることを過度に意識してしまう状況をつくってしまえば、障害者である自分を当事者自身がより意識してしまい、周囲も障害者としてしかその人を見てしまいかねません。障害者である自分に名づけをすることは、相手との違いを際立たせ、かえって相手との距離を離れたものにしてしまう場合もある

でしょう。「生きづらさ」のように、誰もがもつであろう苦労や悩みの共有を前提とすると、当事者の対象者が限定されることなく、誰もが自分の生きづらさを伝え、相手の生きづらさも理解していく両面を備えた「当事者」となります。それが当事者研究という同じ仲間を抱えたグループ内でのやりとりで終わるのではなく、地域という多様な価値観をもった人たちが生活をしている、もう少し広がりを持たせた空間での関わりとして考えていくと、生活のしやすさ、ひいては生きやすさに結びついてくるのではないでしょうか。

3 ●「サロン」「コミュニティカフェ」における「支え合い」

　統合失調症や依存症などの課題を抱えていた人を中心に行われていた当事者研究は、発達障害などでも行われるようになり、そして子どもや家族、大学生、ホームレスなど誰もが行うものへと、その対象範囲を拡大しつつあります（熊谷2017）。実際に『臨床心理学』という心理専門職を対象にした雑誌では、当事者に「みんなの」という冠を付した特集を組んだ『みんなの当事者研究』を発行しました。

　当事者研究は対象範囲を拡大しながらその存在が認知されつつありますが、わたしたちがそれを身近に感じるかといわれれば、必ずしもそうとはいえないかもしれません。それは「生きづらさ」のように、なかなか表に出しにくいものを共有することが目的となっているからだといえるでしょう。では「生きづらさ」ではなく、「楽しさ」のような目的で交流ができる場所というのはあるのでしょうか。近年、「サロン」や「コミュニティカフェ」が注目を集め、わたしたちの身近な場所に数多く設置されています。サロンやコミュニティカフェが誕生しているのは、それだけサロンやコミュニティカフェなどをつくりたい、という想いを持った人や交流がもてるような機会や場所が欲しいもしくはその必要性を感じている人が多くいるからだといえます。

「サロン」は、全国社会福祉協議会が 1994 年に「ふれあい・いきいきサロン」を提案したときから使ってきた表現で、何となく出かけたいと思うような楽しみを求めて集まり交流する場所という点に重点を置いています（さわやか福祉財団 2016）。「カフェ」は飲食物を有償で提供する場所を指しますが、それに「コミュニティ」という言葉をつけることによって、地域の人が交流する目的で集まるカフェという意味をもたせています（さわやか福祉財団 2016）。また「コミュニティカフェは、飲食を共にすることを基本に、誰もがいつでも気軽に立ち寄り、自由に過ごすことができる場所である」（倉持 2014：30）ともいわれます。サロンやコミュニティカフェとは、利用者を限定せずに誰もが気軽に立ち寄ることができ、利用者とスタッフがおしゃべりをしたり、一人の時間を満喫したりと思い思いに過ごすことができる、そのような場所だといえるでしょう。さらに倉持（2014）は、コミュニティカフェのスタッフによる実践や利用者同士の関係の変化に注目しながら、コミュニティカフェに集う人々が構築する関係が、互いに支え合う関係に発展すると共にまちづくりにも発展する活動を生み出していくことにもつながると、コミュニティカフェに可能性を見出しています。

なぜ、サロンやコミュニティカフェの存在が大切となってくるのでしょうか。オルデンバーグ（1997 = 2013）は、第一の家庭や第二の職場の領域を超えた、個々人の定期的で自発的でインフォーマルな、お楽しみのためのつどいのために場を提供する様々な公共の場所を総称して、第三の場所（サードプレイス）と呼びました。2017 年に内閣府が発表した「国民生活に関する世論調査」では、家庭がもつ役割として、「家族の団らんの場」65.2％、「休息・やすらぎの場」64.0％、「家族の絆（きずな）を強める場」54.8％と、半数以上が回答しており、家族が果たす役割をとても大切だと考えている人が多い。しかし育児・介護などで、主な人との関わりが家族だけになってしまうと、家族そのものが負担となってしまうことがあります。家族以外に交流をもてる場所があると、家族と

も余裕をもって接することができるし、家族との関わり方についても新たな発見があるでしょう。このような意味においても、第三の場所はとても重要な役割を担っている場所だといえます。

　サロン、コミュニティカフェいずれも人々が集まって交流することを目的とする場所ですが、このような場所は自然発生的にできるものではなく、なんらかの仕掛けがないと難しい。そこで構築される人々の関係性に注目して、サロンやコミュニティカフェでの交流がどのように展開されるかを考えることで、その仕掛けを探るきっかけとしていきたいと思います。倉持（2014）は、コミュニティカフェでスタッフと利用者とが区別できないことがある点に注目し、それはコミュニティカフェが特定のサービスを提供する・される場所ではなく、スタッフと利用者が共にその場を創りだそうとする姿勢をもっているからこそ、このような関係が生まれると指摘します。「ふれあいを目的にした場合、「居場所・サロン」に来る人は誰でも受け入れ、「お客」にしないこと、つまり、世話する人と世話を受ける人との垣根がないような対等な関係を創っていくことがポイントとな」（さわやか福祉財団 2016：61）ります。つまりサロンやコミュニティカフェでの関係は、上下関係や特定の役割に基づいた関係ではないということです。

　またサロンやコミュニティカフェが、居心地の良い場所であるためには、そこが一時的な場所ではなく、継続して存在する場所でなければなりません。何度も来たくなるという動機づけの根幹となるのは、楽しさがあるとか興味や関心を惹くといった機能がそこにあるかどうか、安心できる場所なのか、固定化された関係ではない形で、どのように関係性が築かれるのかということが挙げられます（オルデンバーグ 1997＝2013）。まずは純粋に行きたいと思えるかどうかが基本となりますが、次の段階として、広く認知され集う人が増えてくると、その場に集う人が固定化されてしまう事態が起こりかねません。ナカムラ（2013）は、常連客が増えると、他の客が疎外感を感じることもあるため、適度な距

離感を保てるようにし、場が整ってきたらあえて異質なものを取り込んで、心地よいたまり場になるようにする必要があるといいます。居場所であり続けるためには、その場所に集う人々の関係性をどのように保つのか、そのあり方を常に問い続けて必要に応じて見直さなければならないでしょう。

サロンやコミュニティカフェは、利用対象者を特定しないところに特徴がありますが、「認知症カフェ」のように当事者を対象にしたものもあります。認知症カフェは、2012年に国が策定したオレンジプラン（認知症施策推進5か年計画）の中でその普及が謳われ、オレンジプランをさらに発展させた新オレンジプラン（認知症施策推進総合戦略）により、カフェの設置が推進されるようになりました。認知症カフェは、認知症当事者のみが対象とされているわけではありません。新オレンジプランでは、認知症カフェは「認知症の人やその家族、地域住民、専門職等の誰もが参加でき、集う場」と定義されていることから、認知症の人やその家族が気軽に立ち寄れ、幅広い人と関わることで情報を交換したり、認知症について学んだり、お互いを理解したりすることが目的とされています。認知症になったとしても、気軽に通えて相談することができ、本人のみならず家族も参加することができれば、本人や家族にとっても安心感を得られるでしょう。

サロンやコミュニティカフェは行政が中心となって運営している場合もあれば、社会福祉法人、NPO、任意団体などの民間団体が実施主体になっていたりもします。さらに個人が中心になって運営していることもあります。実際の運営に町会・自治会が関わったり、社会福祉協議会がサポートをしたり、地域住民などの登録ボランティアが活動を支えたりと、多様な関わりをみることができ、サロンやコミュニティカフェによって、誰を対象にしてどのような人が携わり運営するかは、それぞれ異なります。またサロンやコミュニティカフェがどのような目的をもって開設されたのか、抱えている課題があればそれをどのように解決して

いこうとしているかによっても変わってくるでしょう。サロンやコミュニティカフェが設置される場所も、福祉施設内であったり、一軒家の空き部屋を利用したり、公民館やコミュティセンターなどの公的施設を借りたり、自宅で行ったりと多様です。特定の建物がなくても、ベンチで休んだ時に会話を交わしたり、特定の農道に並べられたパイプ椅子で談笑したりと、人との交流が生まれる場所は多くあります（さわやか福祉財団 2016）。

このように「サロン」や「コミュニティカフェ」のあり方は多様で、人々が交流する場所が構えたものではなく、心が開けるような場所であってほしいという点において「居場所」にもなっているのです（倉持 2014；さわやか福祉財団 2016）。

4 ●「他者」に対する想像力を働かせることのできる関係の構築

当事者研究、サロンやコミュニティカフェなど、自分以外の他者と出会う場において他者と関係を築けるか、また維持できるかどうかは、他者に対する想像力を働かせる余地がその場所にあるかどうかで変わってくるのではないでしょうか。想像力とは、妄想／空想することではなく、他者とその集合である社会を理解すること（塩原 2017）だといえます。他者や社会を理解することが想像力なのですが、それは勘違いや誤解を免れず、他者に対する想像力は、他者への固定観念を突き崩すと同時に新たな他者への固定観念を絶えず形成します。したがって「他者を想像することによる勘違いを修正していくためには、自分がどのような勘違いをしているのかと、想像した他者に対して絶えず問いかけ、返答を得ようとすること、つまり『対話』」（塩原 2017: 17）が必要なのです。対話とは、あまり親しくない人同士の価値観や情報の交換、あるいは、親しい人同士でも価値観が異なるときに起こるその摺りあわせなどを指しており、それは人工的なものであるがゆえに、身につけなければいけま

せん（平田 2012）。持続可能な社会にしていくには、価値観を一つにする一致団結型ではなく、バラバラな価値観の人がバラバラな価値観のままでどうにかやっていく社会に作り替える必要があります（平田 2017）。

　想像力を働かせながら相手と関わるなかで、自分を知りつつ相手も知っていく、そこにどのような意義を見出すのか、関係性に込められた意味づけから「支え合い」が導き出されていくでしょう。多様な人が交流できるような場で生じる感覚が共有されることによって、想像力から生まれた疑問が新しい発想や価値観を創造する可能性を生み出す。それが新たな関係性へと拡がりをみせると、支え合う社会となっていく。では支え合う社会において、想像力を働かせる相手つまり他者は、どのようにして現れるのでしょうか。

　知り合いのように具体的な他者について、まだ自分が知らない領域への接触と、直接は関係性がない他者に対する認識と配慮とがいかに結びついているかを確認することが、地域社会における他者性の意識を高めるためには重要です（川端 2013）。川端（2013）は他者性に対する意識を高める実践として、自分が住んでいる地域を「地元」ではなく「ジモト」としてみるという方法、つまり自分の出身地で生活する人びとや風景、その背景にある歴史・社会性について、かつてもっていた認識やリアリティから自分を解放し、相対化する視点をもつことを挙げます。自分が知っていると思っている地域を「ジモト」として目を向けて想像力を働かせることは、他者の見知らぬ領域や関わりのない他者への認識と配慮とを結びつかせ、自分がいまだ気づいていなかった他者や自分の他者性に気づく機会を与えます。

　当事者研究において、地域の中で当事者が生活できるようにするには、精神障害者と地域とを橋渡しする役割を担う専門家の存在がありました。さらにサロンやコミュニティカフェでは、志を持った人たちによる実践が、どのような目的をもって運営されているのか、そこでの関係性を踏まえて問い直していく作業が必要でした。このような場所は、私たちの

身近にあります。その存在を知らないか、関わるきっかけがつかめないと、場所そのものを知ることはないでしょうし、他者と出会うことも自分の見知らぬ他者性に気づくこともありません。当事者研究の場、サロンやコミュニティカフェ以外にも、人と人の交流が生まれる場所や人との関係性が展開される場所は、近所付き合いのようにもっと身近な場所に見出すことができるかもしれません。どのように近所の人と関係を築くのか、関わり方や近所をどの程度の範囲と捉えるのか、「ジモト」の視座から新たな一面をみつけられる可能性があります。「支え合い」を理念先行型とするのではなく「人」を出発点とするには、他人事ではなくいかに自分が関心をもつかが原則です。一歩を踏み出し、地域のことや地域の人を知ることが、自分を知ることにもつながるでしょう。

　大学は、地域のことや自分のことを知るための一歩を踏み出す機会になると思います。大学での学びや一緒に学ぶ仲間を通して様々な価値観に触れることで、物事をどのように解釈できるのか、多様性に満ちた価値観があると理解できるでしょう。様々に起こる物事やそこに関わる人々、そしてその関係性がどのようなものになっているのか、想像力を働かせながら、つまり想いを馳せて理解を深めていく。足りないものがあれば、新しいものを生み出していき、実践しながら一つひとつを積み重ねていくことが関係性の構築、「支え合い」に結びついていきます。生活をするうえでの困りごとというのは、私たちの身近に潜んでいるということを忘れてはいけません。視野を広くもって想像力を駆使しながら、わたしたちの生活における幸せを、自分と関係する人々の関係性から考えていく。そうすると、「助ける‐助けられる」という役割のどちらかに自分や他者を位置づけて、固定化された役割を意識しながら生活するのではなく、その人自身に焦点を当てた人と人との関係性に基づく「支え合う」社会に、自分も他者も身を置くことができるでしょう。

参考文献

平田オリザ（2012）『わかりあえないことから―コミュニケーション能力とは何か』講談社

平田オリザ（2017）「演劇を教える／学ぶ社会」『現代思想』2017年8月号、青土社 38-52

石原孝二（2013）「当事者研究とは何か―その理念と展開」石原孝二編『当事者研究の研究』医学書院 11-72

川端浩平（2013）『ジモトを歩く―身近な世界のエスノグラフィ』御茶の水書房

熊谷晋一郎（2017）「みんなの当事者研究」『みんなの当事者研究』臨床心理学増刊第9号、金剛出版 2-9

熊谷晋一郎・國分功一郎（2017）「来たるべき当事者研究―当事者研究の未来と中動態の世界」『みんなの当事者研究』臨床心理学増刊第9号、金剛出版 12-34

倉持香苗（2014）『コミュニティカフェと地域社会―支え合う関係を構築するソーシャルワーク実践』明石書店

向谷地生良（2016）「当事者研究と精神医学のこれから」石原孝二ほか編『精神医学と当事者』東京大学出版会 180-205

向谷地生良・小林茂（2013）「浦河におけるコミュニティ支援（総論）」向谷地生良・小林茂編『コミュニティ支援、べてる式』金剛出版 36-50

ナカムラクニオ（2013）『人が集まる「つなぎ場」のつくり方―都市型茶室「6次元」の発想とは』阪急コミュニケーションズ

Ray Oldenburg（1997）*The Great Good Place:Cafes, Coffee Shops, Bookstores, Bars, Hair Salons, and Other Hangouts at the Heart of a Community 2nd edition*, Da Capo Press（忠平美幸訳（2013）『サードプレイス―コミュニティの核になる「とびきり居心地よい場所」』みすず書房）

さわやか福祉財団（2016）『居場所・サロンづくり』全国社会福祉協議会

塩原良和（2017）『分断と対話の社会学―グローバル社会を生きるための想像力』慶應義塾大学出版会

浦河べてるの家（2002）『べてるの家の「非」援助論―そのままでいいと思えるための25章』医学書院

浦河べてるの家（2005）『べてるの家の「当事者研究」』医学書院

山下耕平（2017）「何者かでなくともよい『お庭』から」野田彩花・山下耕平『名前のない生きづらさ』子どもの風出版会 187-222

Special Lectures

新たな人間復興へ向けて

第13章
文学を生む力

宮本　輝

みなさん、おはようございます。

　私は学者ではありませんし、評論家でもありません。毎日ひたすら実際に小説を書いている人間です。小説というのはどうやって生まれるのか、そして、それを完結させるために、小説家という人間の内部ではどんなことが起こっているのか。今日は今までに書いた作品の中でもとりわけ長い「骸骨ビルの庭」[*1]という小説を一つ例に挙げて、それが出来上がっていく行程というのを皆さんに正直にお話ししようと思います。別に小説家になるつもりはないんだから、小説の書き方なんか教えてもらわなくて結構だよ、という方もいるかもしれませんが、この話の中に、皆さんの人生にとって多少なりとも何か役立つことがあるのではないかと思っています。

　スタンフォード大学の2005年度の卒業式でアップルの創始者スティーブ・ジョブズ氏が卒業記念スピーチを行いました。その中で「コネクティング・ドッツ」（connecting the dots）という言葉を、彼は使いました[*2]。これは「点と点をつなげる」という意味です。

　そして、一人の小説家が一つの小説を書き上げるのに、どれほどの悪戦苦闘をするかという話の中から、この「コネクティング・ドッツ」、

つまり「点」と「点」をつなげるということの意味、そしてそれが人生をいかに生きるかに相対していくということを、皆さんに感じ取っていただけたらと思っています。

小説を書き始めるまでの苦悩

　『群像』という有名な文芸誌から、十年以上も以前より「宮本さん、いつか群像で連載やってくれ」と言われてきたのですが、「そのうち書くよ」なんて言いながら敬遠しておりました。しかし、『群像』のある編集者が何回も通ってくださり、そのうちその方との間に信頼関係が生まれて、彼のために書こうという気になり、とうとう承諾しました。

　連載開始はその３年後の新年号からということでした。ですから、引き受けたときはまだ３年も余裕がありました。そのうち何か、いい題材を思いつくだろうと高をくくっておりました。しかし、あっという間に１年が過ぎ、２年が過ぎました。それでもまだ来年だと思っている。そうしているうちにあと半年になり、３ヶ月になりました。ところが、題名も内容も、何も思い浮かびません。

　編集者からいよいよ電話がかかってきました。「お忘れではございませんでしょうが、今度の新年号からいよいよ連載が始まります。第一回目は原稿用紙何枚ちょうだいできますでしょうか」と。言葉は大変慇懃なのですが、私には借金取りみたいに思えてきます（笑）。それでも何も浮かびません。そうなるともう布団に入っていても、音楽を聴いていても、常に深層心理ではどんな小説を書こう、どういうふうにしようと思って、頭が変になってきます。そうすると次に来るのは恐怖心です。「もう俺、国外に逃げなくちゃいけないんじゃないか」とか、「講談社だけ火事で焼けへんかな」とか（笑）。そんなふうに、考えて、考えて、それでも何も浮かばない、困ったなあというときに、「待てよ、落ち着け」と自分に言い聞かせるんです。「自分はどんな小説を人に読ませた

いのか」と。これは結局のところ、「どんな小説を自分が読みたいのか」というところへ入っていくのです。

そうしていったときに今度は、私という人間の内部にある哲学に育まれたものだとか、生まれてから今日まで見てきた風景だとか、人間の一瞬の表情だとか、様々な人々の裏切りだとかがポコっと出てきます。

65歳にもなりますと、今まで様々な人間と出会ってきています。子どもの時分にもいろいろな経験をしました。これらは全部、「点」です。さきほどのコネクティング・ドッツのドット（dot）です。この「点」とこの「点」とは、それが起こったときは何の関係もありません。これとこれがつながるなんて考えもしません。ところが、小説が書けなくてそこまで追い詰められたときに、火事場の馬鹿力と言うのか、自分の心の中からも消え去っていたはずの「点」がポコッと出てくるのです。これが一個出たら、もうしめたものです。さて、この「点」をどうやって出すのか。こればかりはお教えすることができません。企業秘密という意味ではありません。教えようがないのです。

物語の核が出来る瞬間

例えば、7, 8歳の子どもの時分に、だれも住んでいないボロボロの一軒のビルディングを見たと。そこにはおじいさんが一人で住んでいた、というようなことがポツンと出てきて、そこから物語が生まれていきます。「骸骨ビルの庭」の場合がまさにそうでした。

私がまだ幼稚園ぐらいのときのことです。大阪の土佐堀川沿いに空襲を危うく免れた、当時としてはとても珍しい三階建てのビルディングが建っていました。当時、大阪の街ではビルというものがまだまだ珍しい時代で、三階建てのビルよりも大きいのは阪急百貨店ぐらいでした。しかもほとんどが空襲でやられましたので、奇跡的に残ったビルでした。当時、父は商売に失敗したことをきっかけに、このビルの2階を借りて

中華料理屋を始めました。1階が雀荘、2階が中華料理屋、3階が私たち親子の住居。そういう生活が3,4年続きました。それが私にとっての一つの「点」です。その「点」がポコッと出たことで、「骸骨ビル」というアイデアが生まれたのです。

　それはほとんどだれも住んでいない廃墟のようなビルでした。今みたいに夜が明るくなく、街路灯も100mおきに裸電球が一個だけ灯っているような時代でした。そんな暗い夜に遠くからそのビルを見ると、なんとなく骸骨みたいに見えました[*3]。それで「うちの家、骸骨みたいやなあ」と家族で話したものです。そのことがポコッと出てきたのです。よし、これを題材にしよう、と決めました。

　しかしそれだけでは、まだ題材だけです。じゃあそこにどんな人間を住まわせるのか。年代はいつにするのか。そして、いったい"何"を小説に書いていくのかを考えたときに、また別の「点」がポコッと出てきます。

　ラテン語にシュポンターン（spontan）という言葉があります[*4]。これは日本語にうまく訳せない言葉です。自発的と訳すべきかと思えば、逆の意味の時もある。以前、ドイツに暮らす日本人の家に招待されたことがありまして、彼の家で「シュポンターン」とはどういう意味かという話をしておりました。そうしたら、そこの家の高校生の息子さんが、「シュポンターンってね、何気なく、ふっと湧いて出るって意味だよ」と教えてくれたのです。「あ、それや、それや」と。ポコッと出てくるとはまさにそういうことです。この「点」と「点」の間に「シュポンターン」するのです。

語り始める登場人物たち

　話を戻しますと、まず、「骸骨ビル」がシュポンターンしたわけです。次はそこへどんな人物を配すかです。私はそこへ一人の人間を配しまし

た。それは、戦後に南方の国から兵役を終えて帰国し、これから日本でどうやって生きていこうかと考えていた一人の青年です。そして、彼は親から譲り受けて持っていた大阪のビルで暮らすようになった。青年は当初、そのビルを売って得た金で今後の自分の人生を考えようと思っていたのだけれども、彼が帰ってくる前に、たくさんの戦争孤児、戦災孤児たち*5がそのビルに住んでいた――と。

　そうすると、だんだんといろんな「点」が湧いてきます。この子たちにとってその青年とはどんな親であったのかということを書こう、と。そしてそこに、「人間を愛する」とはどういうことか、「人が育つ」とは、「教育」とは、どういうことなのか、父とか母とか子とかというものはいったいどういうものなのかと、いくつもの「点」がシュポンターンします。そしてさらに、一見、自分の力ではどうすることもできない、変えられそうにもない、非常に複雑微妙なこの社会の中にあって、彼らがどうやって自分たちの世界を築いていくのか――それを書こう、と。こんなふうに、あっちこっちからいろんな「点」がポコッポコッとシュポンターンするのです。

　そうやって少しずつ「点」が湧いていき、それがつながって薄ぼんやりとした小説の核が出来上がっていきます。しかしそれはまだ核です。ぼんやりとしています。そのときには、最後がどうなるか、自分でもわかっていないのです。

　私は400字詰め原稿用紙に書きますが、5文字ぐらい書いて3時間ぐらい全く動かないときがあります。つまり、今から1000枚の長編を書こうという人間が出だしの5文字で詰まるわけです。そういうときに「どないしよう」と途方に暮れる絶望感というものを、ぜひ一度、想像だけしてみていただきたい（笑）。

　そういうときもあれば、原稿用紙で7枚ぐらい書いて、あれ今何時かなと思ったら、もう4時間も書いていたというような時もあります。そういうときというのは、別に大して考えてもいないのに、次から次へと

いろいろな登場人物が出てきてしゃべってくれるのです。見も知らない人たちが出てきて、それぞれの人物がそのときそのとき勝手にしゃべります。それを書くだけですから、難なく書けます。

　何とかまず3枚書きます。3枚というのは長いものです。5枚ぐらいになってくると、ちょっと動き出したかなという気がしてきます。1000枚の中の5枚というとまだ厚みなんかなくてペラペラですが、それが重なって10枚になり、15枚になり、20枚になる。そして、30枚、40枚、50枚となる。その間にも絶えずこのコネクティング・ドッツ（点と点をつなげる）の「点」が、ポコポコと勝手に浮かんできます。そして、できあがっていきます。

一字一字を積み重ねて千枚へ

　コネクティング・ドッツがだいぶ出てきました。そこでいちばん問題になってくるのが忍耐です。焦らないということです。一字一字積み重ねていくしかないということを肝に銘じることです。いっぺんに100字書けませんし、一日に100枚も書けません。しかし、1000枚の長編に臨んだ限りは、とにかく焦らないことです。

　皆さん方も会社に入れば、「新車を今日5台売ってこい、おまえ、営業やろ？　80軒の家で門前払い食らわされてこい」と言うような上司たちとの出会いが必ずあるでしょう。そのときにやってみせるか、辞めるのか。「一日に新車5台売れなんて、そんなことできるか、会社辞めたる」と言って辞めるのは簡単です。でもそこで、「よし、こうなったら、売ったらええのやろ。80軒断られてきてやる」と開き直るのです。それをやりながら「5台売るのと、80軒断られるのと、どっちが早いやろか」とか、自分のなかで精神的なせめぎあいがあります。そのとき、原稿用紙で1000枚もの物語を生み出すために、一人の小説家がどれほど苦労しているかという、今日の話を思い出してください。

どんな仕事でも同じことです。例えば、マッサージ師さんが一日に十人の人の体を揉んだらどれほど疲れると思いますか。その仕事が終わったら自分がマッサージしてもらわなければならないぐらい疲れます。それを毎日、毎日、やり続けることのすごさを考えてみてください。

焼き物でもそうです。普通の数茶碗と呼ばれる一個100円ぐらいで売っているような湯呑み茶碗を大量生産する職人さんは、粘土を轆轤に載せて回します。その人たちは電気の轆轤なんか使いません。電気代が高くつくからです。だから足で轆轤を回しながら、手で湯呑み茶碗を作ります。一日に何千個と回すのです。十日で何万個です。一年で何個になるのか。十年でいったいどれだけの数になるのでしょうか。

この人たちはいつか手が勝手に動くようになります。足も勝手に回ります。そして、回っている轆轤に指ですっと触れます。そのわずか3秒ほどで同じ形の湯呑み茶碗を作るのです。その人の指はまるで魔法使いです。土も轆轤も何も見ていません。こういう一つの境地が必ず訪れます。それには少なくとも三十年かかると思います。だから私は「三十光年の星たち」*6という作品を書いたのです。必ずそういうときが来ます。そしてそのときに、いわゆる「点」と「点」がつながっていくのです。

作品を修正し完結させるまでの過程

そうやって一つの小説ができていきます。半分ぐらいできてくると、少しずつ先が見えてきます。よしこれで何とかなるかなというときに、大きな落とし穴みたいなものが訪れます。それは、時系列に大きな矛盾が出てくるのです。つまり、最初に出てきたのはAという男だったけれども、その人物が昭和何年に生まれて、いつ何をしてどうしたという設定と、あとから出てきた男の設定とが、その二人が出会ったときに時間的に合わなくなっているのです。

小説の真ん中あたりからこの修正作業が始まっていきます。これが大

変厳しいです。人間にとって、一度築いたものをバラバラにほぐしてもう一度作り直すというのはものすごいエネルギーが要ります。無から有を生じるよりもひょっとすると大きなエネルギーを使うかもしれません。この過程は、どんな仕事にもあります。自動車を組み立てるにしても、時計の職人さんにしてもみな同じです。

　例えば、非常に高級なスイスの機械式時計は、歯車一個から職人さんが自分で作りますが、彼らは完全に組み立ててから、完成品を一度バラバラにするのです。それには、ネジの締め具合を完璧なものにするためとか、いろいろ深い意味があるそうです。そうしないと一個の手作りのスイスの高級時計というものは完成しません。それと同じことが小説、特に長編小説で起きるのです。37年間、小説を書いてきて、どの作品も最後には必ずこれをやらざるを得なくなります。

　そうやって小説ができていって、ちょうどそろそろ佳境に入ってくるかなあというときにおもしろくないと感じるときがあります。しかし、そこで、おもしろさにとらわれて、おもしろくしてやろうとしたときには失敗します。そういうときにはむしろ、宮本輝という作家は自分自身の内側に、作家としてどんな哲学、どんな思想をもっているかということに戻っていきます。それは、コネクティング・ドッツの最初、つまり原点に戻るということなのです。

　そしていよいよ最後に「起承転結」の「結」に入っていきます。小説の結びで何が嫌いかというと、「どうだ、うまいだろう」という文章が私はたまらなく嫌いです。「さあ終わりました」と言わんばかりに、派手なBGMがダーンと鳴って「ジ・エンド」とたいそうな字幕が出るような、そんな小説は大嫌いです。

　水の流れでたとえるなら、始まりも、突然水門が開いてどっと水が出てくるような始まり方ではなく、どこか山の奥の方からちょろちょろちょろと水が湧いてきて、それが何筋か集まってさらさらさらと小川になって、ふと気がつくと中ぐらいの川になり、さらにいつしか大河になり、

この大河はどこまで続くのかなあと思ったら、いつの間にか黒海かどこかの河口へ消えていって、「あ、終わってた」というような、そういう小説が私自身は非常に好きです。

「点」と「点」をつなげ続けゆく人生

　「骸骨ビルの庭」という小説は約4年間、『群像』に連載して終わりました。4年間、ずっとそんなことをやっているわけです。同時に他の小説も書きます。「骸骨ビルの庭」を書きながら「流転の海」を書き、毎日新聞に「三十光年の星たち」を書き、同時に別の雑誌で「三千枚の金貨」*7を書くというような日々です。そんなことをもう37年もやってきました。

　そして、これから先に自分が書きたい小説を数えてみると、あと30ぐらいあります。あと20年書けるとしたら何作書けるだろうと思い巡らします。おそらく85歳になっても同じこのコネクティング・ドッツを続けているでしょう。自分の見たもの、聞いたもの、経験したこと、味わったこと、それらの「点」がこっちから出てきたり、あっちから出てきたり。それらの「点」をどうコネクトしていくかという作業をずっと続けていくだろうと思います。

　そして、皆さん方が社会で経験するのもみな同じことです。先ほども自動車販売のセールスマンの話をしましたが、今日もここでも断られた、ここでも門前払いされた、と。それで会社に帰ったら偉そうな上司に叱られ、あるときは夜遅くまで飲み会につきあわされ、というようなことが続きます。学生時代がどれほど有り難かったかと思うでしょう。自分には関係ないと思う人もいるかもしれませんが、これは誰の身にも起きます。

　このいろんな「点」が、あるときポコッとつながります。一度断られて、どうせまた行ってもだめだろうと思う人のことを、別のお得意先で

たまたま話題にしたら、「それ、俺の後輩やがな、そしたら、ちょっと面倒見てやろうか」といって仲介してくれる、というようなことが起きます。だからとにかく「点」を作っておくことです。つなげようとして作るのではないのです。仕方なしにできていく「点」でよいのです。それでいいから、とにかくたくさん「点」を作ることです。動かなければ「点」は作れません。だからいろんな人と会う。嫌なやつともつきあう。それがすべて「点」になります。

　世の中、嫌なやつの方が多いものです。100人の組織なら30人ぐらいは嫌なやつがいます。その30人が嫌だからと言って会社を辞めていたら、どこの会社でも三日勤まりません。辞めて別の会社に再就職できたとしても、そこには嫌なやつが、倍の60人に増えています。三回会社を変わったら90人が敵になっています。それは実は自分が敵を作っているのです。とにかく焦らずに粘り強く、やれと言われたことをこつこつとやる時期が10年は必要です。社会に出て10年間は、あいつが嫌いや、こいつが好きやとか、あの上司がアホやとか、言わずに是非ともがんばっていっていただきたい。修行というものはそういうものなのです。

　そんなときに思い出してください。一日に一枚、400字詰め原稿用紙にしこしこと文字を埋めて1000枚にする作業をやっているアホがおった、と。しかし、どんな道に進もうとも同じことです。いろんな「点」を作りに作って、その「点」と「点」を自分で結んでいってください。これが小説家が小説を書く唯一の方法ですし、これ以外に他の方法は全くありません。あとは才能です。才能は自分では見つけられません。このいろんな「点」が皆さん方の才能というものを見つけていくのです。これは巡り逢いですが、同時に一つの宿命でもあります。これが、私が37年間、小説を書いてきた結論です。何かのお役に立てば幸いです。
（大拍手）

注

* 1 **「骸骨ビルの庭」** 宮本輝の長編小説。講談社の文芸誌『群像』連載（2006年〜2009年）を経て、2009年、講談社より上下2冊刊。2010年、第13回司馬遼太郎賞受賞。
* 2 **コネクティング・ドッツ**（connecting the dots, 点と点を繋げる）　スタンフォード大学の2005年の卒業式で、米国アップル社の創始者、スティーブ・ジョブズ氏が講演した内容から取っている（同大学ウェブサイトで現在も公開されている）。You can't connect the dots looking forward; you can only connect them looking backwards. So you have to trust that the dots will somehow connect in your future. You have to trust in something — your gut, destiny, life, karma, whatever. This approach has never let me down, and it has made all the difference in my life.
（将来を見すえて点と点をつないでおくことはできない。後から振り返ってはじめてつなぐことができる。だから将来何らかの形で点と点がつながると信じることだ。自分の直感、運命、人生、宿業、そのほか何であっても、その何かを頼りにして信じるのだ。このやり方で私が失敗したことは一度もなく、むしろこのやり方こそが私の人生に大きな違いをもたらした。）
* 3 **骸骨ビル**　「骸骨ビルの庭（上）」の「平成六年二月二十一日　茂木泰造の話」に、「骸骨ビルといいますのは、このビルを遠くから見ると、屋上に何本もの物干し竿が突き出てまして、それがなんやしらん人間の骨みたいやったんですな」（上巻 p.38 より）とある。
* 4 **シュポンターン**　宮本輝の小説「愉楽の園」（1989年、文藝春秋刊）の中で、このエピソードが使用されている。「シュポンターン……。語源はラテン語だが英語の辞書では、〈無意識的な、自発的な〉という一見相反する訳がなされ、さらにこうつけくわえられていた。〈考えたうえで行われたものでなく、外部からの刺激に対して本能的になされた〉」（p.202）。これに該当するラテン語語彙は形容詞の spontan（スポンターン）。これを起源とする形容詞が欧州各言語にある。シュポンターンの発音はドイツ語の spontan が最も近い。英語では spontaneous（スポンテニアス）、フランス語では spontané（スポンタネ）。「意図せず自然と湧き起こる」というような意味だが、日本語訳として一般に用いられている「自発的」は、「能動的」の類義語でもあるため、意図性を表現するものとの誤解を引き起こすので、最善の訳とは言えない。
* 5 **戦争孤児、戦災孤児**　「骸骨ビルの庭（上）」（p.39〜41）では、戦災で親を失った「戦災孤児」だけでなく、親が存命であっても親の育児放棄によって棄てられた「棄迷児」なども含めて、戦争が原因で孤児となった子供の総称として「戦争孤児」を用いている。作品に登場する「骸骨ビルの住人」はむしろ棄迷児が多い。
* 6 **「三十光年の星たち」**　宮本輝の小説。2010年に毎日新聞紙上に連載され、

2011 年、同社刊。
* 7 「三千枚の金貨」　宮本輝の小説。前半は 2009 年に『BRIO』（光文社）誌上に連載され、後半の書き下ろしを含めて、2010 年、同社刊。

第14章
ゲーテと現代

森　淑仁

世界市民としてのゲーテ

　本日は、「ゲーテと現代」というテーマで、「詩人ゲーテ――その自然研究の本質――」ということの基本ともいうべきところをお話しさせていただきたいと思います。
　さて、ゲーテについて皆さんは、様々な戯曲、小説、例えば「ファウスト」とか「若いウェルテルの悩み」といった作品でもおなじみかと存じます。ゲーテということですぐに思い浮かびますのは、今も申し上げましたように、まずは「詩人」としてのイメージであります。しかしながらゲーテは、ワイマル公国、正確にはザクセン＝ワイマル＝アイゼナハ公国といいますが、そこで、10年以上、政治家として奔走しました。ワイマルの君主である、カール・アウグスト（1757-1828）の信任を得て、政治に携り、政治改革を行います。ワイマル公国といいましても、当時300以上ありましたドイツの領邦国家の一つで、決して大きくはなく、人口10万余、面積は、2000平方キロですので、東京都より小さく、首都であるワイマルの人口は約六千ですが、ゲーテは、「道路建築局長」、

「財務長官」、「軍事委員長」等々として活躍をします。また、イルメナウ地区の鉱山、銀と銅が出ますが、一時廃山となってしまったところを、財政上の建て直しということで、そこの再開発を手がけます。そして彼は、地質学の研究を同時に行いながら、並々ならぬ力をかたむけますが、10年ほどして結局、落盤にあって失敗をしてしまいます。しかし、「ウェルテルの悩み」で一躍有名となった詩人ゲーテが、20代の後半にワイマルへ行き、このような活動を通じて、多方面の広い視野を養ったと言えると思います。ゲーテは後年、「われわれドイツ人は、われわれを取りまく周囲のせまい圏域の外へ目を向けないならば、たやすく、ペダンチィックなうぬぼれに陥ってしまう」(Houben 174、対話(上)292 参照)と語っていますが、ゲーテがワイマルという小国にありながら、自らを、そしてドイツ人を反省的に考察するに至ったことに注目したいと思います。

　ゲーテはライフワークの『ファウスト』の終わりで、理想的な社会、「自由な土地に、自由な人々と共に住みたい」(HA3, 348; 潮 3, 351 参照)といった理想的な世界を思い描くところにまで、広く目を向けていくようになりました。晩年ゲーテは、アメリカ合衆国――その頃は、アメリカ合衆国は、理想的な国としてヨーロッパの人々にも思い浮かべられましたが――アメリカ合衆国について、次のように語っています。「自然がすでにきわめてゆったりした、また安全な港を形成している太平洋の岸辺全体に、次第に、きわめて重要な商業都市が生まれ、中国、東インドそして合衆国との間の大きな公益の仲介をするであろう」と。そしてパナマ運河にも言及し、「(アメリカ)合衆国は、メキシコ湾から太平洋へ通ずる横断路を必ずやり遂げる」であろう、「それを私は身をもって体験したいものだ」と、それから、「ドナウ川のライン川とのつながり」、これも大事業だが、「ドイツの財力を考慮すると」なかなかできない相談であろう、と。スエズ運河のことも取り上げ、「この三つの大きな事業」が出来上がったのを身をもって体験できるなら、「もう50年ばか

り」がんばって生きるのもそれなりのし甲斐があろうとも語っています。(Houben 454f.; 対話(下)108-109 参照) スエズ運河、パナマ運河の完成は、ゲーテの時代からかなり経っていますので、このような広い視野を持ち得たということはまさに驚きだと思います。

　こうした晩年のゲーテの発言に関しまして、かつてトーマス・マン (1875-1955)、——彼は 20 世紀のゲーテを自負する作家といえますが——彼は、『市民時代の代表者としてのゲーテ』と題する講演において次のように述べています。「彼(ゲーテ)は、地球上全体に目を走らせていました。自分の国にだけ限定されていませんでした。彼の未来への期待感には、広大で世界全体という広がりが必要でした。他の国の人々の生活の向上、幸福あるいは痛みは、彼にとって、自国の人々の運命と同じく彼の心を動かすものでした」と。そしてさらに、「この精神は、自由がとりわけ偉大なものであることを知っていました。また、〈世界文学〉の告知も、これと同じ精神のあり方に由来しました」と。(ThMann, 37; Th マン 66 参照) ここでトーマス・マンが言及したゲーテの「世界文学」とはどういうことかをこれからお話しをしたいと思います。先ほど触れました「ドイツ人がペダンチックなうぬぼれ」に陥らないように、他の国々の人々の文学に目を向けなくてはならない、そうした他との交流を通じて、おのれの存在を振り返り、自己の特殊性を自覚しつつ、決してペタンチックな独りよがりのものではなく、人類の共有の財産となるに至るまでに深化、発展に努めるべきこととして、特に晩年のゲーテが折に触れて述べているのがこの「世界文学」であります。それはまさにゲーテの「世界文化」論であり、ゲーテにおける「世界市民性」を内容とするものということができます。

　ゲーテの「世界文学論」に関してとりわけひきあいに出されるのが、イギリスの若いトーマス・カーライル (1795-1881、ゲーテやシラー等のドイツ文学の紹介者でもあります) 宛のゲーテの書簡です。そこにはほぼ次のようなことが書かれています。(HAB4, 236f.; 潮 15, 232-233 参照)「ど

の国でもその国の最も優れた詩人たちならびに創作者たちの努力は、はるか昔から、普遍的人間なものへ向けられて」おり、「個々の特殊なもの、それが歴史的にであれ神話的にであれ、どれをとっても、その中から国民性や個性を通じて、その普遍的なものがますますもれ輝きでる」もので、「それぞれの国民の特性を知り」それぞれの「国民の特性を認め」、「交流」の場を開くべきであること、そして、「真に普遍的寛容が最も確実に達せられるのは、人が、個々の人間ならびに民族の特殊性をそのまま認めながら、しかも、真の功績は、それが全人類の所有になることによってはじめて顕彰されるという確信を保持する場合である」と。ところで、ゲーテの生涯は、非常に騒がしい時代であり、戦争に明け暮れたと申しますと大げさかもしれませんが、生まれて間もなく七年戦争があり、またオーストリアとプロイセンとの角逐、フランス革命、ナポレオン戦争、そしてメッテルニッヒ体制等、時代は騒がしく変貌を遂げていきます。1800年前後10年ぐらいは、講和により穏やかな時代でありましたが、こうした騒がしい戦乱の相次ぐ時代について、カーライル宛の同じ書簡にも次のような記述があります。世界文学、世界文化の理念が行き渡り、つまり「現実の人生においても」、「国民性や個性を通じて、その普遍的なものがますますもれ輝き」、そうしたことが支配し、「地上のあらゆる粗野なもの、野蛮なもの、残酷なもの、虚偽的なもの、利己的なもの、欺瞞的なものの間を縫って、至るところで、多少でも和やかさを広げようとしている」ゆえに、「あまねき平和が始まることを望むことはできないが、避け られない紛糾も次第に穏やかなものとなり」、戦争が残酷なものになっていくのを抑えることができ、「勝利の驕り高ぶりが少なくなることを望むことはできる」と。先ほどのトーマス・マンの言葉にありますように「世界全体」、つまり「人類全体」へ目を向け、個々の文化圏のそれぞれの価値を認め、それぞれの文化の独自の多面的で本質的な発展を可能にする全人類的な視座の確立こそ肝要であることが、平和を希求するゲーテにおいて提言されていると言えま

しょう。この全人類的視座をゲーテは「人類全体にしてはじめて自然を認識し、人類全体にしてはじて人間的なものを生きる」(HAB2, 343) とも語っています。

美とは自然法則の表示

　こうした世界「文学論」という言い方で表現された「文化論」を通じて語られる、普遍的なものへの努力は、当然ながら、ゲーテの作品の創造活動ならびに自然科学研究にも通底しております。ではゲーテの創作活動はどういうものであったのか、その基本となるものが次のような言葉に現れています。

　「ある種の大きなモチーフ、聖譚、太古からの伝承が、私の心にきわめて深く入り込むので、それらを、40年から50年、生き生きと活動的に内部に止めおいた。こうした価値ある形象が、しばしば想像力において新にされるのを見ることは、この上なくすばらしい財産であるように思われた。なぜならば、事実それらは、なるほど常に形を変えるが、別のものになるのではなくさらに純粋な形式、さらに決定的な表現へと熟していくからである」と。(HA13, 38; 潮 14, 17 参照) そして彼は、「何らかの現象の由来と結合の秘密を解くことができず、手付かずにしておかなかった場合でも、何年かの後に、突然一切が、その蒙を啓かれ、この上なく美しい連関において見出された」と。(HA13, 40f.; 潮 14, 19 参照) こうした美しい連関の核になるもののことを、ゲーテは、「簡潔にして含蓄に富む点」(ein prägnanter Punkt) と呼び、「それを見出すまでは休息しない」と語ります。(HA13, 40; 潮 14, 19 参照) これは「いろいろなことが引き出される、あるいはいろいろなことを自発的に自ら生み出し運び出してくれる」点であり、いわば座標の原点でありますが、この「簡潔な含蓄に富んだ点」は、ゲーテの創作活動、また自然研究を通じてのまさにキーポイントです。

では芸術についてどうかと申しますと、こうした美しい連関において形象化される美しい芸術作品の最高のものに対して、それは、「認識の最も内奥の根底、つまり、目に見え、把握できる形態において認識することが許されている限りでの事物の本質に基づく」ものであると語ります。(HA12, 32; 潮 13, 124 参照) ゲーテの芸術概念をより一層明確にするものとして、次のような詩句があります「自然は、たくさんの姿をとって／一つの神を表わすに過ぎないように、／広い芸術の野には、／永遠なるものの一つの意が働いている。／それは真理の意であり／それは美によってのみ飾られる」と。(HA8, 255; 潮 8, 217 参照) つまり、「目に見え、把握できる形態において認識することが許されている限りでの事物の本質に基づく」芸術の形象は、「永遠なるもの」、「真理」が内在している美的形象であるということです。また、「美は、秘められた自然法則の表示である。それは美として現れないならば永遠に隠されたままであろう」(HA12, 467; 潮 13, 308 参照) とも語られます。美は単なる趣味の問題ではなく、ゲーテにおいては認識の根本契機であること、このことに留意する必要があります。もちろんこれは、主観的なものに過ぎないと片付けることはできません。ゲーテの言葉に即して言いますと、「直観、知、予感、信仰、その他われわれが万有を探る触角のすべて」が「協働」(Vgl. HAB4, 231f.) してなされる活動です。

　こうした主観的なものが、「一なる永遠なるもの」、「真理」、つまり普遍的なもの、客観的なものを個別の形態において担い行きます。それはまた、個々の文化へと敷衍され、普遍的なものへと努力していく「世界文学の理念」においても肝要である、同様の個と普遍の問題に関わるのです。個々の活動は、個別の立脚点にありながら、それは普遍的なものへと高まり、現象における真なるものを旨とする生産的営為であるということができます。これはゲーテの自然研究にも通底し、「主観的視点においてみること」を「科学的研究 の新しい領域として初めて本来の意味において発見し、この領域の基本的法則をはじめて確定した」(拙

訳141）とも評価されます。ここでは主観的なものがむしろ客観的なものであるわけです。これは、20世紀の最大の哲学者の一人であるエルンスト・カッシーラー（1874-1945）の言葉です。

　ゲーテにとって「芸術」は、「単に考えるだけではなく、同時に感ずるものである」人間、「多様な内的に結びついた諸力の統一」である人間、この人間の全体にたいして語りかけ「人間におけるこうした豊かな統一、こうした統一した多様性」に相応じるものでなくてはなりません（Vgl. HA12, 81）が、また、「認識のもっとも内奥の根底に基づく」最高の芸術は、「人類全体を要求するもの」（HA12, 54; 潮13, 141 参照）であり、芸術は、「第二の自然、感じられ、考えられた、人間的に完成された自然」（WAI45, 261）とされます。

　こうした芸術における美的形象、それは真理を内包しており、ゲーテにおける芸術は、単なる趣味の問題ではなく、認識問題であり、また、認識における美的契機が重要なわけですが、ゲーテは「美とは原現象である」と言いました。「なるほどそれは決してそれ自体では現れてこないが、その反映は、創造する者の精神の種々様々の表現において可視的となり、自然そのものと同じように多様で様々なものである」と。（Houben 468; 対話（下）130 参照）

　「永遠なるものの一つの意（こころ）」、「真理の意（こころ）」は、「広い芸術の野において働いており」「美によってのみ飾られる」との詩句もまた再度確認しておきたいと思います。ゲーテはさらに、「科学もなんらかの全体を期待しようとするなら必然的に芸術として考えなくてはならない」（WA II3, 121）との確信も語りました。こうした表現は全く唐突に聞こえるかもしれませんが、これは単にゲーテにのみ特有の観想ではありません。ここでこのことの内実を考える上で、20世紀における最大の物理学者の一人であるヴェルナー・ハイゼンベルクの言葉を援用したいと思います。

　因みに、ハイゼンベルクは、ゲーテの自然研究にも大いに関心を寄せており、例えば『ゲーテの自然像と技術・自然科学の世界』という、ド

イツのワイマルならびに日本において行われました講演の中で、ゲーテの「原現象」に言及し、「そうした最も深い連関がそんなにも直接可視的となること、そんなにも公然と顕在していることを、ゲーテは何処から知るのか」と問いかけ、「ゲーテが自然現象の神的秩序として感じているものは、高度の抽象の段階ではじめて、全く明瞭に現れてくるのではないだろうか」と語り、ここにおいて、「価値から自由に」発展してきた自然科学は、ゲーテによって突きつけられている「価値の要求」にも応えうるのではないかとしています。(Vgl.HS 254f.) そして、「すべての自然現象がそれに適い」、したがって、「いわば自然の可能性、存在だけを象徴化しているに過ぎない」彼の主唱する「世界方式」と呼ばれる「基底となる自然法則」は、「数学の言語において定式化され」、「この数学の方程式の最も簡単な解が、様々の素粒子を代表している」と語っています。(Vgl.HS 260f.) *1

ハイゼンベルクはこれとは別の『精密科学における美の意義』と題する講演において、認識における「美の意義」をゲーテに劣らず強調します。ニュートンの『自然哲学の数学的原理』も、「最高の美の連関」に導かれたものであり、さらに二度、こうした「美の連関」が、「自然科学の歴史において重要な進歩のシグナルとなった」として、「相対性理論」と「量子論」を挙げています。「この双方において、錯綜した個別事象が、長年にわたる成果なき努力の後に、ほとんど突然秩序づけられたのは、なるほどきわめて具象性を欠くが、やはりその実質において単純な連関――そのまとまりと抽象的美において、こうした抽象的言語を話すことのできるすべての人々を納得させた連関――が浮かび上がってきた時であった」と述べています。(Vgl.HS 295f.) これは、「美的なもの」において「真なるもの」の認識が担われているということの意であり、つまり単純化して言えば、根源的なもの、理念的なもの、ゲーテに即して言えば「神的なもの」が、ゲーテにおけると同様に、人間に相応しいあり方で、美的構造連関として現れるということができます。そし

て、「自然科学と技術において、精確な観察と合理的、論証的思考のみが肝要である」とするのは誤解であり、「合理的思考と入念な測定が、自然科学者の仕事に欠かせないのは、ハンマーやのみが、彫刻家の仕事に欠かせないのと同じである。しかし、これらは両者においてただ、道具に過ぎず、仕事の中身ではない」と。(Vgl.HS 304)

　因みに、こうして、つまりニュートンの『自然哲学の数学的原理』も、「最高の美の連関」に導かれたものであるならば、とりわけ『色彩論』の第二部「論争編」において、理解しがたいほどに執拗になされたニュートンにたいする攻撃の本質は、どこに求めたらよいのでしょうか。ニュートンは光の分析を目的とし、ゲーテは色彩現象の研究をしているのであって、両者の土俵がそもそも違っているとも語られます。また、ニュートンにたいするゲーテの攻撃は、「光」を即自存在、神的なものとするゲーテにとって、屈折率により数量化し、分解し、しかも合成することに我慢がならなかったことにあったと言うことはできるでしょう。またさらに、このことをアリウスとアタナシウスの宗教論争になぞらえて、『色彩論』においてゲーテは、アリウスの三位一体否定論者の役を演じているといえ、――ニュートンも、神学上はアリウス派でありましたが――こうした事態を踏まえ、A・シェーネが、ゲーテの『色彩論』を『色彩神学』とし、第一部「教示編」を「教義学」とし、その第三部「歴史編」をG・アーノルドの『教会と異端の歴史』(初版1699年、第2版1729年)になぞらえ、ゲーテの『色彩論』における宗教的ポテンシャリティを指摘したのはきわめて啓発的といえましょう。(Vgl. Albrecht Schöne: Goethes Farbentheologie, München 1987)

　さて、『色彩論』に関連していえば、「光」そのものは、人間の知覚ないしは認識の対象外であり、光は、闇との作用による「色彩現象」として人間に相応しいあり方で人間の領域内に現れるわけで、そこには人間存在そのものにおける限界が色濃く語られています。『ファウスト』においても、第二部のはじめで、彩り豊かな虹その変転の持続のすばらし

さに感嘆しつつ語ります。「あれこそまさしく人間の努力を映し出している。この虹の意味を考えれば、もっとよく理解できる。彩られた反映、そこにこそわれわれの生がある」と。(HA3、149: 潮 3、148 参照) もちろん、人間の限界の意識は、決してペシミスティックなものではなく、これも、人間の営みには、本源、理念的なもの、一者、神的なものが常に働いているということの比ゆでもあり、人間の努力の意義を歌い上げたものとして、厳粛に受けとめるべきものといえましょう。

普遍的真理の探求としての宗教

　ゲーテは「原現象」の直観において「究極的に満足」しますが、それはまたそこに直観の限界を認め、諦念することであるわけです。このことについて次のように述べています。「私が原現象において究極的に満足する場合でも、やはりそれは諦念である。だが私が人間の限界において諦念するか、私という固陋(ころう)な個人の仮説的な狭隘(きょうあい)さの内部で諦念するかどうかは、大きな相違である」と。(HA12, 367; 潮 12、206 参照)「原現象」の直観は、決して固定したものではなく、いわば、見る目が肥えて行けば、ますます内実豊かなものとして直観されるわけですが、ゲーテは、このような神＝自然の内にある人間の限界に立ち、またそれを意識しながら、「無限なるものへ歩もうとするなら、有限なる物のあらゆる側面を歩め」(WAII11, 46; HA13, 566; 潮 14, 468 参照)をモットーとし、「自然という書物」を読むことにいそしむわけです。これが、ゲーテの自然研究でもありまた、芸術の創造活動でもあるわけです。『気象学の試み』のはじめには、次のような記述があります。「神と同一である真なるものは、われわれに決して直接認識されえない、われわれはそれを、反映、例証、象徴、個々のまた類似の現象において直観するに過ぎない。われわれは、それを把握しがたい生として知覚するが、やはり、把握したいという望みをあきらめることはできない」と。(HA13, 305; 潮 14,

273 参照)

　ところでゲーテは、こうした人間の限界に立ち、それを意識しながら、これもまた彼特有というべき「真理概念」を語ります。「私が私自身ならびに外界にたいする私の関係を知るなら、それを私は真理と称する。こうして各人は、各人自身の真理を持つことができる。だがそれは常に同じ真理である」と。(HA12, 514; 潮 13, 368 参照) 各人の真理といえども、同じ普遍的真理が働いているのであり、その意味で同じ真理であるわけです。認識主体である個々人の立脚点の相違、あるいは個々の文化の違いも含め、それぞれの違いにもかかわらず、それぞれの真理を持ち得る、しかもどの真理も同一の真理を担っており、つまりこれは、端的に言えば、「一なるもの」の現象における「多」であるわけです。

　ゲーテの宗教観も、こうした彼の「真理概念」に基づいてより一層理解されるところです。彼は、自叙伝である『詩と真実』の第二部第八章において、「だれしも結局のところやはり、自分自身の宗教を持つものだ」との確信を述べています。(HA9, 350ff.; 潮 9, 311-313 参照) これは先ほど挙げましたG・アーノルトの浩瀚な『教会と異端の歴史』の読書を直接のきっかけとしたものです。「容易に見て取れるのは、ここに、救済は永遠の昔から決定されているだけでなく、永遠に必然的なものと考えられているということである。そればかりか救済は、生成と存在の全時代を通じて、繰り返し新にされなくてはならないということである」、「すべての宗教と哲学の歴史が教えているのは、人間にとっての不可欠の大いなる真理が、様々な時代の様々な国民によって、種々の方法で、それどころか、奇妙な寓話や形象において、それぞれの限界に応じて伝えられたということである」と。イエス・キリストの十字架のもつところの内実は、過去の一定の時期に限定されず、「救済」は、それぞれのあり方で常に新に繰り返されるものであることが示唆されています。この『詩と真実』のこの箇所で、光の天使ルーツィファーの不遜による忘恩、それによる闇の世界とエホバの神々による救済の神話、——これは

『創世記』以前の物語ですが——そしてまたそれに続いて現れ、「完全にルーツィファーの役を演じた」人間の忘恩と救済の神話、つまり、「光」から「闇」、そして「闇」から「光」への回帰の神話、ゲーテ特有のいわば「宇宙創生の神話」が語られています。この神話もまた、過去の一回限りの出来事でなく、現在にまで継続しているこの地上の人間の営みを象徴しているということができるわけです。

こうした観想は、彼の自然研究、とりわけ「光と闇の抗争」としての色彩研究において語られる色彩の世界——これはまた、「色彩神学」とも言われました——とも密接に結びつき、「常に悪を欲し、そして常に善をなす力の一部」、「光を生み出した闇の一部」であると自ら語る「常に否定する霊」である悪魔メフィストフェレス（HA3, 47; 潮 3, 44-45 参照）に担われ、世界を駆け抜けていくファウスト、また作品『ファウスト』のハンドルングに繋がることがよく理解されることだと思います。

ところで、最初にあげた『ファウスト』の最終場面を振り返ってみたいと思います。そこでは、悪魔メフィストフェレスと結託して世界を駆け抜けてきたファウストが、「叡智の究極の締めくくり」として、干拓事業を成功させ「自由な土地に、自由な人々と共に住む」という「理想的な世界」を思い描く、明るい広い視野を持つに至ったと言うことができるのですが（HA3, 348; 潮 3, 351 参照）、これにたいして、ファウストは、メフィストの手下が彼の墓を掘る音を、干拓事業の進捗の音と錯覚したのであり、ここで思い描かれているのは、やはり「単なる理想」でしかありえないとの解釈も当然なされ得るでしょう。さらにまた一歩進めて、「人間の力で自然を征服してきた誇り高い近代人の営為の象徴」といえる「干拓事業」は、「メフィストがファウストのために用意した最後の、そして最大の罠」ではないかとの解釈も生じます（柴田 327-8 参照）。「自然を制御し、人間の意志に従わせようとする近代の指向」、「その賞賛すべき人間の営為」は、「自然にたいする人間の傲慢さによって支えられ」ており（柴田 329）、それ故、「罠」に落ち、いわば悪魔の手に帰

することになるというわけです。さらにまた、「干拓事業は善であり、同時に悪である」(柴田329) とされます。この点はそれ自体肯けることかと思われます。光には影が、明には暗が常に随伴し、こうした両面性を干拓事業といえども免れることはできず、その意味で「悪魔の手が働いている」ことは、ゲーテには自明のことでありましょう。しかし、『ファウスト』の終わりで描かれている干拓事業自体が、即メフィストによる「最大の罠」、あるいは「自然にたいする人間の傲慢さ」とは、なかなか考えにくいのです。確かにゲーテが近代科学技術の進展にたいして、折に触れその負の要素を危惧したことは、彼の作品中にも表現されておりますが、科学技術そのものを全く否定するということではありません。それは、本日、これもはじめにお話した「パナマ運河やスエズ運河の完成」を見るためならばさらに50年ほどがんばって生きるのも、それなりのし甲斐があろうとのゲーテ自身の言葉にも覗えるところでしょう。

　ゲーテ時代においては、予想することさえできなかったほどの展開をみせた科学技術に依存する現代社会に直面したら、ゲーテは何を語るでしょうか。まずもって、人類はなんと貪欲であるのかとの驚きは禁じえないでしょう。技術文明の肥大化は、技術文明が両刃の剣であること、その明と暗をかつてないグローバルな規模で露呈し、自然と人類の調和ある関係も破綻しかねない事態です。しかし、この科学技術なしには、現代の文化・文明社会はもはや存立できないわけで、そこに生じる諸問題にあくまで前向きに対処するよう迫られているといえましょう。個々の文化圏の諸問題は、もはや個別の問題であるに止まらず、それは人類全体にたいする問題提起となり、その解決も、グローバルな「世界文化」の地平において、広い交流を通じて果たされ得るものであります。そして、人類はそう簡単に「悪魔の罠」に陥るわけにいかない、「悪魔の手」に帰してしまうわけにはいかないのであって、個々の地域、個々の文化の利己的な損得を越えたグローバルな共属性の意識を持って対処

することが要求されているといえましょう。そして、確かな足取りで、いかに暗闇が迫ってこようとも、ひたすら光へと向かっていくのが、まさしく創造的人間ゲーテの本領であるといえましょう*2。こうした世界的、全人類的視野を持って、諸問題にあくまで前向きに、「光」を求めて創造的に向かっていくべきであるとするゲーテの志向は、「聖なる公然の秘密」を読み取る「精神の目」を養えという要請の内にも現れていると思われます。

　ご清聴、有難うございました。

注

本文中ならびに註において、次の略号を用いました。略号に続くアラビア数字は、ページ数を表します。二つある場合は、順番に、巻数とページ数です。
なお、翻訳についても、同様のやり方で、略号を使用しました。

Goethes Werke（Hamburger Ausgabe）：HA
Goethes Briefe（Hamburger Ausgabe）：HAB
Goethes Werke（Weimarer Ausgabe）：WA
Johann Peter Eckermann: Gespräch mit Goethe, hrsg. von H. H. Houben, Wiesbaden 1959：Houben
Thomas Mann: Goethes Laufbahn als Schriftsteller, Fischer Taschenbuch Verlag 1982：ThM
Werner Heisenberg: Schritte über Grenze, München 1973：HS
潮出版社版ゲーテ全集：潮
『ゲーテとの対話』エッカーマン著、山下肇訳、岩波文庫：対話
『ゲーテを語る』トーマス・マン著、山崎章甫訳、岩波文庫：Thマン
『カッシーラー　ゲーテ論集』エルンスト・カッシーラー著、森　淑仁編訳、知泉書館、2006：拙訳
『ゲーテ「ファウスト」を読む』柴田翔著、岩波書店、1990：柴田

＊1　ゲーテの「原現象の直観」も「理論化」でありその意味での「抽象化」ですが、ハイゼンベルクは、勿論このことを承知の上で、「大いなる連関」が、「ゲーテの意味において直観されるかどうかは、われわれが自然にたいしていかなる認識手段をもって歩み寄るかにかかっている」と述べ、ゲーテにおける「直観」との違いを、「認識手段の違い」とし、この講演の終わりで、次のように語っています。「われわれは、今日もなおゲーテから次のことを学ぶことがで

きるであろう。一個の器官のために、合理的分析のために、他の一切の器官の働きを妨げてはならないということ、われわれに与えられている、あらゆる器官をもって現実を把握し、この現実がまた、本質的なもの〈一なるもの、善なるもの、真なるもの〉を反映しているということに頼ることがむしろ肝要である」と。(Vgl. HS 262)

＊2　『ファウスト』の終わりで、悪霊の一つ「憂い」が、ファウストに忍び寄ると、ファウストは次のように語ります。「悪霊たちを振り切るのが難しいことは承知している／霊とのきつい絆を断つことはできない／だが、憂いよ、忍び寄る大きなお前の力、／わしは、それを受け入れはしないぞ」と。そして、「憂い」により盲目とされた後でも、次のように語っています。「夜が、ますます深く、迫りくるように見える／しかし、心の内には、明るい灯りが輝いている」と。(HA 3, 346; 潮 3, 349 参照) ここに、周囲の暗闇が色濃くなろうとも、あくまで「光」を求めるファウストの精神的営為の本質を、かけねなく認めることができます。

第15章
時代の先駆者たれ
── 広岡浅子の生涯を通して

古川智映子

　おはようございます。女性の方が多くて、びっくりぽん*¹ です（笑）。「びっくりぽん」ってわかりますか。皆様、朝ドラをご覧になる時間ないから、見ていないでしょう。皆様のお母様とか、おばあ様は見て下さったかもしれませんね。私の年代では、今より少し早めに結婚するので、あなた方の年齢はひ孫にあたるんです。びっくりぽんでしょう（笑）。

　幕末から大正の初めにかけては、日本歴史の一大変革期で、大きく歴史が変わりました。その動乱の時代に生まれ、偉大な事業を成し遂げた「広岡浅子」という女性のことを、私が取り上げるまでほとんどの人が知りませんでした。本日は、広岡浅子という女性から学ぶこと、私たちがこれから生きていくうえで参考になりそうなことをご一緒に考えていきたいと思います。

「広岡浅子」と大同生命

　まずは、「広岡浅子」という女性がどんな人か、写真を使って説明させていただきます。広岡浅子は、嘉永2年幕末、豪商の三井家（現・京都市）に生まれました。そして、たった17歳で大阪の豪商である加島

写真1　土佐堀川に臨む大同生命　　　　　写真2

屋という両替商にお嫁に行きます。当時、江戸と上方では、金と銀とで使い方が異なっていたため、京都などで買い物をする際は、今の為替のように、両替商でお金を替えてもらわなければなりませんでした。そして、日本の幕藩体制で大名、藩主は、参勤交代などでいろいろお金を使うため、非常にお金に困っていました。両替商は手数料を取って、銀や金を交換、売買し、儲けたお金を大名などに貸し付けて、さらにそこで利息をもらうという商売をしていました。

　写真1は、大阪にある土佐堀川です。加島屋はこの土佐堀川の前にありました。左の一番端の手前は、現在の大同生命です。浅子が中心になって大同生命の創業をしましたので、加島屋の後に現在の大同生命が建っております。これはそばで見ると非常に美しい建物で、何か建築の賞を取っています。

　写真2は、現在の大同生命です。非常に変わった建物で、一階が扇状の柱になっています。これは、広岡浅子が創業した加島銀行の建物の内部を、そのまま模して建てたと言われています。

広岡浅子の家系

写真3

広岡信五郎
1841(天保12)年～1904(明治37)年

　写真3は、浅子のご主人で、ドラマでは新次郎となっていますが、広岡信五郎と言います。昔の大きいお家は、生まれて2歳ぐらいで親に婚約者を決められてしまいます。それで、三井家の女性は必ず加島屋の広岡一族にお嫁に行くと婚約させられました。本人は全然知らないので、大きくなってから、人に決められてお嫁に行くことは嫌だと反発します。ところが、この広岡信五郎という人は、なかなかの人物で、昔のお金持ちのお家の坊ちゃんでした。お金持ちの商家の坊ちゃんは、お茶などをして、あまり商売をやらないで番頭任せなんです。ドラマではNHKさんが庶民的な三味線に変えていますが、本当は三味線などしていません(笑)。それで、広岡信五郎は非常に人柄が良く、良いお家に育ちましたから、意地悪というのを始めから知らないような人でした。浅子は、小さい時の遊び道具が生きているヘビだったので、きっときつい性格だったと思うんですが、信五郎は、非常に大らかな人で、そういうきつい浅子の性格を全部受け入れて、支えるんです。信五郎と結婚したということが、浅子が大きく伸びる原因だと私は思っています。現在は、凄く才能がある奥さんを持った旦那さんが、会社を辞めて主夫になって、奥さんを助けるという新しい結婚の形があるんです。それを、百数十年前にやっていたんですよ。凄いことですね。
　写真4は、広岡一族の写真で、広岡信五郎と浅子が中心に居ます。信五郎の斜め右後ろが一人娘の広岡亀子で、右端に座っている男性が、亀

写真 4

子のお婿さんの広岡恵三。

　それで、他にいっぱい写っていますけれども、皆様驚かないで聞いてください。当時のお金持ちは、お嫁に行く際、実家から必ずお気に入りの女中さんを一人連れて行くんですが、それがこの写真の一番左端に立っている小藤さんです。小藤さんは非常に人柄が良くて、献身的に浅子に仕えます。浅子は、潰れかかった加島屋を再興するために一生懸命で、事業を次から次へと進めていたので、ご主人の面倒がみられませんでした。また、お家を繁栄させるためにはたくさんの子供が居た方が良かったのですが、浅子は難産で女の子を一人しか産めなかったんです。それで、浅子は小藤さんに頼み込んで、信五郎の側室になってもらい、小藤さんと信五郎の間に4人子供が生まれました。写真の左後ろに立っている女の子や、一番右端の男の子は小藤さんの子供です。そうして小藤さんは最後まで浅子に仕えます。子供さんを4人も産んでいても、自己主張一切しない大変賢い人だったみたいです。朝ドラでは、側室がいたなんて言うと困るので全部カットですが（笑）。

加島屋の立て直しと炭鉱経営

写真5

写真5は、加島屋の商店、お家です。表面だけ見ると小さく見えますが、大変奥行きのある大きいお家なんです。これは、工事が始まる前の、昔の土佐堀川です。浅子は分家のお嫁さんですが、加島屋は本家と分家がほとんど同じ敷地内にありました。

　浅子は炭鉱を経営します。民間では実家の三井は炭鉱を経営していましたが、女性で炭鉱を経営するのは浅子が初めてでした。浅子は、日本の将来が、これからどういう方向に向かっていくか、自分たちはどういう手を打っていったらいいか、先見の明がありました。当時は女性の地位というものが非常に低く、職業として成り立っているのは、カフェの女給さんや、子守、立派なお家の女中さんしかありませんでした。また、女性の扱いが、小さい時は親に従って、お嫁に行ったら夫に従って、老いたら大きくなった子供に従うという『三従』で、ほとんど人格が認められていませんでした。『三従精神』というものが、日本中に蔓延していた時代に、自立して新しい商売を起こした浅子は日本の女性の先駆けです。

　また、その当時、徳川慶喜の大政奉還によって、お金を貸し付けた藩がなくなってしまいます。加島屋は四百何十億と大金を貸し付けているわけですから大変です。大阪の両替商は片端から次々に潰れていきまし

第15章 時代の先駆者たれ

た。そして、最後に残ったのが加島屋と鴻池屋で、どっちが先に潰れるか、最後のギリギリまで危ないところでした。また、新選組も加島屋から、現代のお金にすると２千万円ぐらい借りており、近藤勇と土方歳三、連名で本人の自筆の借用書がありました。それを見せいただいたときは、凄く感動しまして、「歴史の勉強をするってこういうことだな」と思って、紙をなすらせてもらいました。

　それで、浅子はお嫁にいった時に、これでは加島屋は駄目だということを本能的に感じます。浅子は豪商三井という凄いお家で育っていますから、商売というものを肌で感じているんですね。三井というのは、大元方といって、十一家でもってお互い守り合い、自分で儲けたものを独占せずに一旦収めて、それを割り振っていました。個別ではなく一族一丸で守り合うという優れた組織を生み出した家ですから、いろいろな事を肌で感じています。加島屋は、のんびりしていて全部番頭に任せているので、このままではうまくいかなくなるのではないかと思った浅子は、親に勉強してはならないと言われていましたが、黙って独学でそろばんや簿記を夜中に勉強しました。

　ちょうどその頃、文明文化が進んで、帆掛船や手こぎの船から蒸気汽船に変わっていき、日本で初めて鉄道というものが出来ていきました。そうすると、蒸気汽船や機関車には石炭が必要になります。更に、外国の船は既に蒸気で走っており、日本に来ると石炭売るように言うわけです。そこで浅子は、潰れそうな加島屋を再興するには、石炭が良い商売になると考えます。浅子の元々の商才、先見の明が活きまして、鉱山を経営してみようというふうに思うわけです。そうして、おそらく、三井の義理の兄である三井高喜がいろいろな事を教えて、浅子を後押ししていたと思います。朝ドラでは、ディーン・フジオカさん演じる五代友厚が、商売を全部教えたことになっていますけれども、あれは私の小説とは少し異なります。五代友厚のことは少し書きましたが、三井の実家で教えたのだと思います。それで、九州の今でいう飯塚市の炭鉱を借金し

写真6

浅子が自ら乗り込んだという、明治30年頃の潤野炭鉱
『筑豊炭鉱誌』より（提供：三井文庫）

て買うんですが、思ったほど石炭が出ませんでした。だから、周りのみんなは「やめろ」って言うのですが、すぐ近所の炭鉱で、石炭が出ているから、自分の買ったここだって鉱脈を掘り当てると出るかもしれないと理論的に考えて、「やめない」と言うんです。そして、やめないでさらに掘り続けると、物凄い量の石炭が出てきて、大成功するわけです。約10年間その石炭を売って、最後は儲け切ったところで、当時の35万円で政府に売ります。加島屋というのは、浅子の働きで大富豪になりました。写真6が、飯塚市にあった潤野炭鉱です。現在はこの跡が県立の高校になっております。

　一人娘の広岡亀子は、広岡恵三という昔の東京帝国大学、今の東大を出た秀才をお婿さんにもらいます。（写真7）

写真7

広岡恵三　1869(明治2)年〜1953(昭和28)年
広岡亀子　1876(明治9)年〜1973(昭和48)年

第15章　時代の先駆者たれ

写真8

写真8は、大阪の大実業家である五代友厚です。埼玉県深谷市出身の渋沢栄一と並び、日本のいろいろな事業を始めていきました。西の五代友厚、東の渋沢栄一と言われ、大阪の繁栄の基礎を全部作った人で、凄い実業家です。大阪株式取引所、大阪商工会議所等を設立して大阪の経済発展に大きな貢献を果たしました。ドラマでは、ディーン・フジオカさんが演じて、人気が出ました。それで亡くなったら、五代ロスといって全国のファンが悲しんだのです。

日本女子大学の設立

写真9は、現在の目白の日本女子大学の創立者である成瀬仁蔵です。成瀬仁蔵は、教育面が凄い先生で、外国にも留学しており、日本の女子はもっと地位を上げなくてはならないと考え、そのために日本初の女子大学を創立しようとしていました。しかし、成瀬仁蔵は経済が全然出来ないため、

写真9

成瀬仁蔵(1858-1919)と著作の『女子教育』
（提供：日本女子大学）

経済に強い浅子に『女子教育』という自分の書いた本を持って行き、応援を頼みます。初め浅子は辞退するのですが、『女子教育』を読んでとても感動いたします。浅子は小さい頃、親に反対されて勉強させてもらえなかったので、女性の人格を認めることが書いてある『女子教育』に共感するわけですね。当時の日本では、女性の地位が低かったので、成瀬仁蔵の考え方は本当に新しかったんです。

　写真 10 は、浅子を助けた澁沢栄一、西園寺公望、松方正義、大隈重信、伊藤博文です。ドラマにも出てきますが、早稲田大学の創立者である大隈重信が一番応援したと思います。始めは寄付が集まりませんでしたが、浅子が孤軍奮闘して一軒ずつ訪ね歩き、女子教育の大切さを一生懸命説いていきます。すると、段々みんながその趣旨を理解して寄付金が集まるんです。目白にある日本女子大学は当初は約 5,500 坪ぐらいありましたが、あそこは広岡浅子の実家の三井家の別荘を寄付させたんです。浅子は常に自分より、家のため、人のため、社会のため、日本の国のためを考えて、一生を貫いた人なんです。

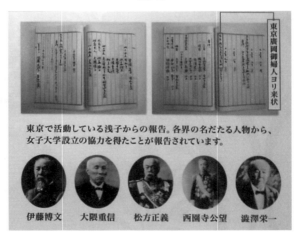

写真 10

「広岡浅子」に影響を受けた女性たち

写真11の前列中央が、晩年の広岡浅子です。大正8年1月14日、70歳で亡くなりました。浅子は、加島屋へお嫁にいった時は、肺結核を患っていました。昔、肺結核は、抗生物質など薬が無かっ

写真11

たので、やせ細って、血を吐いて亡くなっていく死病でした。しかし、浅子は肺結核で亡くならなかったんです。私どうして亡くならなかったのか分からなかったので、小説では漢方薬を飲ませました（笑）。小説は、分からないところは全部嘘ついて作るので、嘘つきですね（笑）。だから、後で文句が出た時、「これ小説ですから」と逃げられるように『土佐堀川』という題ではなく、『小説 土佐堀川』としました。

浅子は、加島銀行という銀行も創立し、小説では初めて女性行員を採用しますが、これは私が浅子だったらそうするだろうなと思って書いたんです。ドラマでは小説通りの服装、矢絣の着物に、紫の袴でした。朝ドラが有名になると、いろいろな人がテレビに出てきて、評論家が自分の事のように、私の小説の嘘の部分を取り上げて、「広岡浅子は、日本で初めて銀行で女性を採用したんですよ」と、滔々と述べるので、笑ってしまいました（笑）。でもそんな事は言えないので、黙っていましたけど（笑）。

普通の商人だったら、ただ儲ける事しか考えませんが、浅子は最後、教育に力を入れました。公共のためにお金を使い、人材を育てるという

写真12

ことを考えたんですね。御殿場市二の岡にある3,000坪ほどの別荘に、いろいろな人を集めて、女性教育夏期講習会を開いていました。規模は小さく、20人程度でしたが、その中から人材が出ているんです。写真の浅子の右隣は、赤毛のアンなど様々な翻訳をした『花子とアン』の村岡花子です。

　皆様はご存知無いかもしれませんが、市川房枝は参議院議員の政治家でした（**写真12**）。昔、女性は投票権がなかったので、女性の参政権を獲得するために、一生を費やして頑張った人です。初めは教員でしたが、浅子の指導を受けて、政治の方面に切り替えて、政治家になりました。全国でも参議院トップ当選の政治家で、決してお金なんかによろめかない清廉潔白な人でした。

　浅子がどんな人だったか、大体把握して頂けたでしょうか。時代がそういう人を育てたのか生んだのか分かりませんが、女性実業家というのは、日本の先駆けでした。当時他にも、鈴木商店の鈴木よねや、現在の中村屋を創業した相馬黒光、サムライ商会を営んだ野村みち、坂本龍馬を応援した大浦慶などが、女性史に残っています。しかし、そのような人たちに比べて広岡浅子は、朝ドラが出来る前まで、どこを探しても出て来なかったんです。

「広岡浅子」との出会い

　私は、大学を出てすぐ結婚いたしました。主人は都の西北の大学で助手や非常勤講師をしており、私も共働きしまして、所沢に小さいのですが家を建てました。主人が大学の助教授になりまして、生活が安定しましたので、私は勤めを辞めました。その途端に、大変恥ずかしいのですが、主人が大学の女子学生と恋愛をしました。それでうちを出て行って大変な事になりました。私としては、自分で一生懸命やっていましたし、錯覚かもしれませんが仲が良かったと思っていましたので、考えられませんでした。夫はすっかり変わってしまい、私は邪魔者扱いされ、お酒飲んでは「出て行け」と言われるんです。夜、実家の青森県まで行くこともできず、大変恥ずかしくて悲しいのですが、行き場が無いので、切符を一枚買って西武線の始発駅と終着駅の間を、行ったり来たりして、終電までそこで行き場の無い時間を過ごしました。それで、終電で降りて家に戻ると、家の中入れてもらえないので、ずっと庭の隅で朝までうずくまっていました。何も悪い事をした覚えはないのに、どうして私はこのような目に遭わなければならないのかと思い、涙がこぼれて止まりませんでした。

　しかし私としては、このままで一生を終わる訳にいかない、何とかしてそこから立ち上がらなければならないと思い、そのどん底で考えました。今まで、日本で多くの女性が生まれて亡くなっていきましたが、その人たちの中で、私以上に苦しんで、地を這う思いで生きて、そして亡くなっていった女性が居るかもしれない、そこから何か得るものがあるのではないかと思いました。それで、日本で最初に出版された高群逸枝の『大日本女性人名辞書』の復刻版を購入しました。高群逸枝は女性史研究家で、勤勉な方なんです。『大日本女性人名辞書』は、文語文で書いてある部分もあるので、随分昔の本なのですが、2,000名ぐらいの女

性の名前が書いてあり、片端から読んでいきました。

　すると、444ページに「広岡浅子」という名前があって、たった14行ですが書いてありました。三井家に生まれたということ、それから加島屋にお嫁にいったこと、護身用のピストルを懐中に忍ばせて鉱山の経営にあたり、加島屋を再興したことが書かれてありました。昔の鉱山の鉱夫といったら荒くれ男で、殺人など罪を犯して逃げて来て、その鉱山に潜り込んでいるかもしれませんでした。何があるか分からないので、浅子は護身用のピストルを忍ばせて、鉱山の中に入って一緒に働いていました。

　よく雑誌の取材の方から、どうして広岡浅子を取り上げたのか聞かれるのですが、護身用のピストルを持って働いていたことを即座に答えます。女性がピストルを懐中に持って、本当に死ぬ気で鉱山の坑道の中に入って、鉱夫たちを叱咤激励して働かせた。そして、鉱山の経営、改革をしようとした。これは、並みの女性ではないと私は思いました。非常にドラマティックなものを感じて、この人の事をもっと調べてみたいと思いました。

『土佐堀川』執筆に至るまで

　ところが、これ以外に何も資料がないんです。それで私は、三井の出身ということに目をつけまして、西武新宿線の新井薬師駅から降りて、5分ぐらい歩いたところにある三井文庫へ行きました。三井家のこれまでの資料を全部集めている三井の図書館みたいなところです。そして、広岡浅子が生まれてから死ぬまでの「三井出水家」という資料を全部出してもらって、ずっと調べていくと、たった4文字「広岡浅子」とありました。ところが、三井の歴史ですから、加島屋にいってからの事は何も書いていないんです。それで、もうとにかく一生懸命読み探しました。

　すると、大同生命の創立に関わったという事が、少し書かれていたん

です。それですぐ、大阪の大同生命本社に、「広岡浅子の事を知りたいので、お伺いしていいですか」とお手紙を書きました。すると、快く返事をしてくださり、藤岡さんという方を担当に付けていただいて、広岡家の資料のある記念室を全部見せてくださいました。それで、今はもう100年を超えていますが、大同生命70年史という分厚い本を見せていただき、そこからご親戚が未だご生存であることを教えてもらえたんです。4代目の大同生命の社長にあたる、先ほど述べた小藤さんの長男の広岡松三郎の奥さんが、まだ生きていらっしゃいました。そこで、西宮市の雲井町に伺って、写真を見せてもらい、いろいろなお話を伺いました。

　それから、浅子のお孫さん、亀子の長女が生きていらして、目黒区に住み、国際基督教大学の教授夫人になっているということが分かりました。そして、そこにお電話をして、渋谷のハチ公の銅像の前で待ち合わせまして、喫茶店でいろいろなお話を伺いました。また、二の岡の別荘に一緒に行き、そこも見学いたしました。

　このように本当に苦労しながら、一つ一つ調べて、調べた先でまた誰かとつながっていったんです。それから、竹内さくさんという、最年少の十代で浅子の夏期講習会に参加した方が、大学の家政学の教授となって、ご生存であることが分かり、二の岡の別荘での浅子のことを全部聞きました。

　そして、日本経済や、日本のお金がどのように変わっていったかという貨幣の歴史、それから浅子が生きている間にどのような歴史的な事件があったかということを勉強して、調べました。大阪大学の教授の宮本又次先生が、日本の豪商の歴史に詳しく、膨大な本を書いていることが分かったので、何度も大阪や京都へ行って大変な思いをして調べました。当時お金が無かったので、800円のユースホステルに泊まり、朝はアンパン1個と牛乳1パックを自動販売機で買って食べて、そして本当に苦労して調べて、約800枚近くの原稿を書きました。しかし、私はあまり

自分が有名になろうという気も無く、どこか持って行くにも知っている出版社も無いので、本にならないまま机の中に眠っていたんです。

人生の転機

　ところが、昭和63年に転機が訪れました。文学の師と仰ぐ先生の大学を訪ねて先生と奥様にお目にかかる機会があったのです。その時に、「今何書いているの」と先生がおっしゃったので、「私、日本で最初の女性実業家の広岡浅子という人のことを800枚近く書きました。でも、自信が無いので駄目です」と言って下を向いてしまったんです。すると、奥様が「あら、日本で最初の女性実業家、すごく良いテーマじゃないの」とおっしゃってくださり、先生も「何とか本になるように頑張りなさい。応援してあげるよ」と励ましてくださいました。そしてその後、潮出版社から『小説 土佐堀川』として出版することになったのです。

　私は、離婚はするし、お金は無いし、本当に運が悪かったんですね。ところが、先生にお会いした辺りから運が良くなってきたんです。

　本が出版されてまもなく、日本で一番の芸能社の東宝の企画室の方が、たまたま本屋さんの前を通りかかって、私の本を読んでくださいました。そしてこれをお芝居にしようとおっしゃってくださり、東京宝塚劇場で八千草薫さん、伊東四朗さん、大空眞弓さん、大場久美子さんが演じてくださいました。大同生命が土日は借り切って、3,000人ぐらい入る劇場で公演してくださいました。そして毎日放送で、連続ラジオドラマになったんです。

　それで20年以上経った時に、NHKのエグゼクティブ・プロデューサーの佐野さんという方が、朝ドラの候補を一生懸命探していらっしゃいまして、神戸、京都、大阪の図書館へ行って、片端から本を読んでいき、たまたま『小説 土佐堀川』を手に取ってくださり、これは良いドラマになると思ったそうです。そして、去年の1月14日、広岡浅子の

命日に、NHKからドラマ化決定という正式発表がされました。そして、9月28日から4月2日まで、第93回目のNHK連続テレビ小説として放映されました。それで全国から、「元気が出た」「病気を克服します」といったファンレターがたくさん届きました。大変でしたが、夜中の1時、2時まで返事を書きました。また、ファンの方が大根や白菜持ってきてくださって（笑）。朝早く大きいボール箱を二箱もいただいて、1人で食べられませんので、またそれを全部配りまして（笑）。本当にありがたいと思いました。

「広岡浅子」から学ぶこと

　やはり、自分の人生を放棄しないで、本当に苦労しても負けない、諦めない人生が大切ですね。広岡浅子の主義にもあるように、人間が成功するためには活力、やる気がなければなりません。それから、真我と小我についてです。エゴな我にとらわれて押し通して生きていくと、人間は行き詰まります。自分のエゴや、小さい自分を超え、より大きい、人のため、社会のため、国のためと、真我に基準を置いていったとき、人間は行き詰まりがなくなります。また、浅子が一番主張した真髄は「九転十起」、ドラマでは「九つ転び十起き」と言っていました。「九つ転び十起き」は広岡浅子が作った言葉です。浅子は「七転び八起き」よりも二回多く失敗しても、また二回多く立ち上がり、どこまでもめげずに進んでいく、そして必ず自分の立てた目標は完遂していく、そういう前向きな生き方でした。今日、女性活躍推進法という法律が出来まして、安倍内閣は女性の活躍を主張していますが、今から百数十年前、誰も女性の人権を認めなかった時代に、自らの生き方によって、女性の活躍や、先進的な女性の生き方というものを示していった広岡浅子は、偉大な女性の先駆者であったと言えるでしょう。

　私は有名な作家でも、大した人間でもありませんが、自分に与えられ

た宿命から逃げずに耐え抜きました。認められなくても続けていくと、朝ドラという全国に影響を及ぼすドラマの原案となって結実しました。やはり人生というのは、最後まで諦めずに、努力していくことです。継続は力なり、自分の立てた目標はやめないことです。そして、今日という一日をいかに自分が懸命に生きていくかという積み重ねです。

　浅子も、初めから偉大な女性実業家になろうとは思っていませんでした。とにかく、加島屋と自分にふりかかってきた困難を、必死になって克服していく。その間に、生きるという事が鍛えられていったんです。命が鍛えられて、強くなって、負けない人生になっていったんです。浅子は肺結核の後に乳がんになりますが、忙しくて病院に行けませんでした。乳房が赤ん坊の頭ぐらい大きくなって、乳首が割れて紫色になっていたそうです。末期症状でしたが、今の東大、昔の東京帝国大学の医学部、近藤外科の近藤教授が手術してくださり、きれいに治って、再発しませんでした。私は、九転十起の負けない浅子の心意気に、病魔も恐れをなして、退散したのだと思います。

　私自身も、病気に次々とかかり、10回入院して6回手術しております。また、左目が緑内障で見えなくなってしまい、失明しかけました。しかし、そういう時に必ず日本一の名医が現れてくれるんです。それで緑内障も心配なく全部克服でき、84歳まで生きてきました。

　運が強くなると、こっちで売り込もうとか策略しなくても、良いお話が向こうから自然にきます。飛鳥Ⅱという船で世界一周することができ、100日間外国を見てきました。

　求めずして自ら得る「不求自得」という古い言葉がありますが、自分を売り込もうとか、贅沢な生活をしようとか思わなくても、自然に手に入っていく境涯が、本当の強い運なんです。そして、強い運というのは、怠けてぼんやりしていてもつきません。強い運になるためには、人に尽くさなければなりません。自分が今、当面している問題に、真剣に取り組んで努力しなければなりません。努力を重ねていくうちに、必ず運が

強くなっていきます。そして、運が強くなると、良い人に取り囲まれます。良い話というのは、一人で歩いてくるのではなく、必ず誰かが持ってきます。そのような境涯にね、ならなくてはいけません。

　自慢ではありませんが、この頃、私は自分がその境涯に近くなったかなという気がしています。みなさんも今のうちから、ある程度自分の目標をしっかり立てて、その目標が変わる事もあるかもしれませんが、それに向かって、今日一日努力してください。"今日"を無駄にしない、その繰り返しです。負けない見事な勝利の人生、栄冠の人生が輝く事を信じて、頑張ってもらいたいと思います。以上です。（拍手）

注

＊1　びっくりぽん　古川智映子著『小説 土佐堀川』を原案とするNHK連続テレビ小説「あさが来た」（2015年9月〜2016年4月放送）の主人公白岡あさ（広岡浅子がモデル）の口ぐせで、放送時は流行語にもなった。

第16章
地球時代の人間学
── 宗教的人間主義をめぐって

佐藤　優

仏教思想との出会い

　おはようございます。仏教から見れば「六師外道」のさらに外にあるキリスト教を信じる、佐藤優です（笑）。私はプロテスタントのクリスチャンですが、これまでの外交官としての仕事や著述家としての仕事を通じて、現代というグローバルな時代における宗教的な人間主義[*1]の価値について、自身の信仰という次元を超えて深く思索する機会が多くありました。今日は皆さんとそのことについて語り合いたいと思います。楽しい出会いの場になれば幸いです。

　私は同志社大学の神学部に在籍していたとき、3年間仏教の勉強をしました。1年目はアビダルマ──阿毘達磨俱舎論です。2年目は中観、3年目は唯識で、私にはアビダルマが一番おもしろかったです。仏教の縁起観というのは、非常に勉強になりました。様々な業（カルマ）によって現在の我々の状況があり、それは抜け出せない状況ではありますが、状況を変えていけば新しい時代、新しい関係が作ることができる。ここ

を見ると、大きな希望の原理になります。人間学という人間の洞察において仏教は深い。特に日蓮仏法は他宗と比較できないほど深いというのが私の認識です。

同志社大学神学部に宗教学という授業があります。その授業で扱われるのが、京都大学を出た幸日出男先生（現・同志社大学名誉教授、1926-）が書いた本です。この方はクリスチャンですが、牧師ではありません。キリスト教の用語では平信徒と言います。その方の授業で扱ったのが、「戦時下における創価教育学会の抵抗」——牧口常三郎先生（創価教育学会〔現・創価学会〕初代会長、1871-1944）や戸田城聖先生（創価学会第二代会長、1900-1958）についてのことなのです。キリスト教のほとんどの指導者が戦争体制に迎合してしまうのに対して、なぜ創価教育学会があれほどはっきりと戦えたのかということを、我々の授業ではやりました。ここに日本の本当に強い宗教団体があるのだと。

戦時中に激しい弾圧を受けたもう一つの宗教団体で、京都の「大本」という団体があります。高橋和巳（作家、1931-1971）の『邪宗門』[*2]という小説の題材にもなっています。幸日出男先生は、大本への弾圧と創価教育学会への弾圧は本質的に違うと言うのです。大本が弾圧を受けたのは国家権力に近づきすぎたからです。それに対して創価教育学会への弾圧は、当時の国家神道に対して「宗教と国家は違う」という考えを持っていたために行われたのだと。つまり創価教育学会は、宗教は個人で営むものでも国家が主体となるものでもなく、自発的に集まってきた人たちによる中間団体として行われるものだという、宗教の原点を持っていたから弾圧されたわけで、我々が学ぶべきは創価教育学会だと教わったのです。

大学とは総合知を学ぶところ

さて、大学は入って得する大学と、入ってあまり得しない大学があり

ます。入って得をする大学というのは教授陣が確たる哲学を持っていて、そして学生を育てることに使命感を抱き、本気で教育をしている大学です。

　まず、大学に入って失敗をする１つ目の原因は、偏差値競争に固執することです。圧倒的大多数の現代の学生は、受験をする時点の自分が入れる大学の中で、一番偏差値の高いところに行きたいと考えます。例えば、「私立で一番偏差値が高いし、数学が要らないから行こうか」といった動機で早稲田の政経に入ってしまう。政治や経済に関心があって政経学部に来たわけではないのです。それだから、受験勉強を嫌々やって何とか合格したとしても、そのあとの展望が開けないのです。

　また、２つ目の原因は、受験勉強で学んだことの意味が理解できていないことです。人間は嫌いで役に立たないと思っていることは、絶対に記憶には定着しません。となると「これは必要なんだ」という動機付けがとても重要になります。

　この中には将来、外交官になって国際的に活躍したいと考えている人もいるかもしれません。あるいは、平和学の分野で頑張りたい、世界に現実的に平和を作りたいと思って、イギリスで本格的に平和学を勉強したいという人もいるかもしれない。その人たちが「1648年が、ウェストファリア条約が結ばれた年である」とか「それによって三十年戦争が終わった」といったことを知らないと、近代の国民国家や平和がどのように作り上げられてきたのかがわからないということになります。ですから、受験勉強の中にも本当は大変重要な価値がいっぱい詰まっているはずなのです。

　ですから、大学に入ってから大事なことは、人生の目的や使命というものをしっかりと考えさせてくれて、今まで学んだことに価値を与えていくような勉強をすることです。そして、それを啓発してくれる哲学をもった教授陣が教えている大学。そういう大学に入った皆さんは幸せです。

中世の格言で「博識に対立する総合知」という言葉があります。それはどういうことかと言うと、生死に関係のない、生命体としての活動に役立たないような知識というのは、いくら細かく学んだとしてもそれほど意味がない、ということです。そう見ると、インターネットに氾濫しているような断片的な情報ではなくて、筋の通った総合的な体系知が必要です。これは人間力をつけることになります。このような総合知を教えてくれる大学は、宗教的なバックボーンを持っていることが多いのです。

宗教者の貢献と宗教タブー

　ここで、私自身がモスクワで外交官として体験したことを紹介しましょう。1990年7月25日、この日、桜内義雄衆議院議長をトップとする日本の国会の代表団がモスクワにやって来ました。その時の代表団の目的は、翌年の春にゴルバチョフ（当時・ソ連共産党書記長兼ソ連大統領、Mikhail S. Gorbachev、1931-）を日本に招くことでした。そのために、官僚たちはモスクワを訪れる前に仕込みをしていました。「サクラの季節にどうぞ来てください」と伝えればゴルバチョフは受け入れる、そういった形に事前準備をしていたのです。

　ところが、外務省にある情報が入ってきました。桜内さんが「北方領土の事をゴルバチョフに言うと気を悪くするのではないかと心配で、何も言いたくない」と言ってきたのです。ですから外務省は「北方領土の件、言わないと大変なことになりますよ」とネジを巻きました。そうしたら、ネジを巻きすぎてしまった。桜内さんはゴルバチョフに会っていきなり「北方領土の問題をまず解決しろ！」と言ってしまった。するとゴルバチョフは「話はそれしかないのか？　我々は、その島を南方領土と言うことができるんだ。そんな話しか出てこないなら行かないほうがいいな」と言って会談が終わってしまったのです。時計を確認すると

10分しか経っていません。通訳の分の時間を除くと、実際に会談したのは5分半ほどでしょう。そう考えると、片方の発言は2分30秒です。こんな短時間で決裂してしまったわけですね。新聞発表では30分とごまかしていましたが、本当は実質的なやりとりが5分程度の険悪な会談でした。

　困ったのは外務省です。ゴルバチョフが来日しなければ、北方領土も何も動かないのですから。すると、会談のすぐ後の27日に、池田大作氏（創価学会インタナショナル（SGI）会長、1928-）がモスクワを訪問してゴルバチョフと会う予定になっていました。そこで外務省は池田会長に「日本の国益のためにも、ゴルバチョフさんが日本に来られないと困るんです」と願い出ました。それに対して池田会長は「私は文化人としての交流でモスクワに来ているんですよ。これは政治のど真ん中の話じゃないですか？」と返しました。それでも、池田会長は「日本のためにやろう」と言ってくれた。ただ、「そのかわり、外務省の言ったとおりにはやらないよ」と付け加えたのです。この辺りが、池田会長らしいですね。

　そして、ゴルバチョフに「サクラの春か、モミジの秋に日本に来てください」と伝えると、「喜んで行きます」という話になりました。その場もとても和気藹々とした会談になったのです。これは、やはり池田会長の相手の心を掴む力が決め手になったと言えるでしょう。日本の要求だけをすることは誰にでもできます。ゴルバチョフの立場を考えながら交渉する、池田民間外交の勝利となったわけです。結果、翌年にゴルバチョフは日本へとやって来て、歯舞群島、色丹島、国後島、択捉島の4島の名前を出して、それが係争地であることを認めました。これによって、北方領土交渉の位相が質的に変化したのです。

　ところが、この記録は外務省のどこにも残っていません。大使が記録に残すなと指示したからです。外務省が、民間人であり、宗教人であり、文化人である一人の人に、このような外交の重要問題を任せたというこ

とになってはきまりが悪いのです。官僚というのは成績だけはいいので、きまりの悪いことというのはとても嫌いなのですね。ですから、このように隠してしまう。しかし、私もある事件に巻き込まれたことがきっかけで外務省を離れることになりましたので、真実が自由に言える立場になりました。

　ですから、このことは雑誌にも書きました。最初に私が書いたのは『新潮45』という雑誌でした。新潮社は創価学会の批判を展開してきた出版社ですから、池田会長のおべっかを言う理由がない。そこの雑誌に敢えて書けば、客観性や信憑性が増すと思って、わざと『新潮45』に書きました。書き方も学会側の視点ではなく、「日本外交が池田大作氏に依存した瞬間」というタイトルで外交官側の視点で書きました。

　すると、しばらく経って、創価学会系の月刊誌『潮』の編集部から私に対してインタビューを取りたいという申し出がありました。私は「私の話なんてつまらない。私が知っている池田会長について話したい」と答えました。それが「池田SGI会長の民間外交」という『潮』の記事になりました。

　しかし、記事になった後に方々から電話やメールが来ました。「今後、『潮』に出るのはやめたほうがいいのではないか？」とか「いくらもらったんだ？」とか「創価学会系のメディアは気を付けたほうがいい。恐ろしく高額の原稿料で身動きが取れなくなるぞ。最初は池田大作氏の悪口だけは書かないでくれ、と頼まれるだけだけれど、そのうちに創価学会の宣伝塔をやってくれ、という話になる。金でがんじがらめにされて動けなくなるぞ！」といったものもありました。でも、「あなた、高額の原稿料をもらったことがあるんですか？」と聞いてみると、実際にもらったことがある人は1人もいませんでした。

　ここだけの話ですが、『潮』の原稿料は『新潮45』や『文藝春秋』より安い（笑）。ただ、これだけは『潮』の名誉のために言っておきますが、『中央公論』や岩波書店の『世界』よりは高い。業界内ではごく標準的

な値段なのです。ですから、創価学会が札束で有識者を引っぱたいて世論を誘導しているなどということは大嘘です。

そのとき、私にはわかりました。日本の社会には「創価学会タブー」というものがあるのです。それは、創価学会が強いから創価学会の悪口が書けないということではありません。その逆で、創価学会の悪口であれば、どんなめちゃくちゃなことでも書けるのです。しかし、創価学会の平和への貢献や池田会長の功績については一般のマスコミにはなかなか書くことができない。書くとすぐに叩かれます。そういう意味での「創価学会タブー」です。これはそもそも宗教そのものを蔑視する「宗教タブー」が根っこにあるのかもしれません。宗教をきちんとした哲学として正面から見ようとしないのです。

だから、『潮』では池田会長について連載をさせてほしいと、私は頼みました。『潮』の編集部もリスクが高かったと思います。私は異宗教であるキリスト教の人間ですから。何を書き出すかわからなかったはずです。

でも連載を進めながら、私自身も学ぶところが多くありました。池田会長と英国の歴史家トインビー博士との対談『二十一世紀への対話』[*3]（以下、池田／トインビー対談）は東西の偉大な哲人の対談だと思っていました。ところが、途中から違うということがわかったのです。この対談で、池田会長の考え方は変わっていません。相当に若い頃から、池田会長の思想は明確な形をなしている。知識の幅が広がったり深くなったりはしますが、方向性は変わっていないのです。トインビー博士は考え方がどんどん変わっていきます。これは日蓮仏法で言う折伏と同じです。また、ある種の「教育」とも言えます。人間は「教育」によってどんどん変わっていきます。良くもなれば、悪くもなります。池田会長もやはり、本物の教育というものを重視しているのです。

世界宗教としてのキリスト教と仏教

　今、私がこういうことを引き合いに出したのは、仏教とキリスト教とのアナロジー（類比）のためです。実は、創価学会によって仏教は初めて世界宗教になりつつあります。こういうことを言うと「でも仏教はキリスト教やイスラム教とともに世界宗教だって教科書にあったよ？」という声が聞こえてきそうです。しかし、宗教分布の地図を見てみてください。どうして、仏教は東アジアと東南アジアの一部地域に留まっているのでしょうか。これは地域限定の世界宗教と言えますね。そうすると今度は「サンフランシスコにも浄土真宗の坊さんはいる」とか、「ブラジルに禅宗のお寺がある」というようなことを言われそうです。ですが、それらは日本人のコミュニティであるディアスポラのための坊さんやお寺です。ですから、日本人から離れて、世界の人々に流布しているのは創価学会が仏教史上初めてなのです。

　イエス・キリストは自分のことをユダヤ教徒だと信じていました。ユダヤ教にも様々なグループ、言ってみれば宗門のようなものがあります。イエスはパリサイという宗門に入っていました。この宗門は、とにかくラビというお坊さんが最も偉くて、ラビたちは一般の信者を「地の民」と呼んで馬鹿にしていました。一般の信者は神について語ってもいけません。さらには、障害を持った人々を差別し、特に重い皮膚病の人々は谷に追いやられて暮らしていました。あるいは、女性の中には自分の体を売らざるを得ないような境遇にある人もいました。そうした人々もラビたちは人間扱いしません。その一方で、イエスは普通にそうした人たちとも付き合っていました。

　しかし、イエスの弟子たちはなかなかユダヤ教と決別することができないでいた。ユダヤ教と完全に決別するのはパウロという人が最初でした。しかし、パウロという人は、最初はキリスト教に反対していたので

す。けれども、シリアのダマスカスに行く途中で彼は突然光に打たれて倒れ、幻の中でイエス・キリストと会います。それを機に、彼は心を入れ替えることになったのです。そして、キリスト教はパリサイ派と決別して世界に伝播していきました。宗教権威はしばしば人間主義と逆行します。しかし、そうした宗教権威と訣別して真の人間主義に立脚したときに世界に流布するのです。

創価学会も日蓮正宗という宗門との訣別があって、SGIとして世界的に広まっていきました。仏教史上初めて宗教権威と訣別して人間主義の道を選んだから世界に流布したのです。ここは、キリスト教と創価学会とで非常に似ていると私は思います。

さらに、313年にミラノ勅令という出来事がありました。それによってキリスト教は与党化していくことになります。世界宗教で野党に留まり続けている宗教は一つもありません。世界宗教というのは、常に与党側に回っています。野党の頃は簡単です。批判だけをしていればいいので、ある意味ではきれいごとで済むのです。しかし、与党になると妥協が必要になりますし、きれいごとだけで済ませることができなくなる。それでも、現実的に平和を実現させるためには何が必要になるでしょうか？ 創価学会の皆さんの立場から言うと、仏法をどのようにして社会に活かしていくのか。平和を実現させるには多くのことと折り合いをつけながら、進んでいかなくてはいけません。

国家主義という宗教と宗教的人間主義

みなさんの多くは信仰を持っているのでしょうか。あるいは、信仰を持っていないと言う人もいるかもしれません。しかし、全く信仰をもっていない人は世の中には一人もいません。どうしてかと言うと、人間は合理性だけで割り切れる存在ではないからです。

世の中で一番簡単な宗教は何かと言うと、それは「拝金教」、お金を

追いかけていくという宗教です。そして、お金は権力と代替可能なので、お金を追いかける人というのは、出世競争の中で「出世」のことや「競争」のことしか見えなくなります。これも実は宗教です。

　そして、「国家主義」という思想もある種の宗教だと思います。我々は国家から逃れて生きていくことはできません。国家というものについて勉強してみたい人たちに薦めるのは、英国の社会人類学者、アーネスト・ゲルナー（Ernest Gellner, 1925-1995）の『民族とナショナリズム』*4 という本です。ゲルナーは、社会と国家の関係を3段階に分けます。人類史は、狩猟採取社会、農業社会、産業社会に3段階の発展を遂げてきたとゲルナーは考えます。狩猟採取社会では、国家はありませんでした。農業社会では、バビロニアや古代中国のように巨大帝国（国家）を持つ場合もあれば、自給自足で国家を持たない場合もあります。これに対して、産業社会は必ず国家を持ちます。この本の原著は英国のBlackwellからペーパーバックも出ています。非常に難しい英語で書かれていますが、訳本と合わせながら勉強すると、皆さんが外国に留学するときにも役に立つはずです。

　池田／トインビー対談の中で池田会長が1箇所だけ、トインビー博士と激しく論争するところがあります。それは、国家神道に関するところです。池田会長はこう言っています*5。

　　神道は、たしかに、自然のあらゆる存在に尊厳性を認める思考から生まれた宗教です。しかし、なにゆえに尊厳であるのかということになると、神道はそれを裏づける哲学的体系に欠けています。その根底にあるものは、祖先が慣れ親しんできた自然への愛着心です。これは祖先を媒体とした自然崇拝と言えるでしょう。したがって、神道にはきわめてナショナリスティックな一面があるわけです。そして、この神道イデオロギーの端的なあらわれが、いわゆる神国思想なるものでした。この神国思想は、周知のように、きわめて独善

的なものです。こうしてみると、神道の場合、自然に対する融和性はその一面にすぎず、その裏面に、他民族にたいする閉鎖性や排他性をもっているわけです。

　この見解は、宗教の中には、国家主義と結びついて排外主義、エスノセントリズム*6の根拠となってしまう側面があるということを的確に捉えています。それは歴史の真実でもあります。第二次世界大戦における日本はそのことを経験しました。

　その一方で、宗教の中には他宗教や他民族に対する寛容や協調性を持ち、人間主義の根拠となる側面もあるのです。私はプロテスタントの思想の中にこの人間主義を見出しています。そして、仏教の中にも力強い人間主義があるということを創価学会や池田会長の活動を通じて知りました。

　イスラムの中にも極めて排他的な武装勢力がある一方で、トルコ共和国の初代大統領ケマル・アタテュルク（Mustafa Kemal Atatürk, 1881-1938）のように、従前のカリフ制度を改め、政教分離を断行して信教の自由を認め、寛容と融和の人間主義を体現した指導者もいます。彼はイスラムの本来の精神に基づいて人間主義の善政を行ったと言われています。ロシア連邦タタールスタン共和国の初代大統領ミンチメル・シャイミーエフ（Mintimer S. Shaimiev, 1930-）もイスラム精神を維持しながらロシア連邦中央政府と融和を図り、近代的な共和国を築いたことが評価されています。歴史を遡れば、イスラム史上最大の学者と言われるイブン・ハルドゥーン（Ibn Khaldun, 1332-1406）もまた、14世紀とは思えないほどの確固たる科学的分析法に基づき、イスラムの精神性を普遍的な社会観、国家観へと昇華させています。先ほども言及した英国の社会人類学者アーネスト・ゲルナーは、彼の大著『歴史序説』*7を世界初の社会学書と評価しているほどです。イスラム穏健派を代表する人物3名の名前を挙げましたが、実はイスラム教徒の大半は穏健派です。その人た

ちが過激派の人たちを説得して抑え込んでくれることが理想です。

　宗教が世界の紛争の原因となっているのは事実ですが、それは各宗教の中にある非寛容の側面がエスノセントリズムや国家主義と結びついて排他性を帯び、対立の根源となるときに起きます。しかし、宗教が本来持っている人間主義の精神に依拠するならば、宗派を超え、民族・国家を超えて共鳴し、協調し、共生社会を築いていけるはずです。ですから、現代の混乱を克服して世界平和を築いていく使命もまた宗教的人間主義の中にあると言うべきです。対立するときの宗教は、翻訳不能な宗派の言葉で語っています。これに対して宗教的人間主義は、合理的で普遍的な共通言語に翻訳されています。例えば、人類の平等や生命の尊厳といった言葉です。池田会長が宗教間対話をされている対談集を読めば、そのことがよくわかります。

　今日の日本では自分は無宗教だと主張する人もいますが、明確な信仰としての自覚があるかどうかは別として、人間として生きる以上、宗教性を一切帯びない生き方というものはあり得ません。国家主義もある種の宗教だと先ほど言いましたが、人間主義もまた本来、宗教的であるべきものです。なぜなら宗教は生命の聖性を説くからです。生命の聖性に対する畏敬の念を持つことなしには真の人間主義は成り立ちません。

　戦後以降の日本に宗教蔑視の風潮があるのも、戦時中まで強制された国家神道から解放されてやっと戦後民主主義を獲得したという原体験の影響が今もあるのかもしれません。しかし、本当の民主主義というものは、その基盤に宗教性があるべきです。ただしそれは人間主義の方の宗教性です。国家が政教分離を堅持し、信教の自由を守り抜く、その民主主義の根底に、他者に寛容で生命の尊厳を重んじる宗教的な精神性が必要だという意味です。その意味では宗教をタブー視することなく、むしろ自身の信仰に誇りをもってオープンに語り合っていく土壌作りが大切だと思います。

公教育に求められる宗教性とは

　池田／トインビー対談の中で池田会長は「学問や教育というものの本来の意義は、ある意味での宗教的なものにまで迫ることにあると思います」と述べられました。これにはトインビー博士も「教育のめざすべきものはあくまでも宗教的なものであり、(中略) 人生の意味や目的を理解させ、正しい生き方を見いださせるための探求でなければならないのです」と賛同の意を表明されています[*8]。このお二人の見解に全く賛同します。どんなに偏差値が高いいわゆる名門大学であっても、学生に対して就職や立身出世といった目先の利害しか示すことができなければ、その大学に入った学生は不幸です。他者のため、社会のため、生命の尊厳を守るためという人生の生き方を示していける大学こそ、真の一流大学です。そして、そのためには生命に対する聖性を啓発する宗教性がどうしても不可欠なのです。そうした精神性を持っていてはじめて、価値創造をもたらす大学だと言えるでしょう。

　もちろんそれは、大学が特定の宗派の信仰を学生に押し付けるという意味では全くありません。私が卒業した同志社大学神学部ではキリスト教神学を授業で習いますが、学生の約9割はキリスト教の洗礼を受けていない非信徒です。しかし、大学も教授も彼らに洗礼を受けなさいとは一言も言いません。信教の自由を守ることも民主主義の基本であるし、信徒と非信徒を差別しない平等ということも教育現場において尊重すべき理念です。自由も平等も人間主義の中心概念でもあります。自分の意思で洗礼を受けたいという友人もいましたが、その人は日曜日に自らの足で教会に行けばよい。そこに大学は関与しません。

　創価大学の創立者である池田会長は、より厳格に宗派性と宗教性の区別をされていますね。2001年の教育提言[*9]において、教育に求められる精神性とは「宗派性を超えた宗教性」であると述べられ、そしてそれ

は特定宗派の教義を通じてしか伝えられないものではなく、例えば古典文学の名作を読み、その精神的遺産に学ぶことの中からも得られるとされています。そして、「私が創立した創価教育の一貫教育の学校では、私学ではありますが宗教教育は一切行っておりません。学校の理念として追求しているのは、社会のために価値を創造していく豊かな人間性や精神性を育むことにあるからです」[*10] とも述べられています。これは創価大学の創立目的が、創価学会員の育成のため、あるいは布教のため、といった誤解や批判があった当初には、そうではないことを示す意味でも重要だったと思います。

　そうして創価大学は開学以来50年近く、宗派的なカリキュラムを全く置いてこなかったわけですが、それでいて宗教的な精神性が染みわたっているのは、ひとえに普遍的言語を駆使して文明間対話を実践してこられた創立者の言葉の力によるものと思います。例えば、「大学は大学に行けなかった人のためにある」。これもある種の宗教的理念を誰にでもわかる平易な言葉にパラフレーズされているわけです。

　そのうえで今後、創価大学には学会員ではない学生が今以上に大勢入ってくる時代になりますから、そうなればなるほど、そうした学生たちのために彼らが希望すれば仏法の教義が学べる選択科目を置いてあげてほしいと個人的には願っています。私が学生ならぜひ選択して学んでみたいと思います。

注

* 1　人間主義は humanism の訳語。務台理作『現代のヒューマニズム』(岩波新書、1961) によれば、歴史上のヒューマニズムには3段階あり、ルネサンス期の人文主義、近代市民社会における個人主義に続き、現代における理想としての第三ヒューマニズムは「人類ヒューマニズム」であるとして、端的に次のように述べている「人間の生命、人間の価値、人間の教養、人間の創造力を尊重し、これを守り、いっそう豊かなものに高めようとする精神」(pp. 4-5)。本章の「人間主義」はほぼこれと同義で用いている。自然に対する人間の優位を説く人間中心主義 (anthropocentrism) とは全く異なる概念である。

*2　高橋和巳『邪宗門』(全2巻)河出書房新社、1966
*3　池田大作／A.トインビー『二十一世紀への対話』文藝春秋、1975
*4　アーネスト・ゲルナー『民族とナショナリズム』加藤節監訳、岩波書店、2000年、原著は *Nations and Nationalism*, Cornell University Press, 1983
*5　池田／トインビー対談、聖教ワイド文庫［下］、2003、pp. 147-148
*6　エスノセントリズム（ethnocentrism）は自民族中心主義、自文化中心主義とも訳される。自民族の文化を基準として他の文化を否定したり、蔑視したりする考え方を指す。
*7　イブン・ハルドゥーン『歴史序説』岩波文庫、森本公誠訳、全四巻、2001
*8　池田／トインビー対談、聖教ワイド文庫［上］、2002、pp. 128-129
*9　池田大作　教育提言「教育力の復権へ　内なる『精神性』の輝きを」、2001
*10　創価大学創価教育研究所編『創価大学創立の精神に学ぶ』pp. 316-317

あとがき

　「文系の学問は社会に何を提供できるのか」という問いに間接的に答えることを一つの目標として始まった本書であったが、一読して頂ければわかる通り、一言に「文系」と言ってもその分野は多岐に渡っている。それを物語るように、本書においても、歴史学、社会学、福祉学、哲学、倫理学、言語学、文学、文化人類学と、異なる問題群を研究対象とする学問領域が登場した。

　冒頭で述べた通り、編者はこのように多岐にわたる文系に共通していることは、ひとえに、「人間」に関する探究であると考えている。伝統芸能を探究することは、歴史の中で人々がどのようなものを美しいもの、趣のあるものと見なしてきたかを探究することである。言語の探究、その使用が芸術の域にまで高められる文学の探究も、人間が使用する「意味」という概念や、「美」の価値観と切り離して考えることはできない。多種多様な言語を操る能力を持っていることは人間の大きな特徴であり、それがどのように発揮されているのか考えることは、人間のコミュニケーションのあり方の探究になる。そして、その歴史も含め、社会を考察することも、人間の探究に直結せざるを得ない。他者との関わりの中で人間はどのように振る舞い、どのように考えるのか、また、個人は社会に対して何を提供できるのか、社会は個人に対して何を提供できるのか、これらの問いも最終的には人間のもう一つの大きな特徴である社会性の探究につながるものである。

　このように、人間一人ひとりが持つ喜怒哀楽や価値観が、人間の集合

体である家族や地域においてインタラクションを生み、そこから文学や芸術が生まれ、人を育てる教育という営みが興り、次世代の文化や社会を形成する。私たちがこの社会でよりよい価値を創造していくには、人間の心を映し出す「鏡」としての「人間学」は不可欠ではないか。これが、本書を通じてのわれわれ著者の主張である。社会に人を送り出す大学で働く機会を得た者として、人間の「心の襞(ひだ)」を理解し、社会に潤(うるお)いと温(ぬく)もりをもたらす人の育成につながるよう、学徒たちと議論しながら真摯に「人間の探究」を続けていきたいと心に期している。

　本書が示したことの一つは、「人間とは何か」という問いが、何か一つの学問を修めたからといってすぐに答えが出る単純なものではないということである。この問いに答えるためには、先に述べたような人間の諸特徴の内実を、各分野の専門的知見から探究する必要がある。この要請に応えようとしているのが、文系の諸学問だといえるだろう。

　「人間とは何か」という問いが複合的であるからこそ、この問いに答えようとする者は、まずは自分の興味関心に合致する分野から探究を始めることができる。人間がこれまでどのように考え、行為してきたのか、そのデータを収集するために歴史的な考察から始めることもできるし、現在の社会の中で人は何を考え、どう行動しているのか、このような現代的な問題関心から出発することもできるだろう。

　本書が読者にとってそのような「人間」の探究への糸口になることを願う。

　　ここで、執筆者について付言し、謝辞を述べたい。
　編者を含めて、「イントロダクション」から第Ⅲ部までの執筆者は、創価大学文学部で教鞭を執る教授陣である。創価大学文学部は2007年に、それまでの5学科を統合して人間学科に再編された。まさに「人間学」を標榜する学科で教育に従事にする研究者たちがそれぞれの学問領域を通じてどのように人間の探究に取り組んでいるのか、そのことを示

しながら、（本書のテーマである）文系学問の価値を提示するという性格を持つ。

　各章の執筆者たちは、研究・教育両面で非常に多忙な中、各章の執筆にあたってくれた。それらを編集する作業は、魅力的な他の諸分野との触れ合いという意味で、編者にとって大変に楽しく、有益な時間を与えてくれた。そのような機会を与えてくれた創価大学文学部の同僚たちに改めて感謝の意を表したい。

　第Ⅳ部はこれまで創価大学文学部の授業「人間学」の中で特別講演者として招いた作家や文学者たちによる講演の記録を再構成したもので、それぞれに人間への深い洞察が示されている。講演の実施日は下記の通りである。講演録の再構成、本書への収録を快諾くださった四人の先生方に感謝を申し述べたい。

　　第13章　文学を生む力　宮本輝（講演：2012年6月7日）
　　第14章　ゲーテと現代　森淑仁（講演：2010年4月22日）
　　第15章　時代の先駆者たれ〜広岡浅子の生涯を通して〜
　　　　　　古川智映子（講演：2016年5月12日）
　　第16章　地球時代の人間学　〜宗教的人間主義をめぐって〜
　　　　　　佐藤優（講演：2014年7月10日）

　本書の出版にあたり勁草書房の渡邊光氏には企画書の検討の段階から校正まで、大変にお世話になった。この場を借りて御礼申し上げる。
　また、本書に収録された文章の中には原稿執筆者へのインタビュー・講演を文字起こしして、それを原稿にするという過程を経たものがあったが、その際、文字化の作業では創価大学の学生諸氏にも大変にお世話になった。この場を借りて感謝を表したい。

創価大学がある八王子は都心からは少し離れているが、その分、空気もよく、少し足を伸ばせば、豊かな武蔵野の自然が広がっている。キャンパスの近くには、戦国時代に不落を貫いたことで知られる滝山城の古跡がある。そして校舎からは、かなたに堂々とそびえる富士の峯を望むことができる。童謡「夕焼け小焼け」は八王子の夕焼けを謳ったものといわれるが、夕陽に映える富士の雄姿は喩えようもなく荘厳であり、勇者の姿を思わせる。

　この地に集い、文学部の門を叩いてくれる学生たちは、一見、社会の役に立つのか立たないのか分からないような古典を読んだり、根源的な哲学的議論にも付き合ってくれる方が多い。このような環境で学問を探究できることは、研究者として、大変に幸せなことであり、また、その分、責任もあると感じている。関東管領の上杉氏の重臣であった大石定重が上記の滝山城を築いてから、2021年で満500年を迎えるが、これは創価大学の開学50周年と重なる。本学もまた、ヒューマニティーズの「不落の城」として人類文化の建設の一助を担うことができるよう、真理を求め価値を創造する一日一日にしていきたい。

　本書をきっかけに、読者の方々からのご感想・ご批判をいただきながら、自由闊達な議論を行い、共に人間学という新たな"知のルネサンス"に向けて、今後も研究・教育の両面で精進していく決意である。

2018年1月2日　八王子にて　編者一同

編著者略歴

山岡政紀（やまおか・まさき）
筑波大学大学院単位取得、博士（言語学）。現在、創価大学文学部教授。専攻は言語学、言語哲学、人間学。著書に『発話機能論』（くろしお出版、2008）、『日本語配慮表現の原理と諸相』（編著、同、2019）などがある。

伊藤貴雄（いとう・たかお）
創価大学大学院修了、博士（人文学）。現在、創価大学文学部教授。専攻は哲学・思想史。著書に『ショーペンハウアー　兵役拒否の哲学』（晃洋書房、2014）、共訳に『ゲーテ＝シラー往復書簡集』（潮出版社、2016）などがある。

蝶名林亮（ちょうなばやし・りょう）
カーディフ大学大学院修了、博士（哲学）。現在、創価大学文学部准教授、東洋哲学研究所研究員。専攻は哲学・倫理学。著書に『倫理学は科学になれるか』（勁草書房、2016）、『メタ倫理学の最前線』（編著、同、2019）などがある。

執筆者略歴（掲載順）

坂井孝一（さかい・こういち）
東京大学大学院単位取得、博士（文学）。現在、創価大学文学部教授。専攻は、日本中世史。著書に『源頼朝と鎌倉』（吉川弘文館、2016）などがある。

渋谷明子（しぶや・あきこ）
慶應義塾大学大学院修了、博士（社会学）。創価大学文学部教授を経て、現在、成城大学文芸学部教授。専攻は、メディア研究、社会心理学。著書に『メディア・オーディエンスの社会心理学 改訂版』（共編著、新曜社、2021）などがある。

西川ハンナ（にしかわ・はんな）
ルーテル学院大学大学院博士課程単位取得、日本社会事業大学大学院修了、修士（社会福祉学）。現在、創価大学文学部准教授。専攻は、社会福祉学。著書に『子ども学への招待』（共著、ミネルヴァ書房、2017）などがある。

季武嘉也（すえたけ・よしや）
東京大学大学院単位取得、博士（文学）。現在、創価大学文学部教授。専攻は日本近現代史。著書に『原敬』（山川出版社、2010）などがある。

石原忠佳（いしはら・ただよし）
スペイン国立グラナダ大学大学院修了、博士（言語学）。現在、創価大学名誉教授、スペイン高等アラブ研究所（CSIC）およびモロッコ・アブデルマレク大学付属図書館客員研究員を兼任。専攻は言語学、比較方言学。著書に『ベルベル語とティフィナグ文字の基礎』（春風社、2014）などがある。

アネメッテ・フィスカーネルセン（Anne Mette Fisker-Nielsen）
ロンドン大学大学院修了、博士（社会人類学）。現在、創価大学文学部准教授。専攻は日本文化社会論。著書に *Religion and Politics in Contemporary Japan: Soka Gakkai Youth and Komeito*（Routledge, 2012）などがある。

寒河江光徳（さがえ・みつのり）
東京大学大学院修了、博士（文学）。現在、創価大学文学部教授。専攻はロシア文学。著書に『文学という名の愉楽　文芸批評理論と文学研究へのアプローチ』（春風社、2018）などがある。

井上大介（いのうえ・だいすけ）
メキシコ国立自治大学大学院修了、人類学博士。現在、創価大学文学部教授。専攻は文化人類学、社会学。論文に「メキシコにおける人類学の受容と発展」（2009）などがある。

岩川幸治（いわかわ・こうじ）
慶應義塾大学大学院修了、修士（社会学）。現在、創価大学文学部准教授。専攻は社会福祉学。著書に『最新　現代社会福祉と子ども家庭福祉』（共編著、学文社、2019）などがある。

宮本輝（みやもと・てる）
作家。1978 年に『螢川』で第 78 回芥川賞受賞。著書に『優駿』（新潮社、1986）、『骸骨ビルの庭』（講談社、2009）、『三十光年の星たち』（毎日新聞社、

2011) などがある。

森淑仁（もり・よしひと）
ドイツ文学者。東北大学名誉教授。元日本ゲーテ協会会長。編著書に『シェリングとドイツ・ロマン主義』（共編、晃洋書房、1997)、訳書に『カッシーラー　ゲーテ論集』（編訳、知泉書館、2006）などがある。

古川智映子（ふるかわ・ちえこ）
作家。ヴィクトル・ユゴー文化賞受賞。著書に『小説土佐堀川　女性実業家・広岡浅子の生涯』（潮出版社、1989)、『きっと幸せの朝がくる』（講談社、2016) などがある。

佐藤優（さとう・まさる）
作家。元外務省主任分析官。同志社大学客員教授。著書に『いま生きる「資本論」』（新潮社、2014)、『プラハの憂鬱』（新潮社、2015)、『現代の地政学』（晶文社、2016) などがある。

ヒューマニティーズの復興をめざして
人間学への招待

2018年2月27日　第1版第1刷発行
2024年3月20日　第1版第4刷発行

編著者　山岡政紀（やまおか まさき）
　　　　伊藤貴雄（いとう たかお）
　　　　蝶名林亮（ちょうなばやし りょう）

発行者　井村寿人

発行所　株式会社　勁草書房
112-0005 東京都文京区水道2-1-1　振替 00150-2-175253
（編集）電話 03-3815-5277／FAX 03-3814-6968
（営業）電話 03-3814-6861／FAX 03-3814-6854
本文組版 プログレス・港北出版印刷・中永製本

©YAMAOKA Masaki, ITOH Takao, CHONABAYASHI Ryo　2018

ISBN978-4-326-10266-2　Printed in Japan

JCOPY ＜出版者著作権管理機構 委託出版物＞
本書の無断複製は著作権法上での例外を除き禁じられています。
複製される場合は、そのつど事前に、出版者著作権管理機構
（電話 03-5244-5088、FAX 03-5244-5089、e-mail: info@jcopy.or.jp）
の許諾を得てください。

＊落丁本・乱丁本はお取替いたします。
　ご感想・お問い合わせは小社ホームページから
　お願いいたします。

https://www.keisoshobo.co.jp

蝶名林亮
倫理学は科学になれるのか
——自然主義的メタ倫理説の擁護

A5判　4,620円
10256-3

アンソニー・デギンズ／門田健一 訳
社　会　の　構　成

A5判　6,600円
60273-5

高　史明
レイシズムを解剖する
——在日コリアンへの偏見とインターネット

四六判　2,530円
29908-9

広瀬　巌／齋藤　拓 訳
平　等　主　義　の　哲　学
——ロールズから健康の分配まで

A5判　3,080円
10253-2

勁草書房刊

＊表示価格は2024年3月現在。消費税（10％）が含まれております。